"三区"支教献我力

高龙红·著

安徽师范大学出版社

·芜湖·

图书在版编目（CIP）数据

"三区"支教献我力 / 高龙红著. — 芜湖：安徽
师范大学出版社，2017.12

　　ISBN 978-7-5676-3074-1

　　Ⅰ.①三… Ⅱ.①高… Ⅲ.①不发达地区—教育工作—
概况—中国 Ⅳ.①G527

中国版本图书馆CIP数据核字（2017）第180403号

三区支教献我力　　　　　　　　高龙红　著

书名题字：高开华
责任编辑：房国贵
装帧设计：王　彤
出版发行：安徽师范大学出版社
　　　　　芜湖市九华南路189号安徽师范大学花津校区
网　　址：http://www.ahnupress.com/
发 行 部：0553-3883578　5910327　5910310(传真)
印　　刷：江苏凤凰数码印务有限公司
版　　次：2017年12月第1版
　　　　　2017年12月第1次印刷
规　　格：700 mm × 1000 mm　1/16
印　　张：15.25
字　　数：242千字
书　　号：ISBN 978-7-5676-3074-1
定　　价：45.00元

序

  为贯彻落实《国家中长期人才发展纲要（2010—2020 年）》《国家中长期教育和改革发展规划纲要（2010—2020 年）》和《中国农村扶贫开发纲要（2011—2020 年）》精神，提升边远贫困地区、边疆民族地区和革命老区（简称"三区"）学校教师队伍素质，为"三区"教育和改革发展提供人才支持，根据中央组织部等十部门《关于印发〈边远贫困地区、边疆民族地区和革命老区人才支持计划实施方案〉的通知》的要求，教育部、中央组织部、财政部、人力资源社会保障部、国务院扶贫办研究制定《边远贫困地区、边疆民族地区和革命老区人才支持计划教师专项计划实施方案》，安徽省教育厅等五部门相继出台文件《安徽省教育厅等五部门关于印发〈安徽省边远贫困地区和革命老区人才支持计划教师专项实施意见〉的通知》，各地迅速组织实施，落实国家相关教育扶贫政策措施。

  正是在这样的时代背景之下，本人积极响应国家政策号召，克服困难，先后两次前往革命老区和国家连片贫困地区——位于大别山区的太湖县和望江县，分别进行为期一年的支教，顺利、圆满完成国家赋予的支教工作任务，获得支教受援地的普遍好评。本人在完成繁重的支教工作之余，潜心思考，勤于笔耕，用心撰写支教日记，记下支教过程中的点滴生活感受、教学收获与心得体会，以及对基础教育课改诸多问题的躬身实践与较为深入思考，内容具体、详实、鲜活，生动感人。古人云：不积跬步，无以至千里；不积小流，无以成江海。本人积近三十年基础教育教学经验与新课改精神、义务教育均衡发展理念相融合，在支教受援地——太湖县实验小学、望江县第四小学，充分展示自己的教育教学才能。"教师的心有多大，教育的舞台就有多大。"面对支教受援地陌生的教育教学环境，陌生的学情，如何尽快地进入支教角色，融入其中，本人煞费心思，辛勤摸索，通过多种方式、方法，尽快熟悉所授班级学生学情，采用渐入佳境的方式，引生入胜，体会寓教于乐的妙趣。充分运用国家配备的"班班通"电教设备于日常教学之中，调动学生课堂学习的积极性、主动性和能动性。拓展学生课外阅读空间，充分利用受援学校现有的藏书，发动学生广泛借阅，同时做好读书笔记，培养学生从小养成良好的阅读习惯，教育学生让

"优秀"成为一种习惯。本人善于吸收、借鉴名师的教育教学智慧，将其融汇于日常课堂教学之中，再行提炼，形成自己的教书育人风格。

根据受援学校的校情现实需要，本人承担多学科、跨年级、多班级的教育教学任务，灵活机动地迁移运用教育教学机智，端正学生学科学习态度，驾驭课堂教学，取得预期的教育教学效果。素质教育的思想理念，犹如股股清新的春风吹拂学生稚嫩的心田，祖国鲜艳的花朵于不知不觉中，沐浴、浸润"春风化雨、润物细无声"般的教育。

积极参与受援学校的各项教研活动，执教支教公开课，与支教受援学校年轻教师进行同课异构，评课，听课等，全面融入受援学校的教育教学管理之中，感同身受，相互学习，取长补短，共同提高。见证、参与义务教育均衡发展迎检的诸多过程。传播先进地区义务教育均衡发展的新理念、新经验、新做法。尤为可喜的，本人在教育教学过程中注重从小培养学生的创新思维能力和动手实践能力，践行社会主义核心价值观，切合时代发展脉搏，符合社会发展规律。

本人倍加珍惜支教机会。两年的支教生活，是我人生中不可多得的浓墨重彩的一页，成为温馨的记忆，值得永远珍藏。书中提供的教育教学经验及其心得体会、收获等方面知识，对于广大基础教育同仁、基础教育研究者、学生家长以及热衷于基础教育的社会人士等，具有一定的资鉴意义。

本人在望江县第四小学支教期间，携病母前往，克服重重困难，得到各级领导的大力关怀和支持，坚持完成支教工作任务，可见其一颗一线教师忠诚党和人民的教育事业的火热之心。

一份耕耘，一份收获。基础教育需要千千万万辛勤工作在教育第一线的教师默默无闻的长年累月辛劳付出。本人正是其中的一员。"量的积累，质的飞跃。"教育教学理论正是来源于此。

本书是特定时代的社会缩影的一方面，洞悉之，亦可了解丰富多彩的更为广阔的社会内容。

《"三区"支教献我力》一书的出版，对于广泛传播支教工作者的辛勤工作精神，必将产生巨大的社会正能量影响。

《"三区"支教献我力》一书的出版，是本人向党的十九大胜利召开，献上的一份礼物！

高龙红

二〇一七年十月十九日

目　　录

附：支教期间所写文章索引

"三区"支教献我力

"三区"支教日记之

太湖篇

2013 年 9 月

2013 年 9 月 14 日　　　星期六

良好的开端

9 月 13 日上午 8 时许，来自铜陵市三区一县的赴安庆市支教的老师集中于市教育局门前乘坐中巴专车，分别前往各自的支教目的地——安庆市的太湖县、潜山县。

汽车在高速公路上奔驰，道路两旁的沿途乡村自然风光，尽显眼前。经过近三小时的行驶，我们终于到达支教所在地之一——太湖县城。热情好客的安庆市教育局相关领导，已经早早地迎候在县城外的高速路口，引导我们进入太湖县城。抵达县教育局，举行了简短的欢迎交接仪式，铜陵、安庆两市教育局相关领导分别讲话，对支教教师的到来表示热烈的欢迎。太湖县教育局李书记简要介绍太湖县情以及教育发展概况，安庆市教育局张副局长紧接着介绍安庆市近年来教育发展情况。安庆市是教育大市，在校学生达九十四万人，太湖县的教育在安庆市名列前茅。"一乡两状元，同门五进士"，赵朴初先生的故里，"五千年文博园"，安徽省首届平安县城，京剧大师程长庚的出生地……

听完相关介绍，我们支教教师深感肩上的责任重大，在向太湖县教师同行虚心学习的同时，要把铜陵教育的先进理念带过来，融入其中。

中餐，安庆市、太湖县教育局的相关领导为支教教师接风洗尘，让人深切感受到太湖县人民对教育的重视和这里的淳朴民风。

下午，受援学校领导引领我们到达目的地，相关领导询问支教教师的一些情况，布置相应的教育教学任务，安排好支教教师的饮食起居生活。

支教岁月正式开始啦！

2013 年 9 月 16 日　　　星期一

太湖县是已故佛教协会会长赵朴初先生的故里，太湖县的大街小巷，到处可见赵老的亲笔题字，"状元街""状元府""状元楼"，商家冠名居多。太湖县的历史底蕴可窥见一斑，书法岂有不好之理。太湖人在一代书法大师精神的熏陶下，耳濡目染，书法普遍很好。平日里，就见到有书法培训班的广告张贴于街坊的墙壁之上。孩子们从小接受良好的书法基础知识教育，打好功底，为日后的书法艺术的传承和发展创造条件。

2013年9月17日　　星期二

离开铜陵，离开我所从教的学校，尤其是离开我已教授三年的可爱的孩子们，心里着实有些恋恋不舍，特别是看到支教受援学校的孩子们，眼前就不由自主地晃动着本班孩子的身影。九月一日那天，孩子们踊跃报名的情形历历在目，佘某某将不慎摔坏的学习机带到学校，交到我的手上，我帮助她检查，并告诉她正确的使用方法及其注意事项时，只见小家伙脸上不由自主地露出童真的笑容，仿佛老师看出了她由于使用方法不当而导致不小心损坏的那点小心思……

2013年9月20日　　星期五

初到太湖县实小支教时，我便开始注意观察校园现象。下课时，看到校园里到处是奔跑、做游戏的学生，却看不到一位值日老师巡视校园，好生纳闷。我常常临窗而坐，观察校园里的孩子们课间都在做些什么游戏。没有老师在现场巡视，他（她）们自由自在、无拘无束，玩得更开心。我在心里先是有些莫名的担心，会不会出现校园安全事故。实践证明，我的担心是多余的。原来孩子们习惯于这种自在的课间娱乐，已然形成一种潜在的相互自律行为，老师无须站在一旁看管着他（她）们，相反，他（她）们可能感到不自在。

有一次，我站在校园的一角——葡萄架下，眼观校园的课间场景，看着看着，忽然有一位小男孩跑到我的身边："老师，你在看什么？"他的问话打断了我的思绪，我随口回答："老师在看同学们都在做些什么游戏，玩得开不开心呀？"小男孩一溜烟地跑开了，我则继续观察校园里学生课间活动情况。

2013年9月22日　　星期日

中秋节放假三天，由支教受援地太湖县返回，一路转车，辗转到达铜陵，已是夜里近十点钟。途径安庆市区，遇到多年未见的老同学章某某，他驾着私家车，轻轻地停在我的身边，摇开车窗玻璃，并探出头来问："你怎么站在这里？"我一阵惊喜，随即答："到太湖县支教。"

"上我的车，带你一程。"同行的一位支教同事随即与我一同坐上了车。

多年未见的这位老同学，如今已调至安庆市工作，当上了国元公司的副经理，发展势头很好。他亦是我与家乡同学经常保持联系的一位。诚如他所言，我俩是缘分所致吧。老同学相遇，总有说不完的话。不知不觉，车子已行驶到枞阳县城岔路口，只好下车，改日再谈。

2013年9月24日　　星期二

秋意渐浓，天气凉爽，一场小雨过后，气候十分宜人。

办公室的领导有事外出，只剩下我一人。恰是下课时间，我在二楼办公室临窗俯视校园，操场上，孩子们正快活地开展各种课间娱乐活动，校园里顿时沸腾起来。这是一所有着百年历史的学校，深厚的历史文化底蕴，如同春风扑面而来。校园中央，很有些年份的樟树矗立在那里，似乎见证着学校的历史变迁。树杈上悬挂着校钟（亦有些历史年份），悠悠钟声送走了多少少年学子，又迎来了一茬又一茬的新生娃。

百年名校，又将迎来新的发展机遇，焕发出新的生机与活力。

据学校的王书记介绍，现在的校址是原太湖县师范学校，尚存几处原建筑。我沿着他手指的方向望去，睹物思人，让人不由得想起一位叔叔生前七十年代在此读书的情形。支教临行前，我与他的在北京工作的大儿子高绍根博士互通了短信，他亦很赞成我前去太湖县支教，接触新鲜的人和事，很好呀！

2013年9月26日　　星期四

放学后，校园里的学生全回家了。回到房间，感觉校园的空旷。时间已是下午五点多钟，我随着人流来到老城区的街道上，前往菜市场采购晚餐所需的蔬菜。

我倘徉在老城的街道上，巡看两边的街面，老城的卫生不咋样，个别食品摊前，一些苍蝇飞来飞去，好在这里没有什么工业污染，全是日常生活垃圾，也就不甚在意。太湖县是安徽省首届平安县，来到这里支教，虽然时间不长，才十日左右，但我已分明感受到这里的民风淳朴，给人一派和顺的感觉。一代宗师赵朴初的故乡，五千年文博园的所在地，自有它独到别样的地方。民间流传的"穷不丢书，富不丢猪"的说法与"贫贱不能移，富贵不能淫"有异曲同工之妙！

2013 年 9 月 27 日　　星期五

"两利相权取其重，两害相权取其轻。"县实小的图书管理，应该启动起来，借鉴一些学校的经验和做法可以让各班建立图书角，分发百余本，各班学生自行借阅，扩大学生的课外阅读量，有利于学生的知识积累，拓宽学生的知识视野，活跃学生的思维。而当时的状况是，图书室的门紧锁，两万册图书静静地躺在学校仓库里，无人问津。"闲置就是浪费。"要让图书真正地发挥其应有的作用，成为孩子们课余生活丰富的精神食粮。

学校管理者的思想认识是否到位，至关重要。过了一段时间，学校安排专门人员整理图书资料，分门别类，归档管理。

2013 年 9 月 28 日　　星期六

今日休息，我徒步走到太湖县老城区二桥。漫步二桥，环视四周景色，十分宜人，群山环绕，处处葱绿，碧绿的河水缓缓下流。询问路人："花亭湖距此有多远？"答曰："走到桥那头，乘坐五路公交车便能到达。"山区清新的空气，让人心旷神怡。下车后，放眼望去，只见大面积的水域呈现眼前，远处的水面上露出几座小山，此地正在开发旅游业，几艘游艇和游轮停靠在岸边，似乎在静静地等待游客的到来。

看到雄伟壮观的水库大坝，我不由自主地信步其上，但见坝堤两侧长长的文化长廊，上面石刻赵朴初等名人的书法作品。我一边欣赏一边拍照。大坝的尽头是泄洪大闸，下面是水电站。据碑刻上说明，此水库始建于 1958 年，1976 年竣工，灌溉附近的含太湖县在内的几个县，如宿松县、望江县、怀宁县等。

006

11点左右，乘坐水上快艇前往赵朴初先生的故乡——寺前镇。上岸后，在当地居民的引领下，到达状元府，这里陈列着赵朴初先生的生平图片资料及其家族相关谱系资料。赵氏家族在清朝中后期是个声名显赫的大家族，赵文楷于1776年（？）考中状元，"一门五进士，十里两状元"即出自该地区。赵朴初文化公园，占地9公顷，气势雄伟，颇似南京中山陵的气势风格。赵朴初先生和陈邦织先生合葬于树下，称之为灵骨树葬。朴老乃一代宗师，原中国佛教协会会长、中国佛学院院长，著名的社会活动家、诗人和作家。赵氏家族的家风、门风影响太湖县几代人，难怪这里是安徽省首届平安县。

　　名山胜水出名人！

2013年10月

2013年10月9日　　星期三

国庆放假七天，我去趟南京，小姐姐家买新房子，前去恭贺。溧水县现在改为南京市溧水区。她们家所在的房子即厂房，听说要拆迁，平整该区域地面上的建筑，可能与迎接青奥会有关。

在南京溧水城区，闲逛商场和超市，一些商家正在做各种商品促销活动，火热得很，询问所需商品的价位。由于支教工作的需要，购置一部手机和戴尔笔记本电脑，花去三千多元钱呀。

2013年10月15日　　星期二

来到太湖县实小支教，时间将近一个月，学校安排给我的教学任务已经变动多次，该校教师临时请假，都得让我临时顶上。有时一天要上六节课，真有些累人。先后有陈老师、毛老师请病假，我都得顶上（10月10日—12日陈老师请假，10月14日—11月1日毛老师请假）。我已经讲授八个班（301、304、501、502、503、601、602、603等班）的课程。我快成县实小的"消防队员"，哪里需要哪里去。

今天县教育局领导来校检查工作，校领导班子成员忙活一阵子，早晨上班，就看见学校少先队辅导员带领一群学生在校园里到处捡垃圾，并用校园广播系统通知各班做好卫生保洁工作，迎接县教育局领导的检查。

2013年10月18日　　星期五

早晨，学生上学高峰时间，我站在学校大门口，观察学生的一些日常行为，发现孩子们随手乱扔垃圾、纸屑，卫生意识较差。尤其是早晨上学这段时间，学生吃早点后扔下的纸屑遍地，校门口一片狼藉。保安一阵忙活，打扫干净，才恢复校园门口的样子。对于这种现象，我个人认为，学校在培养学生的卫生行为养成习惯方面，需要加强一些。校园里的卫生责任区，各班都应有之，每周定时组织各班学生进行清扫。一则有利于培养学生的自我劳动能力；二则有利于从小培养学生良好的卫生行为习惯。平日里，要求学生不可随手乱扔纸屑、垃圾，校园整洁面貌，自然处于常新状态。

2013年10月22日　　星期二

10月14日始，因支教受援学校的毛老师生病请假，我帮忙教授304班语文。班上有五十六名学生，从孩子们的衣着打扮来看，大多是进城务工的农民工子女，知识基础薄弱，阅看学生作业，采用的还是百分制，应试教育的做法。根据叶校长与我的谈话，该教师请假一两周时间去南京看病，时间一到，就回来上班。

我上了近一单元课程。学生刚写完作文。初学作文，我采用范文引路的方法，让他们放手去写，交上来的作文稿，仔细阅看一遍，一小部分同学的作文尚可，其余部分同学则需要重写。

为了训练学生的听力和速记能力，我朗读范文，要求孩子们认真听讲，聚精会神地听，全神贯注地听。然后，结合自身的实际情况，根据回忆内容，写下自己的作文。巡视课堂，大部分学生能按照老师的要求去完成作文，亦有一小部分同学仍然我行我素，写出来的作文，文章短小，不够字数，被要求重写；有的孩子则写在一张作文草稿纸上，这些都是不符合作文要求的，退回誊写在作文本上，按照作文的格式认真地写好本次作文。

2013年10月26日　　星期六

今日上午9时许，我乘车前往太湖县二祖堂。车子开出县城几分钟，便进入林区。之前，我听说太湖山区多，但多到什么程度，没有亲身体会。此次乘车前去二祖堂，着实让人吃惊不已。车子七拐八弯，在山区崎岖的山路上颠簸，一直到山顶，环顾四周，群山环绕，再从山顶迂回到山脚下，车子在崇山峻岭中穿梭，足足行驶了三个小时，终于到达牛镇。下车后步行山路约五公里（其实，乘坐去往百里镇的车子路过二祖堂附近，我不知晓，提前下了车），好在现在的公路都是水泥路面，行走起来，还很方便。

二祖堂所在的山峰，有些特别，孤峰一座，四周群山环抱。远看，二祖堂立于半山腰，下面是新修建的二祖道场。爬上去后，仔细地观看寺庙内的一些物品和周围的建筑，二祖面壁石，远看像一片石，莲花的一瓣形状，二祖佛像供奉其上，原中国佛教协会会长赵朴初先生题写的"二祖堂"匾额悬挂上方。整个寺庙是"文革"以后重建的，全是用山上的长条石垒起来的。立于山崖之上，很是险陡。

下午两点多钟，下山时，人已经感到颇累了，巧遇到大山里骑摩托车的人，我随意招手一下，车子便停下捎带一程。山区人挺热情的，很纯朴，言语不多。来回的山路上，都碰到了骑摩托车的山里人，给我提供了不少的方便。

身处大山深处，举目四望，群山环绕，连绵起伏。雄浑的大别山呀，我来到你的近前，感受大别山特有的魅力。大山深处有灵气！

2013年10月27日　　星期日

今天早晨起来，本想去往太湖县山区走一走，看一看，亲身感受刘邓大军曾经战斗过的大别山南麓的太湖县的大山区之美。到车站一打听，方知山区的道路，崎岖难走，当天回不来，需要住宿一夜，便改变想法，去往花亭湖附近的佛教圣地——西风洞。

上午十时左右，乘坐公交车上山去，车子在蜿蜒的山间公路上，盘旋而上。下车后，沿着台阶，拾级而上，沿途怪石林立，有不规则的大山石，矗立山路旁边。此处乃佛教圣地，摩崖石刻，随处可见，许多宫殿还在建设之中，尚未竣工。山势渐为陡峭。看了几处景点，多为现代人文景观。漫步在山道上，偶见一处明代石塔（多层，较小）耸立在一块巨大的石头之上，巨石好像躲在宫殿的一个不起眼的拐角地方，掩遮在一片高大稠密的翠竹和古树之中。游人上山若是不注意，便很容易从眼皮底下溜过去。

西风洞景点的面积范围虽然不大，却是花亭湖水库边上的一颗耀眼的明珠。乘坐水上快艇，从花亭湖水库的宽阔的水面上朝山区望去，隐约可见半山腰间掩映在树丛中的众多红色庙宇和建筑。

今天，我继续给毛老师代课，教授三年级语文。在讲授"读读记记，对对子"时，学生一阵朗读之后，便能背诵，可见课前的预习很到位。紧接着，我便拓展开去，发散学生的思维，发动学生试着自己对对子。孩子们一阵思考之后，纷纷举起小手，说了不少单音节对子，继而又说了一些双音节对子。

我乘势鼓励学生进一步说出句子对子，在一片七嘴八舌的小声议论中，我分明清晰地听到其中一位同学轻轻地说"雪中送炭见真情"。我喜上眉梢，立即鼓励她，并发动全班同学开动脑筋，对出下联："老师最喜欢听到别人没有讲过的句子。"又是一阵小声议论，只见一位女同学不甘示弱地小声说出"助人为乐"四个字。我立马意识到孩子们在开始动脑筋了。果不其然，不一会儿，那位女生终于想出来了，"助人为乐献爱心"。全班同学为她鼓掌。我将上下联工整地写在黑板上，要求同学们齐读三遍，并记在各自的书本上。孩子们亦在为她俩能想出这样好的对子而激动不已，课堂气氛立马变得十分活跃、愉悦。我连忙表扬孩子们："看，咱们班的孩子多聪明呀，想出这样好的对子，真了不起！老师相信其他同学课后也能想出更多、更好的对子来。"

孩子们听到老师的一番表扬之后，个个显得兴奋不已。此时，儿童的创新思维的大门已被悄然打开，适时引导，他们的思维会不断地迸发出智慧的火花！

2013 年 11 月

2013 年 11 月 1 日　　星期五

县实小毛老师生病请假，叶校长当时和我说好，一两个星期时间后，他回校上班。接手 304 班语文，发现学生的语文基础训练一直未改（后经了解，老师让学生抄写一些作业做在练习本上），且课程进度较慢，作文也未见批改，教科书上圈画许多，影响别人的教学思路，不适应，较难发挥自己的主观能动性。

到了晚上，社区附近的一些妇女在学校大门口跳舞，伴随着喇叭声，吵得很，较难办公。办公桌是二十世纪六七十年代的，椅子低了，不配套，看书办公影响视力。哎呀，洗脸盆的架子都没有，放在地板上洗脸吧，将就一些，生活习惯会被改变。原本午餐是正餐，学校食堂却吃得简单，晚餐增加营养，加重肠胃负担，不适应呀，身体生理生物钟需要调整呀。

2013 年 11 月 5 日　　星期二

昨日上午，在铜陵市人民医院化验血糖正常后，即踏上行程，本想再办理一些工作之事，可时间来不及。下午乘坐到武汉的大巴车，司机粗心大意，开过站点，到达湖北境内，幸好路上遇到安庆家乡的货车，顺便带到太湖县境内，再打的，到达县实小，已是晚上九点多钟。

今天上午上班时分，去趟校长室，陈述自己的情况和意见，再去教务处阐述情况（陈主任、刘副主任），下午再听答复，学校领导班子成员基本在场，叶校长指示刘副主任重新恢复安排我的课程。管理乒乓球馆，教授心理健康教育课以及法制教育。叶校长让我再代一两天语文课。哎，就这样吧，在家乡安庆支教嘛。

2013 年 11 月 7 日　　星期四

近一段时间以来，身体感到不适，喉咙疼痛、发烧，一阵阵的，全身低烧。上两周前，去趟铜陵市人民医院检查，医生说是喉咙慢性充血。

昨日，身体不舒服，中午没有吃饭。偏在这时候，同来的铜陵市支教新城小学的李老师来实小听课。晚间又邀来了支教的大部分老师会餐，身体又增加了不适感，无可奈何呀。前天向叶校长反映自己的喉咙疼痛情况。叶校长说可以管理乒乓球馆，坚持一下，把明天的最后一节课上完，下周安排。

2013年11月11日　　星期一

昨日，我去宿松县医院鼻耳咽喉科检查喉咙，该医院是安徽医科大学教学医院，各方面都很正规，医务人员的精神面貌都很好。深受感动的是，前去打听一小兄弟，县卫生局的办公室人员热情接待，医政科的负责人帮助联系，接连打了五六个电话对外联系，不厌其烦地帮助查找，最后终于在一家医院找到，电话联系上，讲了几句话。宿松县卫生局科室领导的工作态度之热情实属少见，着实令人感动。经检查，医生说是慢性喉炎，如果继续疼痛，需要进一步做喉镜检查。

上午上班时间，教务处的刘副主任在办公楼门口等我，手里拿着调整恢复后的课表让我看，征求意见，是否同意？看过课表，与刚来时领导安排的意图基本吻合，表示同意接受。办公地点在体艺组，可以在宿舍（与体艺组隔壁）办公，遂办理好语文学科（304班）交接手续。

2013年11月12日　　星期二

因毛老师生病，学校教务处让我暂时教304班语文，教了三个多星期，与孩子们产生了深厚的师生情感。记得上周五下午，我准备返回铜陵，背着皮包，拎着笔记本电脑，下楼梯，走向大门时，忽见304班的一男生站在操场边一棵柏树旁，对着我喊："老师，再见！"稚嫩的童音中流露出生怕老师再也不教他们语文的情感，一副依依不舍的样子，似乎在心里暗自检讨自己上课时不遵守课堂纪律，让老师生气，请老师原谅。

看到他的那副小模样，让人忍俊不禁。学生年龄虽小，内心却蕴藏着丰富的情感，让人生出怜悯之情。老师是不会责怪你们的，爱玩好动是你们儿童的天性呀。

下课时，304班的学生在操场的一隅看见我，她们立刻显出一副兴奋、惊喜的样子，悄悄地在一旁小声喊道："高老师，高老师在那里！"仿佛久别重逢一般，孩子们是多么可爱、懂事啊！

2013年11月13日　　星期三

今天上午没有上课任务，我利用一上午的时间，将乒乓球馆内的卫生打扫一遍。在总务处曹主任那里借来一张扫把，自买一副口罩，干起了清洁工的活儿，直到上午最后一节课，新聘来的乒乓球教练参与其中，用自来水管对着偌大的乒乓球馆内场地洒水（里面灰尘太重，无法久呆上课），这样就可以应付今日下午的乒乓球课。

昨天接手的第一节乒乓球课，主要是想看看孩子们平时如何练习打法的。上课铃声一响，只见学生们迫不及待地要求快去乒乓球馆。本来我是想向学生们讲解乒乓球运动产生的有关历史背景知识，可是学生哪里耐得住性子，恨不得立马冲进乒乓球馆，找到各自理想的打球位置。不一会儿工夫，只见乒乓球馆内灰尘飞扬（103班学生同时在场馆内投掷沙包），很是呛人。有些学生忍受不住，纷纷往馆外跑。我担心学生的安全问题，让班长喊回外出的同学。这段时间，我的嗓子很难受，喉咙慢性充血，又遭遇灰尘侵扰，晚上躺在床上，身体一阵阵地发烧，难受得很。

下午602班的乒乓球课，上课前，我向学生讲解了体育课应注意人身安全的重要性：进入体育场馆，全班学生是蜂拥而至，还是秩序井然？孩子们异口同声地回答："秩序井然。"于是，学生们依次走出教室，在体育委员的带领下，于操场上站成两列长长的纵队，井然有序地进入乒乓球馆。我再将全班学生分成八组，每组选一名台长，依号带领本组队员进入各自的乒乓球台。这样做，场馆内的秩序好多了，防止因相互拥挤而发生踩踏事故。经过上午的卫生打扫，场馆内的卫生状况亦好多了，孩子们打起球来，劲头更足了，只见漂亮的扣球与接球动作在场馆内不断闪现。乒乓球课堂上，孩子们玩得更欢啦，更开心啦，一张张小脸上露出满意、快活的神色！

2013年11月14日　　星期四

今天下午，给三年级两个平行班学生上乒乓球课，第一节课是301班，根据六年级学生上课的经验，我布置学生秩序井然地整队进入乒乓球馆。第一节下课后，我正走向304班教室准备上第二节课时，不知何故，顿时感到身体不舒服，或许是受凉，产生一种想吐的感觉，我强忍着坐在校园葡萄架下的木凳上。304班的孩子们看到我，立马围拢过来，一张张小脸上露出喜悦的神情，渴望着我再给他们上课。可是，身体扛不住，胃里难受极了，不得不向草地上呕吐出来。孩子们大声惊叫着，一起再次紧围过来，急切地问："老师，怎么啦？老师，怎么啦？""快去喊马老师！"稚嫩的童音里带着焦急的关切。我连忙招手，不让孩子们去喊，免得惊扰其他老师。孩子们纷纷向我的手中塞来餐巾纸。

这节课，我让304班的孩子们失望了，由于身体着凉，我不得不让他们自习、做作业。孩子们很懂事的样子，纷纷点头表示答应。

2013年11月15日　　　星期五

今天上午，利用一上午的时间，批改作业，将304班语文基础训练批改完。上午最后一节课是501班的法制教育课。该班的纪律很好，全班有六十多人，我前去上课，在教室门口带上扩音器，做好准备，走进教室。课堂上，孩子们很遵守纪律，提出问题，他们纷纷举手回答，孩子们配合得好，我也讲了不少内容。幸亏佩戴了扩音器，要不然，喉咙肯定受不了。

看到501班学生的上课课堂纪律如此之好，下课后，我不由自主地走到课表前，仔细查看授课教师的姓名，询问学生该班的班主任是谁。孩子们告诉我，原来是学校少先大队辅导员汪老师。治班有方呀！

上午，走在操场上，有学生匆匆跑到我的身边，童音里带着几多关切地问："老师，你的身体好些吗？"孩子们分明是在用心关注老师呀，这让我颇为感动。

2013年11月16日　　　星期六

今天中午放学后，赶到学校食堂就餐，匆匆打了米饭，菜都没要了，回到房间，加些开水泡饭，匆匆吃完。昨日打来的午饭和菜，还有在饭店烧的鱼块，统统送给门岗保安师傅，然后收拾东西，快速赶到太湖县长途汽车站。汽车晚点，在车站遇到郊区支教同事，一同乘车，前往铜陵市。

星期六上午，根据派出学校的统一安排，前往市第四人民医院参加两年一次的例行体检。11月17日上午，前往派出学校填写相关表格，用于采集社保卡信息。下午乘车赶往支教受援学校——太湖县实验小学。

因学校伙食不习惯，与总务处曹主任商量，于2013年11月19日始，中午下班后乘坐公交车到太湖中学食堂就餐，间或自己烧饭，以调理肠胃功能，以便适应支教生活、工作的需要。

2013年11月20日　　星期三

今天下午第二节课，是304班的乒乓球课。课前，组织学生前去乒乓球馆，按照体育课队形，全班同学列队站好。因为是第一次给304班学生上乒乓球课，首先需要了解学生的体育基础状况如何。孩子们年龄尚小，有的刚刚接触乒乓球，有的还不会打乒乓球。针对这种情况，我首先向学生讲解乒乓球运动的基础知识、乒乓球基本技术等，孩子们听得津津有味，偌大的乒乓球馆内鸦雀无声。

接下来是实践操作，动手打球。我将学生编成八个小组，每组选出一个台长，在老师面前领球，下课时再交还给老师。各小组在台长的带领下，有秩序地进入各自场地，进行训练，老师巡视全场，指导个别学生打球技术。

正当我专心致志指导学生练习打乒乓球时，突然一名男生慌张地跑到我面前，告诉我，有人蹲在乒乓球台下面，我顺着他手指的方向望去，只见一小女孩正蹲在球台下面，乒乓球桌半斜着。我急忙快步跑过去，迅速将小女孩拉出来，询问原因。她告诉老师，刚才与另一位同学在球桌底下抢球拍，一不小心碰歪球桌，出现了这种情况。我批评她几句，随即马上集合队伍，向学生通报了刚才发生的危险情况，要求同学们打球时一定要注意安全，场馆内不准追逐打闹，不准钻入球台下方，并向学生宣讲体育道德风尚。每一次体育比赛，都设立体育道德风尚奖。"友谊第一，比赛第二。"孩子们听后，不断点头称是。

不知不觉中，下课的时间到了，孩子们列队整齐地依次走出乒乓球馆，回到本班教室里，一切都是那么秩序井然，井井有条。

孩子们在欢乐愉快中，上完第一节乒乓球课！

　　星期五，太湖县实小举行一年一度的学生乒乓球赛，本人参与全天的赛事，与体育组组长（总务处副主任）一起负责女子乒乓球比赛，登记比分。四、五、六年级，各班分别派出几名得力选手参赛，抽签配对，轮番上场，参赛运动员们各显身手，精彩的比赛不时博得在场观众的阵阵热烈掌声。经过紧张角逐，终于赛出本次比赛的名次。

　　在观看女子乒乓球比赛全过程中，发现有几个苗子选手，如503班的甘灵和603班的梅慧、詹海玲等同学的乒乓球技术基础很好，其中603班的梅慧还代表学校参加太湖县小学乒乓球比赛，获得名次。优质运动员苗子，平时有针对性地进一步加强训练，不断提高自身的乒乓球技术，从而有力带动提高太湖县实验小学的学生整体乒乓球群众性运动的技术水平，因为"榜样的力量是无穷的"。

　　孩子们横拍、竖拍皆有各自特色，运用自如，身体腾挪躲闪，尽显少年风采。每场赛事过程中，各班的班主任前来客串，给学生们呐喊、鼓劲、助威、加油。对于学生的球技水平，作为赛事工作人员的我，偶作点评。对503班的一位女运动员，我作如是说：打球要用脑子，仔细琢磨对方球的特点，快速判断，做出反应；勿若无其事，漫不经心；要用心打球，用心揣摩，方能克敌制胜，战胜对手。该运动员听后，若有所思，似有所悟，微笑着不断点头称是。她仿佛在反思自己的打球过程，久久不愿离去，似乎还在思考自己刚才和对手在台上的挥拍击球动作的细节。

2013年11月25日　　星期一

太湖县实验小学门前私人建房有感：

门前建房何时休？上学路上几堪忧。

和顺乱象两并存，路通人畅待何时？

2013年11月26日　　星期二

　　参加完实小的乒乓球比赛后，我不由自主地从心里发出如是感慨：高起点，大视野；立足实小，放眼世界。

应该引导学生观看乒乓球国际赛事，充分运用电教手段，扩大学生的乒乓球知识的技术视野。小学生的模仿能力极强，课后几个孩子在一起切磋球技，其进步应该是很快的。课前应与班主任取得联系，做好电教课的课前准备，力求取得课堂教学效果的优化，充分调动学生学习的积极性、主动性和能动性。

2013年11月27日　　星期三

11月27—29日，太湖县实小举行田径运动会。今天是第一天，赛程安排得很紧凑、得当、周到。我所在的跳高组在组长金副校长的带领下，井然有序地进行。上午安排一场，下午安排两场，分别是五年级女子、四年级男子、六年级女子跳高。

跳高组比赛所用的器材——横杆，是用钢制自来水管临时替代的，很具危险性。当时，我就与田赛裁判长饶主任反映。饶主任说，如用其他的竹制或木制横杆，比赛的过程中容易被踩踏坏，将就着用吧。果不其然，在比赛的过程中，出现惊险情况。有位四年级的男生，起跳后，越过横杆，倒在沙池里，铁横杆同时落下，其身体触碰到横杆，当时小孩子痛得很难受，班主任及裁判们纷纷跑过来，扶他起来，我连忙帮助按摩他的后臀部，并告知晚上回家，让父母再用热湿毛巾热敷受伤部位。

孩子们在一阵阵急速的短距离助跑过后，奋力腾空跃起，一个个身姿矫健，身手不凡。经过一番紧张的角逐，终于有选手脱颖而出，横杆在不断地升高，孩子们亦在加紧超越自己，最后几名选手还在相继腾空跃起。两旁的观众不停地喝彩加油。最后，六年级（三）班运动员梅慧获得第一名。该生的体育综合素质基础很好，应属全能型的运动员，乒乓球技术发挥得也很好。

在第一天的跳高比赛过程中，各班的运动员都表现得很优秀，奋勇拼搏，顽强争先，体育竞技比赛的优良作风，表现得淋漓尽致。

期待着，相信着，明天的校园里的跳高比赛赛事，会更加激烈、精彩！

在三天的运动会赛事里，牵动着无数学生家长的心，他们或伴孩子助跑，或手拿照相机、摄像机拍摄孩子精彩的运动瞬间，或给孩子们呐喊助威、鼓劲加油……这也成为运动会赛场上一道亮丽的风景。

2013年12月

2013年12月2日　　　星期一

　　双休日，回到铜陵，利用休息时间乘坐30路公交车，前去将要乘车的新地点实地察看，以免周一早晨乘车，耽误时间，延误班次。分别前往铜陵市长途汽车站和高速公路天门服务区，了解前往安庆太湖县的班车和班次。是否要与市长途汽车站的高书记取得联系，请他帮忙联系，提供便利条件，尚在考虑之中，必要时再与之电话联系。

　　周一上午八时许，乘坐5路公交车到达市长途汽车站，踏上开往武汉（途经太湖县）的班车，中午12时15分抵达太湖县城高速服务区。再转乘的士，到达县实小。下午的课程，按时照上不误。

　　"谦谦君子，温润如玉。"

　　毛泽东《咏蛙》："独坐池塘如虎踞，绿荫树下养精神。春来我不先开口，哪个虫儿敢作声。"

2013年12月4日　　　星期三

　　晨起漱洗完毕，掀开窗帘，倚窗凝望，只见603班同学正围在乒乓球台前打球。打着打着，不一会儿，男女生闹起了矛盾，谁也不让谁，你推我一下，我推你一下，互不相让。有位男生索性爬上了乒乓球台，站在台面上；另一位女生见状，也跟着爬上去，坐在台面上。孩子们停止了打球活动，相互赌气地站在那里，心想，谁都别想打球。双方僵持不下，刚才打乒乓球的欢快场面顿时消失了。

　　正在这时，一位学生家长送早点赶过来，远远看见自己的孩子站在台面上，渐渐放慢脚步，似乎在观察孩子们的表情变化，到底发生了什么事。他终于看明白了，怒斥一声，让自己的孩子赶快下来。旁边的一群男女同学哄堂大笑。该生不好意思低下头，不情愿地走向家长的身边，接过爸爸递过来的早点。

尴尬、僵持局面被打破，孩子们立刻恢复打乒乓球的正常秩序，乒乓球台旁又响起了一阵阵欢声笑语。

2013年12月5日　　星期四

今天上午，利用两节课时间，打扫学校乒乓球馆，距离上次打扫已有大约三周时间。球馆内已布满灰尘，学生在里面上课，练习打球，室内灰尘飞扬，很是呛人。定期打扫球馆内卫生，给学生们创造一个良好的打球环境，甚为有益。当看到孩子们在球馆内的各自乒乓球台前专心致志地练习打球时，作为乒乓球授课老师，我自然也会悦在其中，乐在其里。

其实，每每看到孩子们寻找各种原因，莫名其妙地要离开乒乓球馆，出去做其他活动时，我就在心里盘算着其中的原因。孩子们年龄虽小，嘴上说不出原因，但馆内的场景，室内由于众多学生打球跑动，扰得空气中灰尘较重，成年人一眼就看明白。虽然出于体育课的安全及上课纪律需要，说是不让学生跑出球馆外，但还是有些不忍心呀！五六十个学生在一个球馆内打乒乓球，扬起的灰尘，对学生呼吸道的慢性侵害影响，可想而知。

2013年12月7日　　星期六

晨起，时间不到7点，我抓紧时间赶往车站，询问去往岳西县店前镇（二祖寺所在地）的班车，工作人员说是7点准时开出。匆匆吃完早点，踏上去往二祖寺的班车。一路上，车子在太湖县山区崎岖的道路上行驶，七弯八拐，已到牛镇，转向开往岳西方向，地势属于丘陵地带。车子行驶大约三个小时，到达目的地——店前镇。

下车后，询问当地居民，去二祖寺的行走路线，答曰，下车后需要徒步向前走半小时的上山公路，终于抵达唐朝大诗人李白笔下的司空山近前。首先映入眼帘的是一块巨石，上有赵朴初先生亲笔题写的诗文。眼前的司空山的山体面貌与家乡枞阳浮山的山体有些相似，悬崖峭壁，巨石嶙峋。山中的风景区分为上院和下院。下院的庙宇建设尚未竣工。初览一番，便沿着山势，拾级而上。途中偶遇游客，攀谈几句。经过约1小时的徒步攀爬，渐进上院，山势最陡峭之处，风景处管理人员沿山体搭挂铁梯子，供游人攀爬，爬上之后，走过一段幽静的山中竹林小径，心情渐感舒适。二祖寺周围已有先期到达的一些人，有从武汉大学过来一拨人，有从江西过来的游客，有从铜陵学院过来的学生等。沿途的风景点，均用手机拍照。二祖大师慧可，当年为躲避战乱，避难于此山形险峻之处。二祖洞，经过多次修建，现已成为坚固的石屋。屋顶是用巨大的条石一层一层堆积而成；二祖洞上面是三祖僧璨承传衣钵的石洞。探头近看，里面幽静，尚有一坐垫，仿佛三祖正坐在里面面壁参禅，修炼悟道。巨石上面，有历代石刻，字体遒劲有力，如"一花开五叶，结果自然成"等。站在洞顶上面，居高临下，山势多险峻。不知不觉间，时间已是下午两点多钟，因为匆忙下山赶路，不便多停留。

赶来赶去，还是由于班车太少，无法当日返回太湖县城，只得夜宿店前镇。次日凌晨，坐车返回太湖县实小。

2013 年 12 月 9 日　　　　星期一

今天下午，301 班和 304 班的乒乓球课，我让学生收看国际乒乓球赛事。中国队的马龙与日本的水谷隼较量，精彩的乒乓球赛事，让孩子们大开眼界，了解世界级选手的技术水平，接发球、攻球等技术在比赛实战中的运用。孩子们个个瞪大眼睛观看，课堂上不时发出一阵阵惊呼声和啧啧称赞声。

为了上好县实小的自己的第一节电教课，我充分利用休息时间做课前准备。上午放学后，我走进 304 班教室进行调试，下载安装 "Flash Player" 视频播放器软件，试放正常。吃过午饭，稍事休息一会儿，我又走进 301 班教室进行调试电子白板。此时，已有部分孩子陆续走进教室，他们好奇地围在我的身边，不断地问这问那，表现出对电教课的浓厚兴趣。一切准备工作就绪，我安排班长负责看护任务，不让其他同学随意接触多媒体器件，以免影响上课效率。一节课只有 40 分钟时间，必须保证孩子们最大限度地有效观看，从而提高课堂教学效率。

上课的铃声响了，我正式开启多媒体设备。由于课前准备工作充分到位，课堂上收看的播放效果很理想。孩子们看得津津有味，有的同学情不自禁地站起来，挥动着手上的乒乓球拍，有板有眼地模仿运动员的打球姿势，我亦趁势鼓励他们，从小练好乒乓球技术，长大以后，说不定也能成为出色的乒乓球运动员，走出国门，走向世界，为国争光。孩子们听后，一股豪迈感顿时从心底升起，现场模仿打球动作的劲头更足了，仿佛自己现在就站在国际乒乓球比赛场上，挥舞着手中的球拍，正在和对手进行紧张的赛事活动。课堂上的气氛更加活跃起来。

2013 年 12 月 10 日　　星期二

近日看了一些报纸，得知一些新闻，国家加大对贫困地区以及革命老区的教育扶持力度，安徽省委亦出台文件，加大对亳州、阜阳、宿州、六安、安庆五市的服务帮扶力度。省里将派遣一批干部抵达贫困地区、革命老区，帮助他们尽快脱贫致富。上下联动，形成合力，不仅仅是支教一方面的力量。全方位的社会力量组合，将会给当地政府各部门形成强大的影响力，齐心协力，克难攻坚，早日建成小康社会，共享改革发展成果。革命老区得以脱贫致富，可告慰曾经战斗在这一片热土上的英烈的在天之灵。国家改革开放的发展成果，更多惠及大别山区的老百姓。

老区人民脸上喜滋滋，开口便夸党的政策好，脱贫致富奔小康，康庄大道迅猛跑。党的十八届三中全会东风拂面，社会主义道路越走越宽广！

2013 年 12 月 11 日　　星期三

我正在课堂上巡视，忽见窗外几个身影从窗前一闪而过。我的目光瞬间横扫过去，只见那几个身影迅即趴下，身手动作如同山涧的猿猴般敏捷。坐在操场葡萄架下一角的一位老者，看到这般情景，不由自主地笑了，原来是六年级的几位同学在上体育课时，跑到304班教室附近球台打乒乓球，看到304班教室内的学生正在收看乒乓球赛事，场面紧张而又激烈。精彩的乒乓球比赛，吸引着少年那颗好奇、纯真的心，才有刚才那一幕的瞬间神速表现呀！

接到支教派出学校通知，本周五铜陵市郊区教体局领导及派出学校校长前来太湖县看望支教教师，遂向太湖县实验小学叶校长汇报，慰问方已与太湖县教育局沟通，取得联系，安排一部车子过来。本人已做出相应的一些工作安排，以迎接他们的到来。

　　傍晚时分，天色已黑。我正在宿舍里烧晚饭，宿舍的门窗是对开着的，以利于室内空气流通。忽听见异常寂静的、偌大的校园里有人说话的声音，起身探望，以为是学校领导班子成员开会晚归，也就不怎么在意。平日里，这个时候，校园内很少有人，只是一片寂静。我继续做自己的事情，洗洗袜子。不一会儿，又听见有人上楼的脚步声并伴随说话的声音，且向二楼我的宿舍方向渐近，我开始在意起来，一边干事，一边侧耳倾听。

　　起身，猛一抬头，这时只见太湖县教育局陈副局长已经站在房间门口，面带微笑，看着我。陪同的叶校长连忙解释："陈副局长过来看望支教老师！"哦，原来如此，我连忙站起来，慌忙擦干手上的水迹，快步迎上前去，伸出双手，与之相握，并感谢上级领导对支教教师的关怀！一行五六位领导（太湖县教育局人事科长、县实小叶校长、陈主任等）走进我的宿舍，询问了解有关我的生活起居情况。陈副局长告诉我，明日，铜陵市教育局领导来太湖县看望支教教师，并吩咐县实小领导做好相关接待安排工作，需在房间内摆放几把椅子。我随即整理房间内的生活起居日用物品，摆放整齐、工整。

　　领导夜访支教教师，体现了太湖县教育局领导对支教教师的关心！

　　12月13日上午十时左右，铜陵市派出学校负责人打来电话，说是前来慰问的一行人已抵达到太湖县实小大门口。我赶紧快步下楼迎接，只见太湖县教育局的陈副局长等人以及铜陵市郊区教体局的潘副局长等人站在学校大门口，我赶忙迎上前去，与他们握手问好。太湖县实小的叶校长等人前来问候、迎接，全体人员落座学校会议室，双方领导简要介绍双边各自的教育发展概况，之后驱车前往太湖县二小，看望另一位铜陵市郊区支教教师，参观校园校貌。中午在太湖县新城一家餐厅吃便饭。

　　上午第一节课的广播操结束后，六年级（三）班的一群学生，犹如百米冲刺般冲向乒乓球台前，各自占领有利位置，准备打球。其他班的学生也纷纷涌向其他乒乓球台前。由此可见，太湖县实小的乒乓球体育运动的群众性基础是深厚的。

县实小乒乓球馆的室内卫生问题，需要加以关注。场馆内，现有八张球台，摆放其中，再用几块长宣传板加以分割区域，各球台互不干扰。每次上课前，都要事先做些准备工作，在场地上泼洒些水，减少灰尘弥漫。全校共有13个班级的乒乓球课在球馆内进行教学。

一天教学三节乒乓球课，乒乓球馆里面的灰尘甚是呛人。一天下来，喉咙已是沙哑，晚上睡觉，呻吟不已。喉咙是否发炎？不得而知，只是感觉喉咙难受呀。

2013年12月16日　　　星期一

早晨起床，漱洗完毕，便去街上吃早点。经过一段时间的观察，选中一家早点店，能吃到可口的稀饭和淡馒头，还有老板的热情接待，也就常去这家，虽然距校园路程较远些。

坐在座位上吃早饭，只见顾客络绎不绝，有大人，有小学生，瞧见一位小女孩在老板的交代下，跑前跑后，忙来忙去，原来是老板的大孩子，平日里在家给老板父母做小帮手。她是县实小502班的学生，名叫方某某。有一日，上课期间，她在课堂上老是回头，样子较特别，做法很显眼，原来她的《法制教育》课本没有带，在与其他的同学共用一本书。我让其站起来，她扭着头，一副很不情愿的样子。怪不得，其母说孩子回来讲老师上课很严厉。我亦与其母聊了起来，说到孩子上课没有带书的事。父母随即加以督促。又说到孩子很调皮，不怎么听话，班主任老师也讲到孩子的这一点。

利用适当的时机，与学生家长多沟通，了解学生的在家一些情况，很有益处。在这之后的课堂学习中，我发现该生的学习态度端正，认真多了，教材亦带了，课堂上听课很专心，路遇老师，主动问好，变化可大啦！

2013年12月17日　　　星期二

上周返回铜陵市，巧遇铜陵市教育局教研室小语界举行论坛活动，"教真语文——打造自然课堂"陆常波小学语文名师工作室高端论坛在市杨家山小学举行。顺便去听，全程参与，收获不小，偶感如下：

> 微波巨澜悄然至，质朴自然真意浓。
> 依依款款入高端，如雷贯耳课无痕。
> 沪上泰斗展雄姿，良师敏捷丝丝语。
> 蝴蝶效应正能量，继往开来谱新篇。

邀请全国著名特级教师贾志敏（上海人）、安徽省教育科学研究院小学语文教研员吴老师等人参加。铜陵市教育局汪副局长致辞。

> 常波事业，如日中天，可敬可佩，可赞可叹。
> 领军人物，再现风采，如雷贯耳，步入高端。
> 泰斗贾老，披挂上阵，旗帜一面，肃然起敬。
> 领导致辞，蓬荜生辉，蝴蝶效应，正能量传。

2013年12月18日　　星期三

听贾老的课，如同欣赏艺术，甘之若饴，回味绵长。贾老的课堂教学，很注意细节，他常说"教育无小事"。课堂教学处处体现独到之处，如学生座位的安排，后四排的座位间隔较大，目的是便于教师在课堂上更好、更方便地接近学生，以达到教学面向全体的效果。

大师的课堂，无处不体现出精妙之处，如其中的一次师生对话，就是利用学生的好奇心理，吸引学生的注意力。"我俩说悄悄话，别让他听见"，真有"此地无银三百两"之嫌。周围的同学，谁不想听老师的悄悄话，全班同学恨不得竖起耳朵来听。集中全班同学听课注意力的"小伎俩"，立竿见影，恰到好处。将人们日常生活中的场景再现于课堂，情景教学之运用，大师的课堂处处藏着玄机，蕴含着耐人的味道，整堂课笑声连连！教者挥洒自如，学生学得兴趣盎然，轻松愉悦。

在下午的说课点评环节，贾老自我介绍道，自己已是七十五岁高龄，且身体患有癌症，却不远千里，乘火车来到铜陵市，应陆常波老师专程前往之邀，亲自上阵执教。他所执教的《爸爸的老师》这一课，12月18日这天，全上海的青年教师都去听课，说是教育部有个批示，要将一批老特级教师的上课影像资料保存下来，以供后人研究、欣赏之用。

「三区」支教日记之 太湖篇

听了贾老的介绍，会场上听课的教师顿时肃然起敬，无不对讲台上这位全国著名特级教师，投去无比敬佩的目光。在讲座中，贾老展示自己朗读方面的"独门绝技"，令全场观众惊叹不已，掌声不断，高潮迭起。

贾老用自己毕生的精力，投入他所热爱的基础教育事业中，成果丰硕，一生桃李满天下！

贾老以自己高超的教育教学艺术，游刃有余地驾驭自己的课堂，又以他的博学与诚恳的态度以及大师的情怀，和扶植青年人的满腔热情，对当天上午的两节语文课，做出中肯的精彩点评，让全场的教师获益匪浅。他还以长者的胸怀和幽默的方式对不实不敬之现象做出适时、适度的回应，不得不令人叹服！可谓"智叟"也！

当然，随着社会的进步和发展，信息技术整合小学语文学科教学资源的综合运用，还是应该鼓励教师积极探索并运用于各自的日常教育教学活动之中。

2013年12月20日　　　星期五

近日阅看报纸文章，喜读散文一篇《南海的星月》（2013年12月18日《人民日报·副刊》），让人产生同频共振之感。其中的片段描写，尤为美矣。选摘如下：

"一弯月牙，着了柔曼轻纱，娉婷地乜着我。""玉轮照碧海，片片柔波片片月，满眼的月波如鳞、银光灿灿。""是谁发明了'月牙儿'这个惟妙惟肖的词？中国文化的精巧在于细致，细致到你思维的每一道沟坎都盛满一汪柔美的水、一缕舒畅的风、一弯洁净的月。细月如牙，细牙如钩，纤纤细细、袅袅娜娜地走着，如诗在淌，如画在移，光而不耀。你可以若其有，若其无，照样行你的船，向南或向北，照样沉醉在你红幔弥天的落日遐想中，照样想着你迢迢遥遥、缥缥缈缈的万千愁思。但是，你能一直感觉到头顶上这丝嫩嫩、微微、似有若无的逼视。""南海的时令领先于陆地，秋风的脚开始扫着你的额了。在这浩渺无边、风帐浪幔里漂泊，你孤独的、寂寞的、颠沛的、摇碎的，贮了半池秋水的心，能有一丝月牙儿温情款款地遥对，你不觉得是一种饕餮、一种奢华、一种满足吗？那一钩弯弯的、如锚一般的月，还泊不住你的浪子之帆、游子之心吗？我想起那句佛家偈语'千江有水千江月，万里无云万里天'，多么浩渺而精致的境界啊！"

"一弯细月谁裁出？""东方未晓，天幕遍满繁星，是谁从南海捞起一把金沙撒在天庭？晶莹剔透，锃亮闪烁，想吹一口气拂拭，却怕惊扰了星阵的香梦、玷污了星们的圣光。一颗两颗，六颗七颗，啊，连起来，那不就是一只硕大的长勺，像乡下祖母随意放在水缸盖上的那只大水瓢，斜挂在南海的天花板上？北斗星！我的思维很快与儿时躺在山里竹床上数星星的情景对接……"

2013年12月23日　　星期一

近日回趟老家枞阳，冬至祭祖，在山头上跑了一天，直到天黑，才得以收场，完成任务。

国庆假期，一小兄弟从南京回来，给老家的一些老坟修整一番。电话里告知我此事，说好大伙儿在一起冬至祭祖。临近冬至，电话问之，他却说最近没有时间回来。我只得一人前往，在山头上跑了个遍，聊表对祖宗的一点孝心吧。

家乡地处丘陵地带，山头不大，绵延多处。这些年，很少有人上山，只见满目的山林，杂草丛生，虽是隆冬时节，依见绿色的松树针叶遍布，地上铺满了一层厚厚的黄树叶。因为家乡的人们外出打工挣钱，很少有人上山砍柴火，山上的树木、杂草、灌木，漫山遍野地自然生长，到处郁郁葱葱，生态环境保护甚好。山间的树木只是往高处生长，有的林间小路少有人走，已被草木遮挡覆盖，行走其间，需要先在前面探路一番方可。一路上小心翼翼地行走，但外衣仍被山上的灌木树藤攀扯多处。直到天黑时分，才完成冬至祭祖事务。再步行十余里山路，赶到大姐家歇宿。

2013年12月24日　　星期二

此次从支教地太湖县城回到老家，冬至祭祖，走在乡间的小路上，感到十分的亲切。也许每个人都有自己的家乡情结吧，离开家乡，到铜陵市工作多年，虽然每年都回去，可依然觉得家乡的小路如此的亲切，让人不由自主地回忆起童年、少年时代走在乡间小路上的欢快情景。

『三区』支教日记之 太湖篇

时令已是隆冬时节，早晨起来一看，田野里满是一层厚厚的霜。我朝着田野里的近路行走，来到父辈亲手建造的老屋，打开大门，坐在堂屋中央，静静地沐浴着冬日的阳光。儿时早起晨读的情景犹在眼前。清楚地记得那一幕幕，还是在读小学三年级时，一天早晨，我手捧课本，也是坐在堂屋中央，按照老师的要求去背诵课文。父母亲见状，让我用火盆暖脚，坐在凳子上读书。那天上午到学校，我是第一个遵照老师前一天布置的作业要求去完成学习任务的，一连背诵好几篇长课文，弄得班上其他同学瞠目结舌，纷纷摇头，说背不出来。我得益于早起在堂屋中央一边沐浴冬阳一边背诵的。老师用赞许的目光微笑着向我点头，同学们也暗暗称赞我。

童年的记忆，永远也抹不去。稍一触动思绪，便像一幅幅画面呈现在脑海中。

冬日里、旷野上，早起勤快的农人们在霜冻的早晨，忙着冬闲里的事情，为来年的春耕生产做准备。勤劳的乡邻们，你们在乡间耕作的倩影亦定格在我儿时的记忆里，随时便可翻阅，回忆起来，是多么的温馨！

现在乡村里的土地在逐步实行流转，由专人承包，实行机械化耕作，原先的小田块正在变成大田，便于机械在田间来回运作，进而提高劳动效率。（农村实行土地承包制度以来，外出打工挣钱的人越来越多，一些土地出现抛荒闲置，国家根据农村现行状况，适时出台政策，调整农村土地的承包流转机制和具体的运作模式。）

我径直走在家乡冬日里满目霜冻的宽阔田野的小径之上，脚踩踏在路面积水形成的薄冰上，发出一阵阵"吱呀、吱呀"的声音，又像是走在柔软的海绵上，心里感到好舒坦，好惬意，仿佛又回到童真无忧的少儿时代。

鲁迅先生笔下的《故乡》里描写的农村情景犹在眼前。

2013年12月25日　　星期三

时令已至冬至，天气寒冷，支教受援学校安排的被子还是秋天用的棉被，较为单薄，遂向学校总务处曹主任反映情况，能否添置过冬的被子？曹主任说与叶校长商量一下。今天下午最后一节课课前，我正准备去501班上课，路过小操场，学校保安和体育组饶副主任分别通知我，到学校门卫室领取棉被（太空棉）。

可以御寒过冬啦！这亦体现出支教受援学校对支教教师生活上的关心。下课后，我向实小叶校长及相关领导发短信致谢！

2013年12月26日　　　星期四

中午时分，下楼经过操场中央，发现一年级的两位小朋友你追我赶，嬉戏打闹。一小孩猛跑，另一小孩在后面猛追。冷不防，前面的小孩趔趄一下，两个小孩同时摔倒在地。其中一个小孩，摔得较为严重，爬起来，站在原地，呜呜直哭；另一个小孩尚未爬起来，还卧在地上。

见状，我急忙走过去，问其原因，旁边的孩子忙说他的脸摔破了。我顺手牵起小孩，拍打他身上衣服的灰尘。看到他的那张小脸腮上蹭破了点皮，忙让他用自己的小手掌轻轻揉着脸腮，以防脸肿。小家伙怯生生地看着我，但很乖巧听话的样子，小手不断搓揉着自己小脸腮，眼泪还挂于眼角。在老师的安抚下，他渐渐停止了哭声。

顺带批评了与他一起追赶的同学，以后不能在校园里追赶打闹，以免摔伤。小家伙懂事似点点头，两人一起跑向教室。

2013年12月27日　　　星期五

同来太湖县实小支教的同事某某，对支教工作有些许不适应，我常劝说他，既来之则安之。来到太湖县的第一天晚上，他在居住的宾馆房间里大叫大嚷，说房间里有蟑螂，要求服务员换房间。当时，我正在卫生间里洗澡，惊恐地以为发生了什么事。

我来到家乡安庆支教，学校领导根据各人的年龄大小，结合学校工作实际，分配具体工作，是在情理之中。

努力做好自己的支教工作的分内事情，少与他人言及他事，以免言多失口，引起对支教工作的不必要的麻烦，所谓"明哲保身"吧。依我看，太湖人还是很实在的，人心向善。大别山革命老区，人们的思想还是很积极的。

2013年12月28日　　　星期六

上周三下午教学乒乓球课，301班和304班，组织学生进入乒乓球馆，上完第一节课（301班乒乓球课），孩子们都回到教室，我亦跟着学生去了304班教室附近，坐在葡萄架下，静候上课铃响。备课笔记和教学用乒乓球拍及装有8个乒乓球的塑料袋均放在乒乓球馆的主席台上。

我领着304班学生走进乒乓球馆，布置他们到各自的乒乓球台前打球时，发现那只教师教学用乒乓球拍不见了，我以为是哪位学生拿去了。急忙询问，304班学生说下课时还看到在台上。我再一次前往301班教室，让班主任帮助查找，放学时，班主任陈老师告诉我学生没有拿。以前没有发生过这样的事，每次下课集合，孩子们都会主动上交老师发给他们的教学用乒乓球拍和乒乓球。是不是哪位同事开玩笑，趁下课时间，没有人在乒乓球馆，拿走教学用的球拍呢？调看学校监控视频就可知。或许下周上课就会找到球拍。

2013年12月29日　　　星期日

本周双休日，没有返回铜陵市，待在太湖县实小校园。今天上午，去趟新城菜市场，采买食品。走进菜市场，但见商铺林立，人头攒动，顾客川流不息，我漫步其中，细看并询问我所需要的东西的价格，一路走下来，大致了解其价码，略作还价，购买一些。菜市场建设的时间颇有些年份，摊位显得很拥挤，食品倒是摆放得琳琅满目。进出菜市场的通道较窄，两边尽是摆地摊的商贩。从一些公共设施看太湖县人的思想及理念，他们办事思维比较缜密，喜欢在细节上下功夫。内部竞争很激烈，似乎外部整体环境的作用较为淡化，有"芝麻""西瓜"之感。

下午，我与学校保安石师傅打了一个多小时的乒乓球，活动筋骨，锻炼身体。

2013年12月30日　　　星期一

昨日中午时分，我从新城菜市场采购回来，走在老城的街道上，一边走一边看商铺里的琳琅满目的商品。突然，从路边的一家商铺里快速跑出一个小男孩，笑嘻嘻地冲到我面前，大声喊道："老师好！"一副活泼可爱的模样。

我笑眯眯地看着他，应声答道："小朋友好！"

小男孩见状，不好意思的样子，羞涩的一溜烟地低头从我身边跑开了。我仔细想了想，小男孩是我授课班上的一名学生。教师平时是怎样和颜悦色地对待学生，学生在校外表现中也是如此尊重老师，和谐的师生关系何等重要！师之影响，深深地印在学生幼小的心灵中，并转化在平时日常行为表现之中。此乃"春风化雨，润物细无声"矣！

初到大别山支教，我如同婴儿吮吸母亲的乳汁般贪婪地呼吸着那里新鲜的空气。

2013年12月31日　　　星期二

今日晚餐，支教受援学校领导十分客气，邀请支教教师共进晚餐，说是"过年"。学校方面热情招待，领导班子成员向支教教师频频敬酒，被他们的真诚与热情所感动，不得已饮了一点，晚上睡觉，难受得很，非得酒消过后，方能入眠。（我已多年未饮白酒。）

酒过三巡，大家的话渐渐多起来，校领导希望个别支教教师谦虚些。个别支教老师对安排住宿的房间，感到不满意，说了一些风凉话，引起在座的领导有些看法，住房明明是他自己挑选的，别的支教教师让步了，还是两位副校长搬到别处办公，腾出房间，根据学校现有的条件做出的安排。前来支教，服从受援学校的管理与安排，遵守支教纪律等，临行前的铜陵市教育局的支教工作会议上，领导们都提出过相应的要求。

受援学校领导对支教教师生活上多有关照，教师应该表示感谢呀！

2014年1月

2014年1月1日　　　星期三

今日上午，前往位于太湖县的五千年文博园参观游览。节假日，游人络绎不绝，有全家出游，有三五成群的学生……文博园气势恢宏，场景很大，景点众多，令人目不暇接。我随游人一起于公共区域游览一番，尔后，在广场座椅上休息一会儿，广场上的华表立柱高大壮观。景区建设尚在进一步扩大。太湖县的五千年文博园成为当地的一块旅游招牌，每年吸引全国各地的众多游客前来旅游观光。

032

2014年1月3日　　　星期五

在平时的日常教学中，教师如何做到尊重学生学习的主体地位，是个很重要的问题，涉及教学理念的问题，也是素质教育所关注的。记得在铜陵市继续教育集中学习时，主讲人列举了一个事例，江苏省的某一所学校，校规要求教师在上课铃声响起时，必须手持课本及备课本站在教室门口，等待学生进入教室。我还在报纸杂志上看到清华大学附属小学校长窦桂梅写的文章，她参加教育部组织的教育考察团前往美国进行基础教育考察，一行人深入美国的学校，感受美国的基础教育是如何做到尊重学生的主体地位。当时，正值放午学时间，孩子们要穿过一条长廊，来到学校食堂就餐，只见路上的教师一律让开，让学生们先行通过。进入餐厅就餐时，教师及学校的领导也都让学生先行就餐，自己则是站立在一旁，帮助维护学生就餐秩序。窦校长看到这种现象后，感叹道：其他学校教育都具有这样的教育理念，尚需多时！诚然，中国儒家教育思想占主导地位，几千年的历史，传统的师道尊严影响甚深，亦产生许多精英分子，形成"国粹"。在当今改革开放政策形势指引下，国际间交往日益频繁，中外文化交流也随之日益广泛，我们应当相互学习，相互渗透，学习他国优秀、先进的文化理念，为我中华所用，这样才能彰显泱泱大国的广博胸襟。

安庆市是教育大市，现在又是安徽省唯一的全国中小学教育综合评价改革试验区。相信安庆市在教育领域改革方面会取得新的经验和做法，推广运用，成为全省的教育强市。安庆市历史文化底蕴深厚，是人文荟萃的地方，我的家乡所在地——枞阳就是引领清朝文坛几百年的"桐城派"的开山鼻祖方苞等人的出生地和成长地。怪不得，小时候，常听老师们在课堂上情不自禁地讲起那些人的有趣故事。

2014年1月4日　　星期六

已有三个星期的时间没有返回铜陵（中间回老家枞阳一次），这次回来，下了5路车，已是傍晚时分，我与众多乘客一起，走在梦苑小区新修的水泥道路上，一股亲切感油然而生，感觉脚下的步伐迈得很踏实。我在这里已经工作、生活二十余年，也许是时间对人的思维浸泡的缘故，形成的心理感受吧。走在别处的道路上，可能有轻飘飘的感觉，步子不稳实，也或许是初来乍到的缘故吧。

据居民们反映，梦苑小区绿化建设正紧锣密鼓地进行，变化确实不小，小区的健身广场已见雏形，周边的绿化区域正在紧张有序地进行。看来是上级领导检查的力度加大了，社区新的领导班子的工作能力亦需在为居民办实事的过程中，不断得以检验，以取得广大居民的广泛认可。当天晚饭后，我即下楼，在周边散步巡看。第二天上午，在小区的道路上漫步欣赏绿化的环境及效果。只见绿化工人正在辛勤的劳作，给新铺草坪、树木浇水，他们拖着长长的塑料水管，冒着冬口里的寒风，弯着腰，一处一处的浇灌。但愿这些花草苗木在园林工人的精心呵护下，尽快地成长起来，给梦苑小区的居民生活增添一道亮丽的风景，成为怡人心情之所在。小区绿化，铺植大面积的草皮，以防止雨水流失沙土，起到涵养水源、保护花草的作用。

上个星期五，坐班车返回铜陵，在老城公交站等车，坐上了开往安庆的班车，经过新城车站后，下来换车，看到太湖县去芜湖的班车未走，便赶忙付了5元钱车费，换乘班车。原以为新城二小的支教同事乘坐芜湖的班车，上次郑老师就是坐芜湖的班车返回铜陵呀，可是上车后，发现他们已经坐上前往安庆市的班车。其间，可能给相关方面造成误解。

2014年1月5日　　星期日

从支教受援地——太湖县返回铜陵市，今天一整天待在家里，没有出去，上午写写只言片语后，重新收听了2013年12月16日在市杨小听课时的课堂录音，仔细地回味一番，做好听课笔记的完善整理工作。

傍晚时分坐在阳台的藤椅上，手捧《红楼梦》翻看着，间或眺望远方，这几日（元旦前后），铜陵的空气质量尚好，不过城市规模小，空气质量监测，风向调头快。城市的功能定位是工矿城市，工矿企业有自身的生产任务，这也难怪，只是政府根据国家现行政策加大治污力度，保护环境，需要在政府管理与企业生产之间谋求一个能够相互接受的平衡点，既能发挥政府的宏观调控作用，又能充分调动企业生产的积极性，还能让人居环境变得越来越好。科技进步将在其中发挥越来越重要的作用，如上大压小，淘汰落后产能，发展清洁能源等多种有力举措并举。

2014年1月12日　　星期日

六个班级（501、502、503、601、602、603）的常识课随堂检测任务，加上三四百张试卷的阅卷任务，让我的期末工作备感紧张。因为以前可能试题检测较少，我也是第一次接受这样专职任务——支教工作任务，各方面都得注意点，摸着石头过河呀。

个别学生检测不如意，我则给他（她）们以补救的机会，体现因材施教的原则，不同的学生有不同的要求，分层教学，力求让学生在各自原有的基础上都有所提高。端正学生学科思想认识，扩大学生知识面。为此，自己就要牺牲休息时间，常在午休时间到各班教室里寻找个别学生，以给他们弥补知识的机会。多个班级教室，楼上楼下来回跑动，盯着学生，让全体学生接受法制教育，不落下一位学生。个别学生实在找不到，就与班主任老师取得联系，请求帮助配合解决问题。

教书育人的工作，就得要有那么一股子韧劲。"牢牢牵住牛鼻子。"精诚所至，金石为开。

2014年1月13日　　　星期一

校园拾絮

多么可爱的孩子，多么可爱的学生，祖国的花朵，人生的起始阶段。每天徜徉于他（她）们之间，看着一张张天真无邪的笑脸，童真、童趣的别样，每个孩子都有自己的可爱之处，是一件多么幸福的事呀！学校体育运动会上，我参与跳高组的相关赛事活动。比赛过程中，发现一个小女孩频频地举手振臂高呼："加油！加油！"样子特别，很像电视荧屏上外国运动员取得优异比赛成绩时那种欢呼雀跃的样子。后来，我注意留心观察，原来她是502班的班长赵文娅同学，该生的组织能力很强，她是在为本班的同学加油鼓劲！赛场上，受到学生的激动情绪影响、感染，有时，我真想学着孩子们天真的样子，振臂高呼，为运动会添光增彩！

还有503班的一位女生，在乒乓球比赛过程中，接球时，一副漫不经心的样子。之后，我点拨她："打球要用心，仔细琢磨对方球的特点。"她连连点头。操场上，她与几位同学玩耍。我向她示意：怎么不打乒乓球？开始，她没弄明白我的意思，我顺势做了一个打球的姿势，她看后，会心地笑了，想必联想到老师在她参加乒乓球比赛时说过的话，立刻显出一副羞涩的样子。

501班的体育委员，他的球技很好，能发旋球。乒乓球课上，我与他对打时按常规方法接球，结果球跑偏了，看来对方发了旋球。我抬头看看对方，原来是他，不愧为班级的体育委员，球技果然高人一筹。

最近一段时间，他手绑绷带，像从火线上下来的"伤员"，不时从操场的人群中跑出来，喊道"老师好！"定睛一望，原来他是304班的体育委员，名叫朱某某。看到他如此情状，我抚摸着他的头，关切地询问："这是怎么啦？"原来他不慎在学校后操场上摔了一跤，骨折了，打着石膏绷带，坚持上学。怪不得，那天的乒乓球课，他妈妈径直找到乒乓球馆里。

一个小孩不由自主地旋到我的身旁，怯生生地喊："老师，再见！"一个周五的下午，我打好行装，准备赶回铜陵。刚下楼梯，走到校门口，听见一声甜甜的童音，一副与老师依依不舍的样子，生怕老师再也不来实小了。童真可爱！我亦向他投去赞许的目光。看来，他是在关注老师多时了，站在树下恭候老师的出现。"毛老师来上课了。"他在操场的一个角落

035

"三区"支教日记之 太湖篇

里快速跑出来，告诉我。班级里发生的一举一动，他都会悄悄地跑到我的身旁告诉我。他就是那位既调皮又可爱的304班小男孩。

乒乓球台上，她总是喜欢挥动手中的球拍攻球，尽管命中率不怎么样，她的那架势却是进攻型的。她是602班的乒乓球种子选手，代表学校参加比赛的詹某某，参加太湖县小学乒乓球比赛回来后，她们就不怎么打球了。我仔细地询问她们参赛的具体情况，她一一地告诉我，参赛学校的获奖等次，她毫不掩饰地说她参赛时遇到了强手，被刷了下来，未获得名次。

…………

花絮多多，不胜枚举！

2014年1月14日　　星期二

具有百年历史沉淀的太湖县实验小学，已然形成自己鲜明的办学特色。学生稍有躁动情绪，班主任并施以适当的思想教育。"本学期虽然结束了，可是后面的路还很长，要稳步前进。"学生的心境立时平静下来。考试结束下场，孩子们背起书包，全班列队站在操场各自的班级区域内，整齐地步出学校大门……一切都是那么自然、和谐，毫无期末浮躁的现象。这不由让人想起太湖县的佛教渊源。走在大街上，随处都能听见音乐，舒展平缓人的心情，眼前仿佛一条看不到尽头的大道，只有永远地向前、向前！

太湖县实小，走出了全国著名的黄梅戏艺术表演家马兰、人民文学主编赵国青等名人。现在的校址是原太湖县师范学校，场地面积很大，位于太湖县老城区。校园的发展空间很大，与城区其他小学相比，具有自身得天独厚的优势，生源大多是进城务工人员的子女。

2014年1月15日　　星期三

我在批阅502班法制教育试卷时，发现有两名同学的名字很相似，只有一字之差。我担心是不是弄错了，故在登分时，在该生的名字旁边加括号（龙），以免出现失误现象（李鑫虎、李鑫龙）。

当我拿着登分表询问该班的学生时，孩子们围拢在我的身边，其中一位男孩告诉我："老师，他俩是双胞胎！"我惊讶道："你们班还有双胞胎？"站在一旁的另一位女生，匆忙伸出两个手指："两对，还有一对女双胞胎呢。"我又是一阵惊喜，一个班还有两对双胞胎。"他（她）们长得像吗?"我继续探问。"一对很像,另一对不怎么像。"旁边的学生答道。其实,我在铜陵市教授的第一届初三毕业班,班上就有两对男双胞胎,并不奇怪,只是很少见。

只怪我平时观察不够仔细,也因为每周只有该班的一两节课,学生又多,共有六十六名学生,教室很大,算得上济济一堂。我仔细比对一下两对双胞胎的成绩,还真是不分上下呢。看来,他(她)们平时学习是在相互竞争呀,谁也不甘落后。

2014年1月16日　　　星期四

教授八个班级的常识课,学校的四栋教学楼及办公楼,我皆办公过,应该说太湖县实小的整体面貌,我有着大概的具体了解,包括教师和学生。学生的行为习惯,养成教育,似乎有所欠缺,尤其在卫生方面,或许是生源大多来自农村的缘故,校园里经常性出现废纸、塑料袋,尤其是早晨上学时分,孩子们成群结队地站在学校大门口,早点包装袋、垃圾随地可见。上课铃响起,孩子们全都进了教室。这时,保安挥动着扫把,开始清扫学校门前的卫生,每天皆是如此。

看到一些学生的写字的姿势不够端正,尤其是高年级(第三学段)学生,横着握笔写字。我曾经思考过这个问题,为什么会出现这种现象?这是不是与以前老师教学方法有关,还是另有其他原因。

2014年1月17日　　　星期五

上午,参加太湖县实小的本学期期末结束会,听取本学期学校工作总结、教学工作总结和财务通报,叶校长做总结讲话,工会主席陈主席主持会议。对县实小本学期的总体概况,有着一定的了解。

下午,应太湖县新城二小的铜陵市郊区支教同事郑老师的电话之约,前去聊天。本想约他过来,一同前去刘畈乡高干会址参观,反而去了他的住处,听他说了一些有关慰问方面的情况,铜官山区教育局及派出学校上周前来太湖县慰问支教教师,每人发了慰问费,各校亦发。听后,我们感到闷闷不乐。各区的财力情况不一样,还是领导对支教工作的重视程度不同呢?

毕竟同是来自铜陵市三区一县的教师在一起支教，相互之间交流各自所知的事情，也是人之常情。互通信息，了解各区教育局对支教教师的慰问事宜、领导的重视程度等。

2014年1月18日　　星期六

今天上午，开完实小结束会，我便回到二楼的宿舍。学生们都已领取成绩单回家。忽然听到走廊里有人大声争吵的声音。我信步出门，只见603班教室的窗户台面上，有一位女生探出半个身子，正在和保安师傅争辩。她见老师出来看着她，便大声地朝我喊道："老师好！"以摆脱自己当前的尴尬窘境，然后，纵身跳下窗户，很快跑离现场。

原来又是那个对乒乓球运动产生浓厚兴趣的603班高个子女孩——殷某某。学校放假了，各班教室的门紧锁着，为了拿放在教室的座位上的乒乓球拍，她推开窗户，翻过窗台进入教室，准备拿自己的球拍。学校大门口的保安师傅随即尾随其后，紧跟着上来二楼，阻止该生翻越窗户，与之发生争吵。我手指着二楼走廊顶部的监控摄像头，对她说道："你们的一举一动都被摄下。"小姑娘性格活泼、调皮，似乎意识到自己的错误，停止了与保安师傅的争吵，低着头，不好意思的一溜烟跑下楼梯。

好一个近乎酷爱乒乓球运动的小女孩！

＊　　　＊　　　＊

法无禁止即为可，法无授权不可为。

举重若轻，举轻若重。

2014年2月

2014年2月16日　　星期日

昨日上午，从铜陵出发，乘车前往枞阳老家，安排好母亲赡养事务。正月里公路上，出行的车辆很多，排成长龙般，遇到堵车，车辆便像蜗牛一样前行，中午十二点左右到达小姐家，向母亲交代相关注意事项，安排妥当，即踏上支教的征程。乘车到达安庆市，转车至太湖县，于当天下午五点抵达县实小，开始新学期的支教工作和生活。

2014年2月12日，县实小给铜陵市支教教师办理相关手续，太湖县教育局将上学期的生活补助费打卡到个人账户。上学期的车费尚未报销。叶校长说过几天报销，与其他学校商议一下，给出报销标准。

*　　*　　*

横渡长江，漫步大桥，立于江心，极目远眺，滚滚长江，东流而去；水天一色，浩瀚无垠；万千思绪，袭上心头；沧桑巨变，华厦复兴！守望青春这多年，苍天不负苦心人！

2014年2月17日　　星期一

本学期，教务处安排本人十二节课，说是顶特岗的教师回去了，需要增加一节课。教授二年级三个平行班的体育、六年级乒乓球课以及一年级的"品德与生活"、六年级的"思想品德"等课程，主写一科（二年级"体育与健康"）教案，后本人主动提出编写两科教案：二年级"体育与健康"，一年级"品德与生活"。

二年级"体育与健康"教材及教师教学用书，学校均未配备。教务处刘副主任说上网查找。应有的教材与教师备课用书缺少，给教学工作带来一定的困难。由于一时缺少应有的备课资料，给开学初的教学计划的编写带来难度，尚需在今后的日常教学中不断完善和补充。

几天以来，不断在电脑网络中查找相关的"体育与健康"备课资料，各种各样。与太湖县新华书店取得联系，也未购买到二年级其教学用书。

『三区』支教献我力

2014年2月18日　　星期二

　　新学期开始啦！今天是太湖县实小开学报名的第一天，早上八时左右，实小大门口人流不断，家长或手牵孩子小手，或肩背孩子书包，或骑车相送……学校门口熙熙攘攘，川流不息。各种辅导机构的宣传员们，分立学校大门口，散发各种宣传单，向家长、学生推介各自的辅导优势，帮助家长、学生解决日常学习上的疑难问题。整整一上午，学校大门口的学生、家长络绎不绝，纷至沓来。真是高兴而来，满意而归。

　　学校门口，一派人气旺盛的样子。

2014年2月19日　　星期三

　　晨起，去街上买早点回来，在校门口熙熙攘攘的学生流中，忽然听到一声清脆响亮的叫声："高老师！"听是童音，路口的学生又是那么多，那么拥挤，我也就没怎么在意，手拿着早点，继续朝学校大门口走去。可是，后面的叫喊声持续不断，且一声高过一声"高老师！高老师！"一副非要把老师从人群中喊应答不可的样子。

　　我不得不下意识地停下脚步，回头望去，只见学生人群中探出一个小脑袋，手中还拎着早点，原来是三年级的体育委员朱某某，径直朝我身边走来。看到那副十分可爱的样子，我情不自禁地抚摸着他的头，关切地询问："你的胳膊好了吗？"去年12月的一天，他在校园里玩耍，一不小心摔倒，胳膊骨折，住院治疗。现在手臂上还打着绷带，依然坚持到校上课。

　　他答道："还没有完全好，胳膊还不能完全伸直。"说着，他伸出受伤尚未痊愈的右臂，示意给我看。只见他的上臂与前臂成一定的弯曲状，不能自然伸展。我牵着他的小手，并肩走进校园，并不断鼓励他，一定要听医生的话，加强锻炼胳膊，同时注意安全，争取早日恢复身体健康，让老师看到校园里那个生龙活虎、活泼可爱的小男孩——三年级体育委员朱某某在体育竞技场上，威武地指挥着本班同学进行体育锻炼的欢快场景。

2014年2月20日　　星期四

　　今天的201班体育课，因天气下雨，改上室内课，调整教学内容，因地制宜，利用教室场地，让孩子们学练第八套全国中小学生广播体操七彩阳光1～3节。我先让全班学生推荐本班广播体操做得好的同学,上台表演。孩子们议论纷纷,意见不一。于是,我要求每大组各推荐一名同学,共4人同时上台表演做操。经过一番酝酿,每组推选的学生代表走上讲台前,面对全班同学做操,我喊口令、节拍,发现一位名叫朱甜甜的小女孩动作很规范到位,样子大方怡人,博得全班同学的阵阵掌声。

在开课初的班级推选中,孩子们一起齐声唤的阵势,伴随着一只只小手的示意挥动,嘴里齐声喊道:"朱甜甜!朱甜甜!"果然不负众望,她在四位同学的表演中脱颖而出,令全班同学和老师刮目相看。别看她人小,做起广播操,动作整齐、规范、到位,且落落大方,一招一式,有板有眼,身体姿势舒展优美、有度。

三尺讲台之上,我一改"伯乐相马"为"赛场选马"的做法,极大地调动同学们参与体育锻炼的积极性和主动性。

2014年2月22日　　　星期六

今天下午放学后,校园里尚有几名学生在室外乒乓球台打球,我信步走上前去,孩子们立马邀请我与他们一起打乒乓球。在打球的过程中,两小孩用太湖县当地方言说起话来,隐约听懂像是互相询问对方:未成年人年龄是多大的问题?

我当时只顾打球,对孩子们讨论的问题未予注意,也就没有做出回答。原来五年级法制教育期末测试题中出现一道题:法律上规定的未成年人年龄是____岁。打球结束后,我马上翻开《法制教育》课本,仔细查阅有关内容,未成年人是指不满十八周岁。我国法律规定的最低就业年龄是16周岁。学生在答题时容易产生混淆。第13课提到安排不满16周岁的未成年人就业的企业应受处罚。学生误认为16周岁是未成年人的法律规定年龄,而课本第48页上讲到不满十八周岁的未成年人。

需要利用下午课前十分钟时间,对五年级三个班学生进行集体订正这一问题。

2014年2月24日　　　星期一

根据太湖县实小教务处安排的课表,周二、周三下午三节课连上。通过近两周的教学实践，身体受不了，感到很累，很乏力，难以承受。持续感冒一段时间，人的身体有些吃不消。不得不向校方提出合理的调课要求，叶校长带我去教务处，让陈主任给予适当调课。

中午时分，陈副校长和一年级的班主任陈老师一同主动来到我的宿舍，询问我的课程情况，并且表示愿意帮助调课。遂对照她们的个人课表，协调好周二、周三下午的第二节课的调课事宜。周三下午的第二节课的综合实践，因学校没有教科书和教材，刘副主任将其改为"品德与生活"，与陈老师做出调课机动，以便支教老师安排好返回铜陵的日程，给支教老师的工作提供方便。感谢陈副校长以及陈老师对支教教师工作的大力热心支持。

2014年2月26日　　星期三

042

一招显灵

第一学段的学生课堂自控能力较差，学生数较多，每班均有五六十人，课堂纪律维持，需要教师讲究一定的方法。通过几节课的教学实践，我在心里琢磨这件事：如何在较短的时间内，让课堂变得鸦雀无声？如不掌握正确的方法，就会出现"按下葫芦起来瓢"的现象。

通过观察，经过思考和揣摩，并经课堂实践证明，找到了一种行之有效的方法。当我站在讲台上，教室里还是一片"嗡嗡"声时，我立马让四个小组的组长站起来，查看各自小组的同学，看看谁在讲话。组长们很负责，应声而起，立即制止本组还在小声讲话的同学，教室里立时安静下来，课堂纪律有效地得以解决，并不需要教师声色俱厉地大声叫喊着去维持课堂纪律。

可谓"一招显灵"！课堂上由乱纷纷的讲话声立马变得鸦雀无声，孩子们心悦诚服地佩服老师的管理，隔壁办公室的老师不由得伸出头来，奇怪地看看教室里的学生，莫名其妙地感觉这位支教老师像是施了什么"魔法"似的，一下子控制住了这群天真活泼的孩子们。

当然，"一招显灵"，并非万法之宝，还需要随班级学生学情的变化而不断加以改进和完善。

今天，从太湖县实小出发，途经安庆市区，换乘车回枞阳老家，看望母亲。听说老家门口要修路，需要占地及移栽树木，母亲让我去和相关办理此事的邻村腊地人联系、商谈一下。打开老宅的大门，通通空气，倒掉屋顶漏雨的满满几桶水。后去腊地队，与几个人商量，修路时，移栽厕所旁树木，厕所地皮，门前道路（建祠堂修路，路基较高，出水水泥管道口径小，雨水天气，无法正常排水）等事宜。

走在家乡的田间小路上，看到广阔的田野上，已渐渐长出青青的嫩草，一派生机勃勃的景象，"一年之计在于春"。

看到田野阡陌纵横，良田遍布，感叹我们的祖先世世代代在这片黄土地上辛勤耕耘劳作，面朝黄土背朝天，由此，让人不禁联想到古诗里描写先民们在阡陌纵横的原野上"锄禾日当午"的情景。"千年土地八百主"，土地流转至今，已相对稳定到户，现在正落实中央新的农村土地政策。

2014年3月

2014年3月2日　　星期日

　　太湖县实小的教师队伍整体素质很好，师资力量很强，大部分教师是从全县各地经考试、考核等程序选拔上来的，教师的个人素养是很理想的。支教时间已过半，在与实小教师的平时接触交往中，我深有体会：教师的敬业精神，礼貌待人，热心助人，学校领导班子的齐心团结，学生的勤奋好学，校园管理的井然有序……无不给人留下深刻的印象。

　　太湖人的节俭意识很强，贯穿于治校的方方面面和个人理财方面。从一些事中可以窥见一斑，如换下来的二十世纪五六十年代的课桌椅，有的至今还堆放在学校的仓库里，直到今年装备电教室时，才清理出来，被当作烧锅柴，送往学校锅炉房。又如办公室里的吊扇开关，似乎也改装了电路，达到节电的目的，如此种种……

2014年3月5日　　星期三

　　周五下午的第三节课，是各班的班会课。我所居住的这栋楼的底层，正在施工安装电缆线，电钻敲击水泥板，发出刺耳的隆隆声，再经楼体振动回声，声音格外的大，让人无法在办公室里办公，且易引发人的焦躁情绪。整栋楼停电。不得已，我只好找另外的体力事情做做，以消解烦闷之心情。于是，我将换下来的外套长裤，拿到学校大门口的自来水处清洗。

　　平时周一至周四的下午，第一学段的班级没有第三节课，孩子们被家长们早早地接走了。今天是周五，下午第三节课各班均在上班会课。成群的家长们只得站在学校大门口，静静地等待放学铃声响起，好接回自家的孩子。

2014年3月7日　　星期五

　　今天下午的203班体育课，上室外课，天气较冷，吹着北风，孩子们站在偌大的操场上，林立于寒风中。尽管他们对体育课有着浓厚的兴趣，一个个精神抖擞，丝毫不畏惧呼啸的寒风，但我还是不忍心让孩子们冻着，遂将他们引至操场左侧的尽头，高墙遮挡寒风，相对暖和些。

孩子们兴高采烈地询问："老师，今天做什么游戏？"我则让他们完善、巩固上节课的游戏——大鱼网，重申了游戏规则，并做示范动作。孩子们由于有了上节课的游戏基础，现在再来巩固游戏，熟练多了。我用石块在场地上画好学生游戏场地范围，选好四位体力很好的同学成为"捕鱼人"，其他学生手牵着手，组成大鱼网，另选几位同学作为小鱼，在池塘里自由自在地游来游去。开始捕鱼，几个"捕鱼人"一阵猛跑，将大部分"鱼儿"赶到墙角的一边，孩子们围站在一起，一阵阵欢叫，又纷纷离开……

欢愉的笑容荡漾在每位同学的小脸上！

2014年3月8日　　　星期六

周六休息日，太湖县实验小学全体教职工参加党的群众路线教育实践动员大会和全校学生家长会。一是学校通过校园广播系统向全体家长做相关报告，叶校长向家长们宣讲、落实上级领导布置的任务——学生营养餐，经费来源由国家财政拨款。城区学校，先从实小开始试点，并组织相关人员前往望江县等地参观、考察、学习、借鉴他校的成功做法，结合太湖县实小的实际情况，做好试点工作。二是要求家长配合学校做好春季预防传染病的工作。

家长会过后，全体教职工参加党的群众路线教育实践活动动员大会。太湖县第二巡视组领导莅临大会会场，并做重要讲话。实小王书记对此次活动做出整体布置。全体教职工每人填写一份调查表，对学校领导班子成员在"四风"方面存在的突出问题，进行收集整理，整改反馈。

会上，教师对营养餐的管理实施问题，出现了较大的意见分歧，认为此项工作的工作量很大，学生人数多，场地不够，难以管理等。县督导组领导及叶校长表示，这是上级布置的任务，必须在三月中旬开始实施。

2014年3月12日　　　星期三

这段时间，工作任务较为繁重，周五中午，接到铜陵市派出学校负责人的电话，催问本年度继续教育的事。人在太湖县支教，支教受援学校的工作量在加大，每周有十二节课，室外体育课，人的眼睛晒得难受，几周下来，眼眶有发疼的感觉。

周五下午一点半左右，从太湖县乘车至安庆市，转至铜陵市，傍晚八时到达梦苑小区住处。

周六、周日均在电脑前，做继续教育作业。周六下午做"教学设计"表格填写。由于登录超时，没有发送出去，白忙活几个小时，直到晚九时才回到住处。周日接着做作业，直到下午六时左右才完成继续教育作业。

周一上午九点，乘坐铜陵开往武汉的班车。在市二中大门口上车，遇到新城小学的两位支教女同事。中午十二时左右到达太湖县高速服务区，下车后，穿过一段山地小路，在出口处转乘的士抵达县实小。

2014年3月17日　　星期一

我在103班教授品德与生活时，让孩子们在课堂上动手制作小陀螺。任务布置下去，孩子们纷纷行动起来，拿出纸张，首先画出圆形。不少孩子随手画出，我不以为然：一年级的学生哪能画出如意的圆形？我在每组的过道里来回巡视，走到第四组的中间位置，发现一位学生在纸张上画出一个十分标准的圆形，我感到很惊讶，问她是怎么画出来的。她用小手指着旁边的彩笔筒，告诉我："用它画出来的。"原来彩笔筒是圆形的，小孩用铅笔绕底画一圈，便成为标准的圆形。

我立马将画有标准圆形的纸张拿上讲台，让全班同学观赏，并简要介绍画圆的方法，鼓励学生充分利用身边的物品画圆。孩子们受到启发后，纷纷拿出各自携带的圆形物品，有的孩子似乎恍然大悟，赶忙从书包里拿出水壶，往桌上一放，用笔画一圈，便立刻成为一个标准的圆形。

孩子们受到启示后，纷纷画出标准的圆形，我立即表扬他们："看，同学们多聪明！尤其是第一位想出办法的同学，更是了不起！"受到表扬后，孩子们动手制作的劲头更足了。他们相互合作起来，做得可欢啦！没有剪刀，怎么办呢？有的孩子想出了解决问题的办法，他们用铅笔尖沿着圆形的边缘，一点一点地戳出许多小洞，然后用手轻轻撕开，完整的圆形就出来了。因为害怕孩子们带剪刀上课不安全，所以班主任老师不让学生带剪刀到学校，但是孩子们也能想出办法，解决这一问题。别看孩子们年龄小，可聪明了，能充分利用身边的物品解决学习上的问题，真是了不起呀！人小智慧大，人多智慧大。

充分调动学生的集体智慧，并善于发现蕴藏在学生中间的极具创新意识的孩子的行为，作为榜样，借以点拨，启发全班同学，创新思维的火花便会在课堂上四处迸发，犹如繁星点点，灿烂而耀眼。这样的课堂情境，师者自然会乐在其中，孩子们更会乐享其间。

孩子们在启蒙阶段，得到这样的思维锻炼，创新意识和创新思维能力就会不断增强，将来长大以后，总会习惯性的用创新的理念解决现实问题，而不落于俗套。

2014年3月22日　　　星期六

周六下午，我在实小的校园里散步，看到几名小孩在校园里戏耍，一阵阵欢笑声响彻空旷的校园。我不由自主地寻声望去，原来，几位小孩在玩滑板，相互追逐打闹。只见前面一位小女孩骑自行车快速前进，并在场内转圈，后面几位小朋友脚踏滑板，紧随其后，双手拉住自行车的后座，凭着滑轮的惯性，孩子们大呼小叫，呼啸而过，那动作造型组合，仿佛在玩杂技一般。骑自行车的女孩不断地转圈，拉着身后的几位小伙伴，孩子们的动作多灵巧，心里的那份高兴劲儿甭提啦！一张张稚嫩童真的小脸上笑开了花。

看到儿童如此欢快的场面，我不由自主地拿出手机，打开相机功能，赶紧抓拍周末校园内孩子们那玩杂技般的欢乐、快活镜头。孩子们看到有人在给她们拍照，玩得更欢，更带劲，不断地做着各种调皮动作。她们脚踏滑板，从我面前急驰而过，洒下一阵阵银铃般的欢笑声，荡漾在校园的上空。

孩子们的玩耍动作有惊无险，自由自在，无拘无束，仿佛鱼儿在水中游泳，"皆若空游无所依"。

2014年3月24日　　　星期一

上周的二年级体育课，备课内容原本是让学生练习身体前后滚动，为前后滚翻教学作铺垫。教学时，为了保证学生的安全，需用海绵垫。课前准备，我去找体育组的饶组长领取，饶组长答曰："刚刚下过雨，海绵垫用不起来，水泥地面上不能用，以免小孩子头部碰伤。等到天晴过后，在操场草地上进行。"讲得有道理。

我只得临时改变教学内容，在走向操场的路上，我的脑子里不断思索：该安排什么教学内容呢？好在备课时，超前准备了其他的教学内容：走和跑。手臂放在不同部位的自然走和模仿走。早早来到操场的孩子们，很快集合起来，站好队伍，等待老师布置新的教学任务。

孩子们对各种自然走的动作姿势，表现出浓厚的兴趣。小手不断变换动作，尤其是模仿走，模仿青蛙和小鸭的行走动作，孩子们不约而同地惊呼起来，不由自主地模仿起来，像模像样，有的还学起小鸭的叫声，"嘎、嘎、嘎"的边叫边走，室外课堂教学的气氛立马被调动起来。

2014 年 3 月 27 日　　星期四

今天，太湖县实验小学开始为在校学生提供免费午餐，作息时间也相应做出新的调整。上午 11：50 放学，午餐时间为 12：00—12：40，下午上课时间基本不变，学校实行封闭式管理。

实小的发展迎来新的机遇，百年实小，进入新的发展时期，谱写新的校史篇章；百年实小，重获新的生机和活力。

早晨，学生们习惯于以往的作息时间，许多人早早地来到学校大门口。还不到开门时间，大门口已经聚集了大量的学生和部分学生家长，可谓人头攒动。因为要去校外购买早点，便与校门卫商量开门。但见大门口的学生仿佛做好百米冲刺般的架势，看到这种情形，我趁机教育他们："今天是学校执行新的作息制度的第一天，大家要自觉遵守学校规章制度。好吗？"孩子们很听话，站在门口，自觉地让出一条道，让老师过去，自己则依然站在门外守候，并未乘机冲进校园，校门口仍然一片秩序井然。孩子们在静静地等待着学校大门打开，自觉遵守新的作息时间制度。

2014 年 3 月 28 日　　星期五

下午放学后，我到太湖县老城区的老街去采购食品（芝麻糖）。老街的街道很窄，两边的房子全是徽派建筑，古老得很。据当地居民说，老街有几百年历史。徜徉在老街的石板道上，感到一种历史的沧桑感，仿佛穿梭在历史长河的时空隧道里。狭长的石板街道上演绎了多少商贸往事。

我在《安庆日报·太湖周刊》上看到关于老街腊月的那迎面扑来的年味儿，满街都摆放着大红对联……衬托出春节的喜庆热闹气氛，更加深对老街的了解。只可惜，腊月里，学校已经放假，我已回到铜陵，没有亲身感受那里的浓浓年味儿，但从平日里，亦足以可见这里的人们对春节年味的重视程度。

2014年3月31日　　　　星期一

太湖县实验小学的午餐营养餐供应工作，井然有序地进行着。每天上午第三节课的放学铃声一响，孩子们从各个教室里纷纷跑出来，奔向食堂餐厅。高年级学生两人一组，抬起饭桶就走向各自的教室。学生们坐在教室自己的座位上，有教师安排分发饭菜，两菜一汤。孩子们端着铁饭盘，站队轮流接受饭菜。

教师肩负起营养餐的生活教师的责任。高年级的学生可以实行自我管理。低年级学生则完全由教师轮流看护，先让他们洗好小手，再端着盘子领取饭菜，吃得不够的学生再加菜或加饭。

学习、生活一体化!

保温桶装饭，保温尚可，菜桶可是不保温的，一餐饭菜分发下来，约需半小时左右，菜已凉了，对孩子们的身体健康有影响，尤其是低年级学生，吃饭的速度自然慢些，吃到最后，饭已不热了。每班有五六十位学生，分发饭菜，头尾相差时间达半小时以上。这一问题，需要引起注意。

2014年4月

2014年4月2日　　　星期三

最近，学校安排一炊事员住在西教学楼的三楼，由于工作性质不同，作息时间自然不同，她每天早晨四、五点钟就要起来，去锅炉房烧开水。早起的响动，非常影响住在二楼的我，特别是凌晨，一旦被响声弄醒，无法再入睡，还有她的小孩，夜间在房间里来回跑动，响声很大，对楼下也很有影响。已将此事向总务处反映，不知学校下一步是否有所动作？

最近一个星期，开始与学生一起共进午餐，只有给五六十位学生的饭菜发放完毕，教师们才能吃饭。此时饭菜均凉，再加上自己吃慢饭，吃到最后，很不舒服，已腹泻两次了。

吃不好，睡不好，人的精神、身体状态自然较差。看来，自己还要想办法解决这个问题。不然，支教工作又要遭遇麻烦。

后向相关领导反映，领导很重视，问题终于得以解决。

2014年4月6日　　　星期日

天尚未下雨，可是乌云满天。我提着乒乓球拍走进601班教室，虽然室外已是满天乌云，我还是依从了学生，组织他们前往大操场的室外乒乓球台打球。谁知天公不作美，学生们刚到场地，天就下起小雨，孩子们扫兴地走回教室。

他们在教室里又埋头做起作业，我则巡视其中，不一会儿，忽然发现第三组同学的中间，有几人在回头且不停地笑，又见一位男生急匆匆地跑出教室，往自来水池旁跑去。我问坐在旁边的同学，发生什么事？几个孩子捂着嘴笑曰："他用嘴吸中性笔管，用力过大，墨汁被吸到嘴里。"众多孩子都在捂着嘴笑。不一会儿，该生回到教室，只见邻座的一位学生又故技重演一番，惹得教室里其他学生不住地观看发笑，班上出现"从众心理"效应，该生越发得意，看到许多同学都在看他，他显出一副很得意的样子。见此情形，我连忙要求学生各自做自己的作业，不许再东张西望、交头接耳。一阵督促过后，见到没有人再看他，他也停止"恶作剧"，教室里立时恢复了安静状态，孩子们各自埋头做着自己的作业，谁也没有心思再去看其他同学发生的事。

*　　　*　　　*

苏联教育家苏霍姆林斯基说过："教育者最可贵的品质之一就是人性，对孩子深沉的爱，兼有父母的亲昵、温存和睿智的严厉与严格要求相结合的那种爱。"

由于长期坐在电脑前办公，容易引起视力下降，为此，我将眼镜的镜片换成了低度数。这样一来，远处的物体，看得不是很清楚，以致站在走廊上，眼观站立操场上的王书记多半天，差点闹出笑话。

2014年4月9日　　　星期三

4月9日，支教教师执教公开课——203班语文和四年级数学，在多媒体电教室上课。因为我教授科目较多，刘副主任让我自选科目，执教公开课，时间另定。我欣然同意。603班语文教师张老师邀请我在她班执教公开课。我选择六年级课文，课题《跨越百年的美丽》。

2014年4月10日　　　星期四

太湖县实小施行营养餐之后的第一个周末，我返回铜陵。周一中午时分，我乘车来到实小，刚走进大门，只见校园里静悄悄的，各班学生均正就餐，有吃得快的同学已经出来了。我刚要转身，只见西教学楼一楼的走廊拐弯处站着几位学生，他们小声喊着："高老师来啦！高老师来啦！"我抬头望去，见到一位小女孩挤出众人，躬着腰，探出头，小眼睛正注视着我，可立马就不见了，她飞快地转身离去。看来这位小孩正在关注老师的行动。

打开房间门，放下行李，准备擦擦脸，驱去旅途的疲劳，匆忙赶往自己的一年级午餐营养餐岗位。这时，忽听到隔壁603班的班主任张老师大声地喊我："高老师，你还没有吃午饭吧，我班的午餐饭菜还多，你就在我班吃吧！"显然，刚才的那个小女孩——她女儿张某某，告诉了她妈妈："高老师刚来。"她妈妈及时赶来喊我在她们班吃午饭。我婉言感谢，急匆匆赶往一年级教室。

　　我第一次见到并关注张老师女儿，那是在去年的实小乒乓球比赛中，她的漂亮的打球动作以及较好的乒乓球技术，引起我的注意。记得当时，我用眼睛盯住她多时，直望得她一副不好意思的样子，扑哧一笑的害羞似的一下子离开了现场。她经常很有礼貌地主动向老师问好，给人留下了很好的印象。

　　今天早上升国旗仪式之后，便是又一项活动，叶校长为上周演讲比赛中获奖的同学颁发奖状。少先队大队辅导员用话筒依次喊着获奖学生的姓名，被喊的学生上台领奖，站在全校学生面前。试想获奖学生当时的心情是多么的激动和兴奋！

　　我站在操场的一角，远远地看着眼前的一幕幕，场面是很隆重的，全校一千多学生以及各班的班主任集中在大操场上。可是，让我感到有些不和谐之处，每位上台领奖的学生应该有礼貌地向校长行少先队队礼，再双手接过校长手中递过来的奖状，方显出学生的文明礼仪素养。可是，整个颁奖过程，没有看到一位学生行少先队队礼。此时，少先大队辅导员应该适时地对学生进行文明礼貌教育，让学生从小受到文明礼仪的熏陶，特别是在一些公开的大场合，更彰显学生个人素养和学校整体精神风貌。

　　难忘那个场景，孩子们对体育运动的喜爱程度，令站在一旁的我，内心深处产生深深的震撼。

　　那是二年级体育课，我让孩子们做前滚翻动作，在海绵垫上进行。我先讲解了动作要领，并做好示范动作。学生分成四组，排成纵队，依次进行，我则站在一旁，负责学生安全并适时加以个别指导。一个轮回下来，每位学生的身体都得到有效锻炼。孩子们的运动兴趣被激发出来，一发而不可收。只见，每小组学生自发的一个接一个的连续不断地来到各组的海绵垫前，秩序井然地进行前滚翻动作，那种紧张的节奏，足见每个孩子是多么想得到多一次锻炼机会。我站在一旁，静静地观察，任凭孩子们这种

「三区」支教献我力

052

自发、紧张、有序的持续不断的动作自主进行，让孩子们尽情释放各自的能量，身心得到自由舒展，直到他们自己不由自主地停下来。

经过一番紧张的运动锻炼之后，孩子们感到有点累，我让他们坐在一边，休息一下。他们围坐在一起，是那么的开心！一张张小脸上，因为快乐运动之后而显出的笑容，灿若朵朵盛开的桃花。

2014年4月18日   星期五

在体育课上，我让学生复习游戏——老鹰捉小鸡。全班分成四个小组，在大操场上排开，按照老师的要求，听口令，同时进行游戏。孩子们欢快地做着游戏：老鹰的快速抓捕，老鸡的大力保护，小鸡的急速躲闪，一切都是那样自然和谐地进行着。我站在操场的中央，目视着孩子们快乐地沉浸在游戏的愉悦气氛之中。

我转身辅导一个小组的游戏活动，告诉他们小鸡不能跑散开了。突然，发现一个小组的老鸡和小鸡不由自主地蹲下身子，老鹰只好站在一旁停下来。原来，孩子们在跑动、躲闪的过程中，感觉累了，小鸡们就集体蹲下，停歇一会儿。这种做法，事先我没有告诉他们，孩子们自己在玩游戏的过程中，自觉进行创新活动，即将快速运动与间或歇息有机地结合起来，创新了该游戏的活动方式。别看他们人小，脑子里确实蕴藏着无限的智慧，需要师者平时多创造条有利条件适时加以开发、诱导！

2014年4月20日   星期日

三尺讲台上发生的现象，让我不由自主地想起电视剧《井冈山》里的一个情节：毛泽东同志率领秋收起义的队伍，退守进发井冈山的路途中，不少战士掉队，唯有一个连队在冒雨行进的过程中，战士们大声地唱着歌，士气高昂，没有一位士兵掉队。这一现象，引起了党代表毛泽东同志的高度重视，他当即找来该连的连长罗荣桓，询问他治理连队方法。罗连长一五一十地向毛泽东同志讲明了自己的做法，组织连队骨干，发动大家在行军路途中，高唱歌曲，鼓舞士气，所以没有一位战士掉队，大家克服行军途中遇到的种种困难，紧密地团结在一起。罗荣桓的这一做法，得到毛泽东同志高度赞扬，并将这种做法加以总结，在全军推广，以至有后来的"支部建在连上"等新型建军思想的确立。领袖人物善于发现蕴藏在人民群众中的智慧，并加以总结，推广运用，取得预期的社会效果。

由此感慨，人民群众的智慧是无限的！人民，只有人民，才是创造世界历史的动力！尊重群众的首创精神！

2014年4月22日　　　星期二

今天上午第二节课，我在多媒体电教室完成支教公开课教学任务。课前，601班学生在班主任郭老师的带领下，秩序井然地来到多媒体教室落座，语文组全体教师及学校领导共计二十余人参与听课。我运用多媒体课件进行教学，插播声音，增加课件制作技术含量。刘副主任说安排下周评课。

2014年4月24日　　　星期四

4月21日上午，在601班试上公开课。4月22日，正式完成了支教校内公开课的教学任务，县实小全体语文教师及校领导参加听课。评课时间安排在下周二。

评课安排在上午，县实小全体语文教师集中到学校电教室，教导处刘副主任主持评课，他们很客气地让我坐到台前（事先准备好讲台），向大家讲述一下本节课的设计理念等。端坐在台上，面对实小二十余位语文教师和相关领导，我仔细谈了本节课在构思上的几个注重问题，重点突出强调在日常教学中如何培养学生的创新思维能力。实小的语文组的同事们给予了热烈掌声。

紧接着，语文组的胡丽霞老师（四年级语文）首先对本节课进行了详细的评点，亦引起我的高度关注，课后，我专门去趟她的办公室，与她交谈了铜陵市教育均衡的一些理念和具体的做法。六年级语文教师张晓燕和五年级语文教师汪玉兰分别进行了评点，说是一堂精彩的语文课，亦指出其中值得商榷的地方。大家坐在一起，相互交流，取长补短，以达到共同提高的教研目的。

2014年4月26日　　星期六

上完支教校内公开课，在县实小的校园里发现一个有趣的现象，第一学段的孩子们喜欢彼此相问"一加一等于几"。这种发问有愈演愈烈的趋势。我平时比较喜欢关注受援学校校园里发生的现象，这在一定程度上引起我的思考。是我的校内公开课内容，没有进行有效的拓展，还是有人通过学生间接地暗示，该校的数学教师也有优秀的一面，没有进行展示呢？不得而知。

过了一段时间，一天早晨，603班的刘某某早早地来到教室，与该班的班长对话："你知道，一加一等于几吗？"班长没有回答，刘某某又连续问了几遍同样的问题，一副洋洋自得的样子。住在603班教室隔壁房间的我，循声信步走出来，看着刘某某，微笑着说道："一大早，刘某某就来攀登世界科学高峰呀，很了不起嘛！"（"一加一等于几？"这是我国著名数学家陈景润先生研究的世界数学难题——哥德巴赫猜想。）半是表扬半调侃。刘某某听后，感到很不好意思，低下头，似乎在用心思考着老师的话。班长在一旁微笑着，似乎感谢老师帮她解了围，同时自己也陷入深深地思考之中。

从此以后，我在校园里再也没有听到类似的话题声音。

2014年4月28日　　星期一

今天，我按照昨日接到的短信通知，调好相关的课程，做好迎接前来太湖县慰问支教老师的铜陵市教育局李局长一行人的到来。中午十二时左右，大家在一起就餐，李局长很客气地向各位支教太湖县的老师敬酒（以茶代酒），随行的孙调研员、办公室方主任、组织人事科的左科长亦分别向支教老师敬酒（以茶代酒）。李局长向支教教师问候，辛苦了！他是一位具有综合才能的领导。下午一点半，大家各自回到自己所在的支教受援学校岗位上。临走时，李局长吩咐随行人员，到各位支教教师的住宿处看一看。

下午，我一直待在办公室里未走，恭候领导的到来。电话咨询支教副组长王老师，答曰："领导们已经来过县实小。"看看一位老师的住宿后即匆匆赶往潜山县看望其他铜陵支教教师。

《跨越百年的美丽》教学反思

　　2011年版新课标提出，积极倡导培养学生勇于创新的精神以及自主探索的学习能力。这也是我在语文教学中一直关注和思考的问题。创新是世界性潮流，大到治国理政，如一些核心技术是买不来的，只有靠自己创新解决。如何在课堂教学中通过具体的生动可感的课例，培养学生这方面的能力。我在本节课的教学中，力求做到以下几个注重。

　　第一，注重激趣导入，巧设悬念，揭示课题，引发学生学习的浓厚兴趣。

　　首先结合六年级学生即将毕业的客观实际，引出"美"字，运用古人对美的造字解释，引出"美丽"一词，继而引用哲人的话语"美丽是这世间最大的遗憾"。美，稍纵即逝，美在瞬间，而后反其道而行之，巧设悬念，引出课题"跨越百年的美丽"，从而达到欲擒故纵、欲抑先扬、扣人心弦的教学效果，为学生进一步学习课文做出很好的开端铺垫。

　　第二，注重培养学生的创新思维能力。

　　引导学生质疑课题，启发学生提出有价值的问题，再带着问题进入文本学习，有利于培养学生的创新思维能力和分析问题、解决问题的能力。"教师的心有多大，学生的思维翅膀就能放飞多远！"是信马由缰，还是勒住缰绳不放，让学生的思维在课堂上张弛有度，需要师者精心适度把握。

　　第三，注重学科整合，树立开放而富有活力的大语文观。

　　新课标提出，注重跨学科的学习和现代科技手段的运用，使学生在不同内容和方法的相互交叉、渗透和整合中开阔视野，提高学习效率，初步养成现代社会所需要的语文素养。为此，我在课堂教学中，注重融合其他学科知识，如数学知识，让学生了解化学知识，如元素符号等，整合多学科知识于语文课堂教学之中。

　　第四，注重拓宽学生的知识面，有效扩大课堂信息量，让学生乐学不疲。

　　充分运用多媒体课件，声、光、色，多位一体，激发学生课堂学习的积极性和浓厚兴趣。注重引导学生对课外知识进行适度拓展延伸，如如何运用镭治疗癌症，适时加以点拨，科学家所具有的逆向思维能力，镭射线既然能破坏人体内正常的体内组织，那么它也就能够破坏人体内的恶性细胞组织。因此，镭在医学上有着广泛的应用。

适时、恰当地运用多媒体课件播放居里夫人在纪念镭发现二十五周年上的讲话，居里夫人对人生意义的阐述，进一步拓宽学生的知识面，从而丰富学生对人生意义的深刻认识。

诚如被誉为新中国成立以来，从课堂里走出来的教育家、清华大学附属小学校长窦桂梅所言：课堂教学是一门永远有遗憾的艺术。通过此次太湖县实验小学公开课的教学历练，获得不少的经验启示，如借班上课的学情把握，课堂的动态生成等。

感谢刘副主任为支教教师执教公开课所做的大量协调工作！

感谢科任教师郭老师、张老师及其学生（601班和603班）的大力配合和支持。

感谢诸位同仁，坦诚相见，提出宝贵意见和建议！

"三区"支教日记之 太湖篇

2014年5月

2014年5月2日　　　星期五

"我是桃花源中人,不知有汉,无论魏晋。"

五一期间,从太湖县返回枞阳老家,参加外甥婚礼,路途上,偶发感慨,即成打油诗一首:

> 陶令不知何处去,桃花源里可耕田。
>
> 喜眼问花花可语,会谈接触多交流。
>
> 少年宫里侃心理,靓影闪闪频拍摄。
>
> 支教匆匆奔波忙,荧屏亮相能面见?

2014年5月4日　　　星期日

今天安排的教学内容是20～30米接力跑,需要体育器材接力棒。咨询实小体育教研组饶副主任,答曰:"没有接力棒,要到下半年开运动会时,制作接力棒。""怎么办呢?如何完成已经备好课的教学任务?"我在心里不停地想着,思考着。忽然,心头一亮,亦谓急中生智吧:何不寻找替代品?于是,我让603班的刘某某(她妈妈在学校食堂上班)陪同体育委员,去学校食堂借来两双筷子,权且当作教具,完成二年级3个平行班的接力跑教学任务。因陋就简,因地制宜,将就着完成自己的支教教学任务吧。

国家加大对革命老区、贫困地区的教育扶持力度。本学期已陆续运来几货车音体美教学器材,暂时堆放在仓库里,尚未充分运用到日常教学之中。体育器材暂时安装八副室外乒乓球桌,供学生上课和课余时间打乒乓球,学校对体育教学的重视程度,从现时的情况来看,恐怕有其历史原因,才得以形成目前的体育教学状况和校内体育设施的分布。

2014年5月8日　　　星期四

昨天上午的201班体育课,学生下课解散时,发现一名学生急速地向前奔跑，一个趔趄，眼看快要摔倒在前面的水泥地面上，我赶紧向前急走几步，用力拽住他，避免其摔倒。由于手臂用力过快且猛，一下子将自己头上佩戴的尚未取下的上课宝耳机插头拉弯，发不出声音来。

下午第二节课下课时，我将上课宝拿到街上电器修理部维修，老板不在店里，我向店里其他人员借用螺丝起子，自己试着拆开，看看是不是接触不良，用镊子捣了几下。回来上课用时，还是不行，非要用手按住插头不放方可。看来，需要用万用表进一步检测外部线路是否正常？（上课宝是去年11月份委托601班班主任郭老师购买的，开具发票，用去一百多元钱。）

2014年5月9日　　　星期五

太湖县实小试行午餐营养餐已有一个多月时间。每天中午就餐时，603班五六十名学生排队站在走廊上等候饭菜。孩子们手拿铁盘子和勺子，有些孩子似乎等不及了，纷纷用勺子敲打铁盘，发出一阵阵刺耳的噪声。每天午饭时间从走廊里经过，都让人紧锁眉头，恨不得一步跨过去，到达自己的工作岗位（配合103班两位老师发放学生饭菜）。此种现象，有愈演愈烈之势，我实在看不过去，总不能每天中午时分都硬着头皮、苦着脸吧。

于是，我在课余时间与该班班长商量："课后，让你们班的同学在午间营养餐就餐时，做到文明就餐，不要敲打餐具，以免发出刺耳的噪声，给自己营造一个良好的就餐人文环境。并且举例讲解，大家在电视、电影上看到，在什么场景下出现随意敲打碗筷的情形？"班长听后愣了一下，我趁势告诉他："只有难民、灾民、饥民在闹饥荒的情况下，饥肠辘辘，面黄肌瘦，发泄情绪，才这样做。学生们能这样做吗？即使饥肠辘辘，也应该风度翩翩呀！"

班长听后，若有所思，似有所悟。以后的午间餐就餐状况大为改观。孩子们很懂事，做到文明就餐！

2014年5月10日　　　星期六

正如4月21日中午的铜陵市教育局领导专程前来看望太湖县支教教师的聚餐会上的同事所言："这边的教师教学展示的机会少。"通过此次支教

『三区』支教日记之 太湖篇

校内公开课的上课前后情况，我亦感同身受，实小上学期安排两位教师上了校内公开课。当时，经请示领导，我们回到铜陵市听课——市陆常波名师工作室高端论坛，开展语文教研活动，没有领略实小语文教师的课堂教学风采。

本学期，学校安排支教教师执教校内公开课，教务处刘副主任让我自己选择科目（因为我教授多班科目，选择余地较大）。正当我在思考、酝酿该上哪班科目时，603班的语文老师张某某向我提出，邀请我在她班执教语文公开课，我欣然同意。我的语文教学资料全在铜陵，她从家里带来了六年级语文教材和教师教学用书，为我的备课提供了一定的方便。随后，查找、翻阅备课资料，编写教学设计，制作PPT课件，试上，按照程序有条不紊地进行。第一课时，我提出一些要求，写于纸上，让601、602、603班的语文教师参考落实下去。计划定于4月22日上公开课。603班的张老师提前一周就让学生做准备，我在隔壁的办公室听得清清楚楚。我有些着急了，时间拉得这样长，学生学习容易产生疲乏现象。显然她以前可能没有经历过借班上课的教研形式。个人认为，最多只能提前两三天，向学生做出相关学习课文的预习布置。

清楚地记得，在铜陵市派出学校，我第一次与借班上课的老师相互合作、配合的情形，提前两三天时间，我小心翼翼地与对方通电话，向他请示："第一课时，我该做些什么？"

对方说："按照正常的上课方法去上第一课时。"我听后，有些踌躇，"第一课时的上法多种多样，我该如何去上？"于是，再次请教后得到答复："课文不要讲解。"

此时，我心里才算有点底。此次，我没有遇到过这样的合作伙伴。她很是着急的样子，几次问到我，哪天可以上第一课时，课后亦有该班学生向我询问。我告诉他们："到时候，老师自然会通知你们。"

与教务处的刘副主任商量，六年级有三个平行班，我给每个班都上一节，以示平衡，因为三个班的课，我都教授。可是，后来发生了变化，602班的语文老师提前上了该课《跨越百年的美丽》的第二课时，让我感到有些失望。之前说好的，大约是有领导讲了话吧。那几天，去往六年级组办公室的校领导较多。

第一课时布置的学习任务，安排在周四下午。因为周四下午四点以后，我要乘车返回铜陵。根据我上语文课的惯例做法，第一课时让学生听课文范读录音，我将笔记本电脑分别带进601班和603班教室，在让学生听课文范读录音的过程中，发现601班的同学，听得很认真，学生恨不得竖起耳朵在听，603班同学则不然。这种现象，促使我与刘副主任商量，做出机动，决定在603班试上。

经验告诉我，试上的感觉不能太好，否则容易产生麻痹心理。借班上课，学情把握，课堂生成等，诸多因素均需综合考虑。另外，在本校同年级不可试上，除非学校对学生做出特别说明。

感谢601班学生的大力配合以及该班语文教师的合作。感谢603班学生以及语文教师的大力配合。

试上插曲

记得将603班学生带到学校多媒体教室试上时，当我揭示课题，开课不 久，坐在下面听课的张老师站起来，来到我的身边说："话筒有回音，下面听不清楚"，建议我改用上课宝，并说她去年就是用小扩音器上课的。我又临时进行了改换。自我感觉是多媒体教室配用的专用话筒音质效果很好，有立体感，只可惜，没有用它来教完整堂课。当时，试上只安排了一名教师听课，没有更多的语文教师提出的宝贵意见可供选择、参考、吸纳。

2014年5月11日　　星期日

本学期，我参加了县实小语文教研组的两次评课活动，感觉这里的语文教师的学历层次水平没有我所在的铜陵市派出学校的语文教师高，派出学校语文教研组办公室6人中有4人是本科学历。在评课活动中，发现一位四年级组的胡老师有些功底，在教学上有所钻研。我专门抽出时间，前往四年级组办公室，与之交换意见，谈得很投入且投机。

据该校办公室的其他老师介绍，胡老师是三年前经考试选拔进入县实小的。

这位胡老师给我留有印象。去年下半年，该办公室的一位教三年级语文的毛老师生病住院，学校安排我给他代课。在四年级组办公室，我与同事们在一起工作共事近一个月时间。记得课余时间，我经常介绍、讲解一些铜陵均衡教育方面的经验做法，她认真倾听，并与我交流、探讨一些看法。胡老师似乎有一点逆反性格。我初到该办公室才几天，太湖县教育局督导室的领导莅临县实小，开展开学检查，并随堂听一位数学老师的课。偌大的办公室里，忽然听到一种别样的声音。领导们就在隔壁的教室里听课呀，当时，我真为之着急。

这次有机会交换意见，我顺便说了去年下半年的事，她恍然大悟，连忙说自己平时看鲁迅的杂文多了，脑子里经常想着那些事，出言不逊，并表示应向领导道歉，以取得领导的谅解！她恭谦好学的态度亦深深打动了我。

在交谈的过程中，我亦向她介绍了我校语文教研组的经验做法，每周五上午的第三、四节课，开展语文学科教研活动，每人每学期执教两节公开课，需用课件上课。我亦大言不惭地向她说道，2013学年度，我校获得五个国家级奖项，语文组占了三项。"麻雀虽小，肝胆俱全。"我们大力推崇清华大学附属小学校长窦桂梅的语文课堂教学模式，经常组织语文教师观看她的教学视频，学习、借鉴她的教育教学经验，活学活用。

2014年5月12日　　　星期一

每个周一的早读过后的全校晨会，举行升国旗仪式，我在实小都按时参加，感受该校的一些管理氛围。在铜陵派出学校，每周一的晨会升国旗仪式，全校师生都集合在学校操场上，向冉冉升起的国旗行庄严的注目礼，已经养成这样的自觉习惯。

每周三上午、下午的放学过后的街头十字路口值日，我是按时到达指定地点，护送一千多学生走出校园，踏上各自回家的路程，然后再返回校园，准备自己的午饭或晚饭。

2014年5月13日　　　星期二

今天上午的最后一节课，是203班的体育课，我教授学生做简单的韵律舞蹈动作，仿青蛙跳（蹦跳步）。我做完示范动作后，让学生再想象一下青蛙是怎样蹦跳的。队列里，孩子们不由自主地学起青蛙的叫声："哇！哇！"一边做着动作，一边嘴里不停地学着青蛙的叫声，一阵稚嫩的童音立时在操场上响起。孩子们愉快地做着动作，一只只小手不停地挥舞、摆动着，仿佛一只只活蹦乱跳的青蛙在浅水里畅游。

孩子们模仿小动物的动作，有着自然的天赋禀性，一学即会，并能不断地创新各种动作姿势，有的竟然模仿得惟妙惟肖，让人忍俊不禁。与生俱来的天赋禀性得到适度张扬的课堂气氛，是那么愉悦、舒畅与欢快；童心荡漾，一张张小脸上如同鲜花般绽放，令人心旷神怡，乐在其中！师者与童心同频共振！

2014年5月14日　　　星期三

今天上午的第一节课，英体艺组的张老师在多媒体教室执教公开课。刘副主任之前通知我参加听课。张老师是去年底新招聘的年轻英语教师，她运用多媒体课件进行英语教学。课堂上张老师的肢体语言十分丰富，有力地辅助英语课堂教学，从而有效提高教学效率。

紧接着的第二节课，听课的教师进行评课，每位教师都需发言，对本节英语课进行点评。我讲了本节课的四个亮点和一个值得商榷之处，供执教者参考。

后经上网了解，教英语的张老师，原是太湖县山区刘畈初级中学的特岗教师，去年特岗三年期满后，参加太湖县教育局选调招考，进入县实小，担任英语教师。进一步网查了解得知，她是安师院2010届毕业生，在校读书期间，表现很优秀，获得学校二等奖学金，被评为学校"三好学生"等。

今天的公开课的上课和评课，在时间上的安排很符合派出学校的语文教研组的活动安排形式（部分程序）。

2014年5月15日　　　星期四

近日，收到铜陵市派出学校发来的短信，要求网络文明志愿者在博客上发表一篇文章，题目是"幸福从哪里来？"

幸福从哪里来？

和平安宁，国泰民安。人们过惯了幸福安康的日子，身在福中不知福。"幸福从哪里来？"这句话问得很及时，也很必要，值得当下人们广泛普遍深思。

"幸福从哪里来？"从历史的宏观角度来看，老百姓的幸福都与每个历史时期的统治者实施的开明政策密不可分。如唐朝贤明君主治国理政，出现的"贞观之治"鼎盛时期，国家政治清明，八方来朝，一派欣欣向荣的景象，老百姓过着幸福的生活，人们喜气洋洋，幸福自不可言。清朝出现的"康乾盛世"，亦是如此。近代，中华民族遭受外国列强的欺凌，饱受屈辱。中国共产党领导中国人民在黑暗中摸索，建立了新中国，中国人民从此站起来了，亿万中华儿女过上了幸福生活。特别是近年来，国家实行改革开放政策，建设中国特色社会主义，各项事业飞速发展，日新月异，人民生活蒸蒸日上，生活水平不断提高，幸福指数不断提升。仅以我所居住的小区来说，以前人们居住的是一排排低矮的平房，收入低，大家紧巴巴地过日子。随着国家综合国力的不断增强，以习近平同志为核心的党中央实行的国家惠民政策的覆盖面不断扩大，小区的面貌发生了翻天覆地的变化，一栋栋崭新的楼房拔地而起，各项附属设施应运而生，家家户户住进宽敞明亮的楼房，过上幸福无比的生活，经济收入不断增加，人人脸上乐开花，夸口称赞党的惠民政策好！

"幸福从哪里来？"从个体的微观角度来讲，各家的幸福，需要家庭成员之间共同努力创造来实现。如家庭收入的合理支配，住房的个性化装修，家庭成员的日常出行交通工具的选择，社会关系的人际应酬等，需要根据各自家庭财力综合考虑安排，提高个人家庭理财能力，过好家庭日子，提升各自家庭幸福指数，幸福便会如同泉水一样不断涌流。

"幸福从哪里来？"令人不禁想起二十世纪二十年代，鲁迅先生在北京女子高等师范学校的演讲《娜拉出走以后怎么办？》。娜拉为了追求个人的自由幸福，脱离当时的社会现实，背着父母，离家出走。由于受当时的社会经济诸多因素的影响和限制，娜拉找不到个人的幸福，个人自我幸福的幻想如同肥皂泡一般破灭，她只能四处碰壁……

综上所述，"幸福从哪里来？"一方面靠国家正确的路线方针政策，以及各级政府的创造性地执行政策有力到位，顺应民心，合乎民意；另一方面要靠个人的自我努力营造。幸福便会荡漾在每个人的心里，洋溢在每个人的脸上！

2014年5月16日　　星期五

　　5月4日上午9时左右，我从铜陵市乘车前往支教受援地安庆市太湖县，在市二中大门口乘坐开往武汉的班车（路过太湖县），我将随身携带的行李，放在公交车站台的坐凳上，静静地等待班车的到来。平时等车，站台上都有好多人，今天却只有我一人等车，周围静悄悄的，我感到有点奇怪。班车还未到，我在公交站台上来回走动着。忽然，发现坐凳上有一张黑色的电子卡片，细一看，原来是手机2G内存卡。我信手捡起，再环顾周围，有没有其他人不慎丢失，好再还给人家。见周边没有人，我只得随手放进包里，也就没有在意。

　　周日里，天气下雨，我在房间里感到很悠闲，便想起在铜陵公交站台捡到的那张手机内存卡，出于好奇，我将它放进自己的手机里，试着查看其中的内容。不看不知道，一看吓一跳，原来里面的内容是非法宣传的歪理邪说。我随即删除其中的一部分内容，同时感觉此事有些蹊跷，回想当时的情景，感到有点不对劲，遂向派出学校反映此事。学校负责人在电话里说，很可能是有人故意干的，让我毁掉这张内存卡。今后应该加倍警惕，小心谨慎，防止对支教工作造成负面影响。

2014年5月18日　　星期日

　　本周双休日，我回到铜陵市梦苑小区。傍晚吃过晚饭，打开电视收看新闻，只听见小区广场上的大喇叭里播放出震耳欲聋的音乐声音，那是一群妇女在跳健身舞。声音扰民，周边的居民纷纷出来，在广场上指责她们将音量开得太大了，让人无法在家休息，窗户不能打开，人们的心绪显得很烦躁。时间已是晚上八点多了，广场的喇叭还在不断发出巨大的声音，楼上的居民纷纷下来，来到广场上，厉声询问、指责，为什么把喇叭的声音开得如此之大。

　　广场附近的住户，有的小孩正在复习迎考，由于不堪忍受每天傍晚噪声的干扰，户主只好全家搬到市区租房居住，为小孩营造一个良好的学习环境。

　　居民们应该建议梦苑小区居委会，督促一下。傍晚跳舞健身，无可厚非，但要控制好喇叭音量，以防噪声扰民，给周边居民带来负面影响。

2014 年 5 月 20 日　　星期二

今天下午放学过后，我到街上去采购蔬菜，回来的路上，只见一位学生坐在他爸爸的摩托车后座上，大声地喊着："老师好！"当时街上的人流量很大，我没有在意。小孩见老师没有反应，非让他爸爸停下车来，然后从摩托车的后座上迫不及待地跳下来，跑到我的跟前，笑嘻嘻地大声喊着："老师好！"然后，一溜烟似的离去。我微笑着向他点头致意。

站在一旁的孩子的父母，一下子没有反应过来怎么回事，孩子这么这样急着下车，要干什么。原来他是要向老师问好。他们看到孩子刚才瞬间发生的有礼貌的一幕，开心地笑了。

2014 年 5 月 24 日　　星期六

观瞻"高干会址"　踏访"诗人故居"

5 月 24 日上午，我冒雨乘坐太湖县内班车，前往位于该县刘畈乡的"刘邓大军召开高干会议旧址"，实地参观。车子在大别山山区崎岖的盘山公路上蜿蜒前行，大约两小时，抵达目的地。远望去，但见一片古代徽派建筑，大门所在的那方墙体结构像是古代的城墙；近看，是刘畈乡初级中学校园。"高干会议旧址"坐落在校园里。

走到跟前，只见一座规模颇具气派的宏伟建筑屹立在眼前，这是一座明清时期的祠堂建筑（胡氏新祠），前厅建筑，远看像一段古老的城墙。得到管理人员的同意后，进到校园，询问几位年轻教师，告知他们，我们与该校原来的一位特岗教师、现调到县实小的张老师是同事，他们热情地接待，并介绍了相关情况。我在"高干会址旧址"前留影。里面的装修工作尚未完成，但很有气势。本着修旧如旧的原则，建筑古朴，前后三进，明清时期建筑风格，整个工程将近竣工。此处将作为红色旅游景点，对外开放，接待游人参观。据了解，国家发改委立项，为了重修这栋祠堂建筑，建立红色旅游景点和爱国主义教育基地，刘畈初级中学校园进行迁址，让出地块。

下午 1 时左右，冒雨乘车前往安徽与湖北交界的弥陀镇，踏访现代著名诗人朱湘故居。在附近居民的指引下，来到诗人故居的近前。朱湘的老屋处在深山坳里，门前有几棵古树，屋子被改建，近亲后人居住。朱湘于二十世纪二十年代留学美国，回国后，在安徽大学任教。朱湘被鲁迅称为"中国的济慈"。

2014年5月27日　　星期二

5月27日上午第一节课后，我正在备课，忽然听见一阵急促的敲门声，开门一看，原来是601班的一位女生，她来告诉我，毕业班正在照毕业合影像，邀请各位任课老师前去就座。

今天的六年级学生，个个穿戴整齐，精神抖擞，都想留下自己人生第一站的美好倩影，尤其是女孩子们，穿上了平日里很少见的新衣服。601班、602班、603班依次拍照合影像。在摄影师的安排下，各班的学生轮流排好队伍，学校领导及教师坐于前排。我本想坐于侧边，从旁策应之位。不料，叶校长在人群中热情招呼我坐到中间（左侧尚有空位），"恭敬不如从命"，我只好落座于陈主任旁边，与太湖县实验小学六年级小学毕业生留下合影纪念（2014年5月）。

067

2014年5月28日　　星期三

我在教学模仿动物简单舞蹈动作——仿孔雀（足尖步）时，二年级平行班的第一个班级，也许是动作难度较大，也许是同学们出于对孔雀的好奇，或许是孔雀姿势的优美吧，孩子们显得异常安静，专心致志地跟着老师模仿孔雀优美的动作姿势，一招一式，是那么认真到位，我都感觉有些奇怪了。

课后，我仔细想想，琢磨着，这一课堂现象发生的原因。新的教学内容在二年级平行班的第一个班先上，孩子们带着一种新鲜感和好奇心，学得都很投入。轮到第二个班和第三个班，教学同样的内容，课堂教学效果则有明显区别。

课下，各班的学生肯定是有串通、交流的，私底下询问教学内容，并互相模仿学习，好在老师上课时，有着出色的课堂表现。孩子们的这种学习心理是可以理解的，亦符合儿童对新知渴求的心理认知特征。

为了改变这一现象，让每个班的学生在学习新知识时都能出现甘之如饴的状态，我试想在教学平行班第一个班的课时，是否应该跟学生约定好，让孩子们下课后不向其他班同学告知自己所学的内容，给其他班同学在思想上造成悬念，表现出一种渴望上课的心理状态。

如何在课堂上实现自己的这一想法，让平行班的每个班上新课时，都有着同样的类似的教学效果，需要动动脑筋，想想办法，充分运用教育学和心理学的相关知识和教育机智，结合平行班各班的特点，综合考虑施策，方能出现理想的课堂教学效果，让各班互不影响，互相竞争学习的局面早日形成。

2014年5月29日　　星期四

今天中午，乘坐由太湖县开往芜湖市的班车，在铜陵县董店镇天门服务区下车，改乘9路公交车，前往大通镇拜访老乡。

2014年5月31日　　星期六

端午节放假，回到铜陵市梦苑小区住处，6月1日下午，接到妹妹从南京打来的电话，告知我一些情况。端午节早晨，我从铜陵市返回枞阳老家，乘坐铜陵开往安庆的班车，中途在和平加油站下车，再转车到达目的地。

坐在短途车上，无意间听到有人喊我的名字，很熟悉的声音，我抬头望去，看到坐在我对面的一位中年妇女看着我，冲着我微笑。我立马反应过来，连忙招呼道："你是几姑？""我是四姑。"我想起来了，原来是四姑。她的女儿在钱桥中学读书，今年参加高考，她今天接女儿回家。她还要到浮山中学给儿子陪读。在车上偶遇，要不是她喊我，我一下子认不出她，已有十几年没有见面了。四姑现在的身体很好。记得她小时候在家读书，很是要强，只因为当时家里的经济条件所限，没有能够继续深造。随后出嫁，结婚生子。看样子，现在的日子过得很不错，孩子们相继长大成人，快上大学了。

在车上，我与他谈到绍根，询问一些情况。并告知她去年冬至我回家祭祖情况，绍根家的一些坟墓，我都去上坟祭祀了。

2014年6月

今天下午的202班的体育课，教学模仿简单的动物动作——仿鼠（左右跨跳并步，小碎步），虽有一定的动作难度，但孩子们学得很认真，很投入，他们冒着炎热，坚持锻炼，其精神值得表扬。由于动作难度较大，我改变了一些以往的方式，让每小组选出一位同学，站到全班队伍的前面，进行比赛，看看谁的动作做得整齐到位。孩子们立马精神起来，相互推选出本组的优秀人选。

当堂课的教学任务完成得差不多了，孩子们的模仿能力很强，尤其是对小动物们的动作，领悟得很快，也许这是儿童的天性所致吧。课堂教学总结时，我向学生们提出一个小小的要求，让他们在课后不要告诉二年级其他班的小朋友，本堂课所学的体育内容，并告诉他们其中的原因。孩子们很懂事，很会领悟老师的用意。为了让其他班的同学上课时不做小动作，认真听讲，同时，也让其他班同学上新课时有一种新鲜感，带着期待、渴望的心理去学习。那样的话，学习效果会更好，同学间相互竞争学习的局面容易形成。我期待着这样的课堂教学现象的出现。

县实小的营养餐工作进展得很顺利，每周的菜谱均公示，张贴上墙，做得很规范，接受全校师生的监督。国家的惠民政策落到实处，孩子们吃得很满意。

在具体实施营养餐工作的操作程序上，个人认为餐具送往教室的时间不宜过早，上午第一节课后，就见到有餐具送往各班教室门前。这么早摆放餐具，一来卫生方面似乎存在隐患，课间活动，有大量灰尘落入餐具箱内；二则，特别是低年级学生，早早地看到餐具到来，容易引起孩子们的食欲，易分散学生上课的注意力，有的小孩会在上课时思想开小差，想着中午该吃什么好东西。

当然，这仅仅是我个人对学校营养餐工作的一点建议，也许时间长了，孩子们习以为常，适应了这种情况，也就无所谓了。

2014年6月5日　　星期四

太湖县实小公布学校教职员工名单一览表。看后，仔细想了想，学校领导对学校人员管理上的一些做法，很符合正统属相相配的一些原理。实小领导班子的年龄属相基本决定调进教师人员的属相，这种做法，很值得思考。学校的管理人员与教师之间相处很融洽，极大地有益于学校日常管理工作。

这种学校领导与教师的属相相配的人员管理模式，有其古老的相学原理，八卦中的相生相克现象，颇像婚姻中的男女双方的生辰八字的般配。一定规模的学校，一定数量人员的管理，是需要十分讲究管理艺术的。

2014年6月6日　　星期五

昨天下午五点左右，我正站在学校办公楼门前观看张贴的太湖县实小编制人员的情况简明公示。刘副主任前来告诉我，说是县教育局招办来电话通知，让我明天前往太湖中学参加2014年度的高考监考工作，我愉快地答应了，说道："人在太湖县，服从太湖县安排。"

今天早晨七点来钟，乘坐公交车前往太湖中学考点，同行的还有两位县实小女教师。

上午八点之前到达目的地，签到，找座位。参加2014年度普通高等学校招生全国统一考试考务培训工作会议，太中考点负责人及县教育局的相关领导等人做了重要讲话，监考员职责，注意事项，学习国家考试的相关文件，领会其精神，做到公平、公正，科学规范，对待考生"态度和蔼，严格要求"。高考监考，"只有规定动作，没有自选动作"。"从考务组直入考场"，"要求零误差"，履职尽责，各司其职，各负其责。高考涉及千家万户，考生经过十几年的刻苦学习，努力拼搏，就在今朝。领导们的讲话，语重心长，殷殷期盼！

下午继续召开培训工作会议，并组织安排考生进入考场，熟悉环境，强调注意事项等。

2014年6月7日　　星期六

今天是2014年全国高考大幕拉开的第一天，早晨八点之前，赶到太中考点签到，偌大的会议室里，已经坐了不少人，监考老师都担心迟到，唯恐路上堵车耽误时间，影响监考。所以许多人都提前来到考点报到，静静地等待，宁可来得早，不可来得迟。

"万事开头难。"今天上午是开考的第一科——语文，一定要高度重视，无论是多年参加监考的老师，还是第一次参加高考监考的老师……"副主考（考务组）领导如是说。接着，考务组组长宣读了一则通报，大意是：昨天下午安排考生预看考场，朴初中学考点，有四位监考老师迟到，被取消了监考教师的资格，要求全体监考教师准时来到考点签到，以免影响监考。受到通报点名批评，人的脸面总是需要的。

八点半左右，进入考场，甲、乙、丙监考员根据各自的分工，各司其职，各负其责，开考前的事务很多，分发试卷和A、B答题卡，检查考生的座位号、身份证、准考证号码等事宜，提醒考生答题注意事项，接着是"漫长"的监考过程，收取考生的试卷……一切都是按照监考规定的程序，有条不紊地进行着。

2014年6月8日　　星期日

今天是高考的第二天，早晨起来，买了早点，带在车上吃，以免耽误时间，在规定的时间内抵达考务培训会场。"莫道君行早，更有早行人"，只见会场上已经来了不少的教师，坐在那里等候，大家在一起相互交流一些问题。

时间一到，考点领导组织监考员老师一起学习本场考试相关操作流程以及注意事项，同时提醒大家在上一场考试中出现的一些小问题，注意避免。考务工作组织得很严谨，各项措施严密，环环相扣，不得有半点马虎。不少老师都是多年参加高考监考，具有丰富的经验，操作起来得心应手。我是第一次参加高考监考，亦步亦趋地跟在他们后面学习，唯恐出现半点差错。

中午休息时间，我在太湖中学大门口留影纪念，让过往的高中学生帮忙拍照。太中是一所具有一百多年历史的省示范高中，每年都有莘莘学子从这里走进北大、清华及中科大等全国著名高校，他（她）们为太中增辉！

　　下午的英语考试，考生提前进入考场（2：30），较前三场考试早十分钟，让学生进行英语听力部分试听。考试监考工作按照规定的操作程序在每一时间段内相互配合完成。甲、乙、丙三位监考员协同默契配合，共同完成2014年度高考的最后一场监考工作任务。

　　全部监考工作结束后，在考点处领取贰佰元辛苦费。

2014年6月9日　　　星期一

　　今天下午快放学时，天气炎热，房间里的电风扇不管用，心情较为烦躁，与体艺组的同仁张老师言语几句，其中讲到自己在太湖县购物时遇到的一些现象，物价较贵，是否对外来人员有宰客现象等，当然这仅是个别现象。

072

　　来太湖县支教，度过了一个春夏秋冬，感受这里的风土人情，太湖县给人的整体印象还是不错的。太湖县是安徽省首届平安县，绿色小康县，赵朴初故乡。这里的人们对教育子女的重视程度，有着历史渊源和地域因素的影响。诚如初来之日，太湖县教育局的有关领导所言，山区的孩子，只有通过考试这条道路，方能走出大山，通往外面的世界，否则就是外出打工挣钱。双休日时间，去了几个山区乡镇学校，感受到那里的教育氛围，人们已经能够理性地正确面对子女的教育问题，告诫子女要用平常心应对考试升学。

2014年6月10日　　　星期二

　　有教师请假，学校安排我到304班去帮助做好午间餐工作。刚走进教室走廊，就听见教室里面有学生兴奋地喊着："高老师来了！高老师来了！"教室前门关着，我就从后门进入。这时，只见一个小男孩站在门口，学着大人的样子，伸出手，做了个漂亮的"请"的动作，一副顽皮的样子，让人忍俊不禁。

　　去年下半年，我教了这个班语文近一个月时间（毛老师请病假），与孩子们有着较为熟悉的关系。平日里，孩子们在校园里碰到我，总是很有礼貌地喊："老师好！"

现在帮助该班的另一位张老师做好午间餐的饭菜分发工作。孩子们依次排好队，轮流来到老师身边的饭菜桶前，接受饭菜，然后秩序井然地坐到各自的座位上，津津有味地吃起来。教师站在教室里维持孩子们集体吃饭的秩序，发现有的孩子有挑食现象，有的孩子边吃饭边喝水，有的孩子有浪费现象。不良的生活习惯，需要及时提醒孩子们从小从早加以改正。我指出了一些不良现象，孩子们很懂事地点头表示接受，收敛了许多，但愿他们从小养成良好的生活行为习惯。

2014年6月12日　　　星期四

行将期末，根据上学期的经验，常识课需对学生进行随堂检测。今天下午的第三节课，我给六年级（一）班的"思想品德与社会"科目进行随堂检测，要求学生当堂完成。

在课堂检测的过程中，发现一男生在做其他作业，遂走过去询问其原因。该生回答，说已做好，放在书包里，我让其拿出来，他磨蹭半天，后又说看不清黑板上的题目。但念其是班长，给他面子。追问之下，他表示下课放学后，在教室里做好检测题。我继续关注着他，下课交卷时，他确实交卷，可是他交了别人的试卷（殷某某）。我将这一情况告知了该班班主任郭老师。

郭老师很重视这件事，密切配合课任教师，积极帮助解决问题，立即将方某某从放学的班级路队里叫出来，接受询问。该生先说自己已经交卷了，其他同学则在老师身旁小声说："他交了别人的试卷。"郭老师很生气，让其坐在教室里做好题目，我则趁机鼓励道："但愿你像当年的爱因斯坦一样，日后有大出息。"并告知他，现在的中考，历史、政治等科目允许带工具书进考场。

下午放学后，我留在教室里陪伴他做完题目。为了安全起见，我亲自护送其回家。

2014年6月13日　　　星期五

早起，八点之前，赶到太中考点，参加安徽省太湖县2014年中考考务培训会。和前几天的高考培训会类似但有区别。首先照例是主持人宣布考务工作会议议程。考务组长——太中教务处主任，带领监考员具体学习考务相关内容，太中主考、副主考分别强调监考注意事项，太湖县教育局副局长做重要讲话。

考务组长带领监考员们重点学习监考流程操作，考前及开考后半小时内，几个重要的时间点，监考员甲、乙、丙的各自分工以及相互协作。高考监考与中考监考的相同点和不同点。考生可以佩戴手表参加考试，但需提醒考生要将闹铃关掉。有些事项虽然没有高考规定得那么严，但须按照监考的规定动作去做。会议结束后，紧接着布置考场，粘贴座位号等。

上午监考会议结束时间尚早，我回到县实小做午饭。下午两点之前再次赶到太中考点参加下午的中考考务培训会。下午三点，组织考生进入考场，预看考场，英语听力部分试播放语音。一切工作进行得都是那么顺利，那么秩序井然。考生退场过后，作为监考员乙的我，最后关好窗户，锁好门，贴好前后教室门的封条，向考务组交还考务袋装的考务用品。

这一天的考务培训工作，方告正式结束。

2014年6月14日　　　星期六

2014年的安徽省中考于6月14日上午正式开始。早上七点半之前就得赶到太中考点签到，照例进行每学科开考前的培训工作。七点四十分，监考员排队（太中考点安排68个考场）领取袋装考务用品以及手机屏蔽仪。按照规定时间，组织考生进入考场，接着，承担监考员乙任务的我，即行开始检查学生的准考证号、座位号与考生本人照片比对是否相符，逐个依次对照检查核对，确保准确无误。

今天上午开考的科目是语文，时间从上午八点半到十一点，分为试题卷和答题卷，监考工作进行得很顺利。下午开考物理和化学，时间为3:00—5:00。

下午的监考工作进行得很顺利，不过在收尾时，出了点小失误，好在及时补救，才得以完成任务。考生清场后，我锁好门，贴好封条，拎着考务袋，正在下楼梯，准备向考务组交还考务用品。忽见监考员丙（朱老师）急急忙忙往回跑，问之，答曰："试卷密封封条不见了，回来看看，在不在教室讲台上。"闻听此言，我陪她一起赶紧快速返回教室门口，朱老师站在窗户外，看教室讲台上有没有封条。我则趁封条未干之际，赶快撕下来，打开锁，二人再次走进教室，仔细查找，终于在教室的地板上发现不慎丢失的封条。朱老师连忙捡起封条，急速赶往考务组。我则重新做好扫尾工作，锁上门，重新贴上封条。有惊无险，内部解决问题，没有惊扰考点领导，总算化险为夷。监考工作的每一个环节，都不能大意，以免出差错，给考务工作带来麻烦。

2014年6月15日　　星期日

今天是中考的第二天，早晨七点半之前赶到太中考点，接受本场考试前的考务培训。考点领导通报第一天下午考试出现的问题，如有一个考场，监考员粘贴条形码时，漏贴一张，给整个考务工作带来了不少的麻烦。让大家引以为戒。

今日上午8：30—10：30，开考数学。一切考务工作均按照考试操作规范化管理程序有序进行。组织考生入场，检查核对准考证，要求考生将与考试无关的物品放在室外考生禁带物品存放处，准考证摆放在桌面左上角。分发试卷后，作为监考员乙的我，又要手持考场座次表逐个检查核对考生所填的姓名、准考证号、科目等是否正确，考生本人与准考证、考场座次表上的照片是否相符等。做好这些考务工作之后，便可坐在教室后面的椅子上，与其他两名监考员在室内成"品"字形监考，很少在考场内走动，穿着前段时间网购的休闲鞋，无响动，不影响考生答题。本次监考考场为第50考场，逸夫楼二楼。

下午3：00—5：00，开考"思想品德与历史"，实行开卷考试。考生们肩背、手提与考试有关的资料，进入考场，我照例检查各位考生的相关证件，提醒考生注意事项。下午的考试科目，顺利进行，完满收官。

2014年6月16日　　星期一

今天上午是中考的最后一场，英语科目，考生较前几场考试提前入场（8：00），英语听力试听。照例履行监考职责，检查考生对号入座等诸多环节，有条不紊地进行，只是有些环节在时间安排上需稍后，要等听力部分结束以后才能进行。

由于手机闹铃时间调后，加之手表时间慢了几分钟，这样一来，早晨到达太中考点时，大门口的考生特别多，挤得水泄不通，我只得手持监考证，拨开人群一路小跑进去，慌忙签到，接受当堂考前考务培训。本次监考第0031考场，缺考一人，特殊考生一人，考务工作量较前几场考试要多一些，需按照程序去做。

仔细阅看考试操作手册，根据要求，有关内容需要填写，由监考员乙执笔，在前几场考试中，监考员甲（太中教师）填写，我将考试操作手册上的内容指给她看，她说没关系，我则坚持自己填写。又是坐在教室后面的座椅上"漫长"时间的监考。终于到了本场考试结束时间，收完答题卡，上交试卷（甲、乙），我则收好手机屏蔽仪，清理考场，向考务组交还考务袋，再排着长长的队伍，领取考务辛苦费。

整个中考考务工作终告结束。

2014年6月17日　　　星期二

上周五下午的第一节体育课（201班），室外课，孩子们早早地跑到大操场上集合，做好上课前的准备工作。天气较为炎热，有的孩子手里拿着小扇子，不断地扇着。见此情形，我在心里思忖着，如何让学生克服天气炎热的困难，坚持锻炼身体，增强体质。

我站在操场上，不断地鼓励着孩子们，讲着讲着，心里想到何不让学生与教师调换站位，自己站到烈日下，给孩子们提供凉爽的上课环境。于是乎，我喊着口令："齐步走！""向后转！"队伍整体调换位置。我则站在烈日之下，给学生做着示范动作。孩子们看着老师站在烈日下，自己站在荫凉的地方，很懂事的，跟在老师后面个个认真地做着示范动作。

力求给学生提供良好的上课学习环境，体现师者对学生的人文关怀！别看孩子们年龄小，老师的一举一动，他们自是看在眼里，记在心里。于是，他们上课学习的劲头更足了，注意力更加集中，教学效果自然理想。

2014年6月18日　　　星期三

近日，在县实小的校园里出现一种现象，颇让人忖度。高年级的学生利用课余活动时间，自制一种球，几个人一起围成圈，踢起了所谓的足球。孩子们玩得特别欢，特别起劲。我好奇地信步走过去，捡起地上的"足球"（纸球），询问球的制作情况。他们告诉我，这是用硬纸壳包裹后制成的"球"。本学期，学校安排我教授体育课，故我对这一现象较为关注。

看到孩子们课间活动自发地玩起自制的"足球"，我沉思良久。支教受援地是国家级贫困县，革命老区，人们意识观念较之铜陵市有差别的。国家的宏观政策力度倾斜于革命老区，不断加大。"治穷先治愚"，教育优先发展，改善贫困地区的办学条件。县实小先后运来了音体美等方面的教学器材。只是现在还搁置、摆放在仓库里，需要上级领导加大检查力度，提高思想认识，充分发挥国家配发的教学器材的作用，素质教育才能显示其内在的强大的生命活力。

老区的孩子们多可爱！自己动脑筋，想办法，解决学校体育器材短缺的问题，自娱自乐，乐在其中，那种少年时代特有的欢快场面，让人心里很不平静，久久难忘。

下午放学后，六年级的一位男生拿着自制的纸球，跑上二楼。我看了看他手中的"球"，询问一些情况。他很自豪并夸耀自己道："六年级学生当中，我是第一个自制这种纸足球。"

孩子们模仿足球的样子，用硬纸团着一团，制作"土足球"，这也是学生创造性思维能力的一种体现。看到这种现象，令人不由自主地想起自己的儿童时代发生的一些事情。

很小的时候，大约上小学一年级，看到别的小朋友在夏日里穿着漂亮的塑料拖鞋，很羡慕，于是，便想动手做一双类似的凉鞋。还清楚地记得，我当时用皮帆布剪成凉鞋的帮样，然后把它钉在木制的底板上。做好以后，试穿几步，发现很不舒服。那时年龄小，不知道其中的缘故，一副眉头紧锁的样子。旁边的大人看到我这样做，既欣赏又玩笑地给我指出了原因。木板底太硬了，没有弹性，不能弯曲，走起路来，容易拉坏鞋帮。

听了大人如此分析，少儿时代的我站在那里，若有所思，若有所悟，似懂非懂的样子，久久地立在原地，不肯离去。

2014年6月20日　　星期五

在太湖县革命老区支教，给我的整体印象不错，自我感觉主要是一些理念上的问题。简言之，初去太湖县实小，眼见偌大校园，一千多学生在校园里活动，只有一个水龙头对外，供全校师生使用。回到住处，感慨之。不几日，但见学校管理层人员开始有些动作，在办公楼二楼两端分别安装自来水龙头。三栋教学楼以前均没有安装自来水，教师日常工作用水，要用脸盆到大门口值班室的自来水前提水（全校唯一的一个）。

即便是今年3月27日开始的营养餐，依然如此，各班用红塑料桶拎水，供全班五六十名学生餐前洗手之用。

透过这一现象，让人感觉到，学校管理层面，对主体意识认识是否存在不同的看法，"一切为了学生，为了学生的一切"的观念，是否需要重新加强思想认识。学校的主体，应该是学生，一切工作应是围绕学生转呀！

2014年6月22日　　星期日

在太湖县实小支教，对603班的体育委员印象较深，他是一位聪明的小男孩，头脑灵活，综合办事能力很强。那次上体育课（二年级），接力运动，因为学校条件有限，没有接力棒，我便改用替代品，用筷子作为接力棒。课前准备，我让601班的体育委员去学校厨房借用，该生跑去，没有借到，说是炊事员不给。

我想了想，给学生一次锻炼办事能力的机会，便让603班的体育委员再去借一次。该生头脑很灵活，或许是私下问了601班的体育委员为什么没有借到的原因。他接受老师交办的任务以后，并没有自己直接去借，而是去找同班同学刘某某，与他一起去学校食堂，因为刘某某的妈妈在学校食堂上班，他凭借刘某某的关系，很快就借出了筷子，笑嘻嘻地递给我，顺利地完成了老师交给他的临时任务，适时地在老师和同学面前彰显了自己的办事能力。

通过这件事，让我思考一个问题，在日常教学中，如何充分有效地发掘学生的潜能，给学生创造机会，锻炼学生的社会适应及办事能力。

2014年6月24日　　星期二

6月21—23日，学校安排我参加太湖县高中学业水平测试监考任务，地点还是太中。6月21日参加学测培训会，布置考场，组织学生预看考场。熟悉监考工作流程。6月22日—23日，人文与社会基础、英语、数学、科学基础，各场考试均按照规定的操作程序有条不紊地进行。本次我的监考员角色为甲。这几天早晨6点钟就得起床，乘坐公交车，赶往太中考点。首

『三区』支教献我力

先抽签，确定当天的考场次序。下午六点左右才能赶到实小住处，来回奔波，较为辛苦。已是连续三个星期的双休日没有休息，参与太湖县基础教育的系列考试监考。

2014年6月25日　　　星期三

2013年9月，初到太湖县实小支教，学校教务处安排课程（该校安排三位教师在县内支教），让我暂时接替金副校长的课程，间或临时安排代课任务（其他教师请假）。心理健康教育，法制教育，主写一科教案。我遵照执行，主写心理健康教育教案。后来，课程变动，教授304班语文，601、602、501、502、503、301、304班乒乓球课。太湖县实验小学第一次接受"三区"支教工作任务，在摸索中开展支教管理工作。

后因考核工作需要，第二学期开学以来，本人根据叶校长的要求，补写上学期所有学科教案，共四门学科（心理健康教育、法制教育、语文、乒乓球）。那段时间，很是紧张，头发明显见白。支期一年期间，共写了六门学科的教案。

第一学期的支教工作任务较多变化。开学初大约一个月左右，接任金副校长（安排县内支教）课程，课表上每周六节课，可教务处临时安排代课较多，基本上每周不少于十节课。首先帮助陈老师（生病请假）教授304班语文约一周时间，后再帮助毛老师（生病请假）教授304班语文约一个月时间，其间每周十二节课。后来又教授六年级601、602、603班的"心理健康教育"，501、502、503班的"法制教育"，502、304班的乒乓球课，每周十节课，其中601班的"心理健康教育"一直坚持到学期结束。在给其他生病教师代课期间，602、603班的"心理健康教育"、以及502、503班的"法制教育"，学校均未安排其他教师上课，落下四周的课程，均由我自己赶进度补上，支教教学工作任务不轻呀！

2014年6月26日　　　星期四

太中门前那丛竹

在太中参加监考——高考、中考、高中学业水平测试等，进出都从太中大门经过，看到大门两边的公路中间的绿化带，栽上了一行青翠的竹子，长势良好，青枝绿叶，分布在大门的两侧。我第一次看到这样的门前布局，好生奇怪，感觉有些特别。细看竹子，旁边长有青草，竹子的排列呈自然形状，颇有山野之味。从太中的校园楼房里走出来，再看大门前的竹林，似乎给人别样感觉。

古人云："居无竹不雅。"太中门前的布局是不是从这方面考虑的？我想与此不无关系。钢筋、水泥混凝土建筑一片，旁边栽种一些竹木，给人以柔和之感，这是很具匠心的设计，这又不由得让人想起铜陵市建造宁安铁路的中铁十四局的箱梁制造厂的环境布局，有着异曲同工之美。

2014年6月27日　　　星期五

6月27日下午，我正在填写支教工作考核表，接到县实小刘副主任打来的电话，说是学校今晚欢送支教老师。电话一个接一个催促，遂匆匆忙忙赶往目的地。太湖县教育局陈副局长、纪检组朱组长、人事科王科长以及县实小部分领导班子成员与支教老师一同共进晚餐，席间共话友情，畅谈支教太湖县一年的感受，支教教师同时邀请太湖县方面的在座领导有机会去铜陵作客！

太湖人热情好客，真诚待客！

2014年6月28日　　　星期六

今天，学校安排一天的监考任务。与四年级的胡老师同堂监考401班。学生单人单座，接受监考老师严格的考前检查。虽是校内监考，同样严格要求学生。由此可见，太湖县实验小学学风纯、校风正！

2014年6月29日　　　星期日

今天，学校安排阅卷工作。阅卷四年级三个班的语文，近两百份试卷。共有六位老师一起分工协作，流水作业，相互配合，共同完成阅卷工作任务。

阅卷休息间隙，大伙儿在一起开开玩笑，活跃工作气氛，亦是颇耐人寻味。

2014年6月30日　　　星期一

近日，忙于填写支教考核表，撰写个人总结。

2013年9月，遵照教育部等五部委《关于印发〈边远贫困地区、边疆民族地区和革命老区人才支持计划教师专项计划实施方案〉的通知》（教民〔2012〕6号）和《安徽省教育厅等五部门关于印发安徽省边远贫困地区和革命老区人才支持计划教师专项计划实施意见的通知》（皖教师〔2013〕3号）精神，本人积极响应国家号召，前往安庆市太湖县实验小学接受支教工作任务。寒来暑往，春去秋来，已近学年结束时。一年来，克服生活上不便带来的困难和条件的艰苦，赡养母亲，只得委托亲戚代为照顾。现已圆满、顺利完成支教受援学校赋予的教育教学任务，总结如下：

政治思想上，坚决拥护中国共产党十一届三中全会以来的路线、方针、政策，认真学习党的先进理论知识，邓小平理论，"三个代表"重要思想，科学发展观等，深刻领会学习习近平总书记的系列重要讲话精神，在政治思想和实际行动中，与党中央保持高度一致，自觉维护党和国家领导人的高大光辉形象。努力学习国家有关教育政策及相关的教育法律、法规，自觉遵守教师职业道德规范，自觉遵守学校的规章制度，热爱学生，爱岗敬业，履职尽责，脚踏实地，严于律己，勤勉工作，忠诚党和人民的教育事业！

在多学科、多班级、跨年级的教育教学中，思想上丝毫不敢懈怠。学期初，认真学习新课标，通览教科书、教师用书等资料，梳理教材相关知识点，立足校情，结合学情，制定切实可行的教学计划。精心备课，认真上课，向课堂四十分钟要质量。在体育学科教学中，注重锻炼和培养学生的创新思维能力，增进学生身体健康，培养学生终身体育锻炼的意识和能力。二年级体育与健康教学，立足校情，结合学情，充分引导学生做好游戏，因陋就简地开展体育教学活动。"老"游戏新开发，"一材多变"，引导学生在变化中创新，在继承中发展。

品德课教学中，充分运用课堂多媒体教学设备，用好电子课本，声、光、色，多位一体，为学生创设教学情境，营造课堂氛围，激发学生学习的浓厚兴趣，让学生乐学其中，乐学不疲。个别学生对常识课如"心理健康教育""法制教育"等的思想认识不够到位，需要教师在日常教学中苦口婆心的耐心做好思想教育工作，帮助他们端正思想认识，消除偏见，开心地投入到学习之中。

平时与班主任及课任教师，加强联系与交流，相互配合，相互支持，相互协作，共同完成教育教学任务。积极传播、渗透铜陵市的教育均衡理念，积极撰写教学论文和支教日记（近六万字）。指导培养青年教师，深入课堂听课，与同事们一起座谈、交流，提出中肯的指导意见。课余时间，与他（她）们谈心交流教育教学方面的经验感受与体会，鼓励她们不断历练成长。

基于太湖县的历史文化底蕴深厚，以及大别山区的自然环境，传统"应试教育"思想较深地影响着人们的教育行为。现在国家宏观招生政策向"两区"倾斜力度不断加大，教育财力投入力度空前增大，素质教育思想正逐步深入人心。

太湖县是革命老区，安徽省首届平安县，绿色小康县。双休日时间，乘车去周边的山区乡镇，了解那里的情况，增加对大别山革命老区的感性认识。

安庆是我的家乡，有机会回到安庆支教，为家乡的教育事业贡献自己的绵薄之力，是我等之荣幸。常言道：月是故乡明，人是家乡亲。通过一个春夏秋冬的接触和了解，与太湖县实验小学师生的朝夕相处，给我留下了深刻而又美好的印象。愿太湖县实验小学的明天更辉煌！祝愿革命老区太湖县的教育繁荣新局面，大放异彩！

＊　　　＊　　　＊

今日接到通知，铜陵市教育局将于7月3日派专车过来，接太湖县支教教师返回铜陵市。近日，处理、安排好个人相关事务，做好返回铜陵前的各项准备工作。

2014 年 7 月

2014 年 7 月 1 日　　星期二

今天上午，与太湖县实小全体教师一道参加本学期结束会。

早晨，我爬上学校办公楼的顶部，鸟瞰实小校园，举起手机拍照，居高临下，全景式拍摄校园全貌（该校有位教师爱好摄影，常常爬上楼房高处拍摄）。尔后，再到大操场上，从操场的四周角点，分别拍摄校园不同的景物。我跟叶校长解释，拍几张照片，留个纪念。老家有亲戚年轻时在太湖县工作过，带些照片回去，给她看看，以期引起对太湖县昔日的美好回忆！

2014 年 7 月 2 日　　星期三

今天，县实小进行期末考核工作。

本人处理内务，清洗衣服（冬天在太湖县支教期间穿过的衣服）。下午，去趟太湖县教育局，与相关领导道别。

上午站在二楼的走廊上，眺望校园，思绪万千。师生对阵乒乓球台前，挥拍相向的欢快场面，历历在目。在县实小的校园里，挥洒了一年的汗水，这里留下了我和实小师生友好相处的欢快镜头，同事间的彬彬有礼，师生相见的亲切问好，工作上的相互配合……无不给我留下深刻而美好的印象。带着这种美好的记忆，带着太湖县实小师生的深情厚谊，回到铜陵市。再见了，实小！再见了，太湖县！

依依不舍，依依惜别！

2014 年 7 月 3 日　　星期四

早上起床，清洗蚊帐，收拾行李，采购太湖县土特产。中午时分，铜陵市教育局派车过来，当时，我正在新城车站附近的商店里采购物品，忽见新城支教同事亦来采购，我好生奇怪，细问之，原来他们就住在附近。此时，专车已停在门口，遂随车前往老城实小。行李尚未收拾好，市教育局宣传科秦同志及太湖县新城小学一支教同事帮助收拾行李。因为进入实小的道路是单行道，车子只好停在大马路岔路口，三人将行李搬到车上，一行人坐车到新城，吃过中饭，已是下午两点时分，专车从太湖县城正式出发，离开太湖县。

下午四点半左右，专车到达铜陵市梦苑小区39栋附近，在支教同事及秦同志的帮助下，卸下车上的全部行李，放在路边。

我一趟又一趟地将行李分批次搬回楼道口，所有行李均搬到二楼楼道。我继续将行李搬上五楼。因为天气较为炎热，又坐几个小时的长途汽车，刚下车，人感到很疲劳。后将装有备课笔记四本、教学计划两本、听课笔记一本，其他书本及字典、电水壶、电火桶等的大硬纸箱，外打好包装袋，放在单元楼层的过道里，后来就不见了。其间，我下楼买过苹果，理过头发，均未见。

向相关领导反映，社区张主任、学校负责人等，询问本单元的所有住户，都说未见。下午只得报警，四点左右，警察来到，询问、登记有关事项。

与大通镇刘书记在思想上多沟通，请求帮助查找。

2014年7月4日　　星期五

今天上午前往铜陵市教育局组织人事科，与铜官山区映湖小学的陈老师一道，上交革命老区太湖县支教考核材料。

2014年8月

2014年8月18日　　　星期一

　　八月份，看到安徽新闻上播放安庆市太湖县山区新仓镇牌楼小学学生汪淑芳，因家庭贫困，十多岁才上学读书，其事迹深为感动。遂与太湖县教育局李书记、支教受援学校——太湖县实验小学校长等领导班子成员通过手机短信取得联系，本人决定捐款一千元，帮助该贫困家庭学生，以聊表铜陵市支教教师的一点心意！

　　此举，受到相关领导积极支持和表扬。

"三区"支教日记之
望江篇

2015 年 8 月

2015 年 8 月 28 日　　　星期五

8月26日，铜陵市郊区教体局组织全区教师进行集中培训学习。中午时分，接到通知，我被派往"三区"之一——安庆市望江县支教。28日早晨8点，前往铜陵市教育局会议室集中。当天上午，在铜陵市教育局管副局长的带领下，铜陵市支教教师一行十人乘坐专车，经过近三个小时的行程，到达望江县教育局，进行支教工作对接，由此拉开本学年度的支教工作序幕。安庆市教体局钟副书记及望江县教育局陈副书记等相关领导热情接待。双边领导分别对对方的教育现状做了简要介绍，随后支教教师们一一向在场的领导做自我介绍。双方领导对支教工作提出相关要求。

中午午餐，大家会聚饭店。望江县支教受援学校第三小学、第四小学校长陪同就餐。席间，校领导将两所受援学校情况向支教教师们分别做了基本介绍。

饭毕，专车将支教教师分别送往望江县第三小学、第四小学，大家相互参观校园校貌，在学校大门口及校园里与领导一起合影留念。我被分配至望江县第四小学支教，将随专车所带的部分行李放在四小学校会议室。望江县教育局领导安排支教教师9月6日正式到岗上班。下午两点多，支教教师们随专车由望江县返回铜陵市区。

随后几天，大家各自做支教前的相应准备工作。

2015年9月

2015年9月5日　　星期六

　　铜陵市支教教师一行十人，集体商议，决定于今日启程抵达望江县，大家在临时建立的支教群里进行联系，准备好各自要带的行李，分乘三辆自驾车，早八点左右，从铜陵出发。车子在广袤的长江中下游平原上奔驰，道路两旁的乡村自然风光尽收眼底，古雷池近在眼前，白茫茫的水面，一望无际。经过三个多小时行程，上午十一点多到达目的地。望江县三小、四小领导共同安排大家中午在饭店就餐。下午驱车至住宿地——望江县国际花园城（支教受援方事先安排好租住两套毛坯套房）。

　　男、女教师分驻两栋楼房。男教师七人合住在三室一厅的简易毛坯套房里，里面已经摆好床铺。大家分好房间，即行打扫各自房间卫生。随后，集体上街，前往望江县雷池市场，采购日用品。晚餐，四小领导安排支教教师在饭店集体就餐。望江县第四小学的宁校长很客气，邀我坐在他的旁边。席间，大家询问各自的教学课程分工，以便准备明天的工作。我教授的班级是301班，学科语文，担任班级少先中队辅导员。

2015年9月6日　　星期日

　　今天正式到岗，支教上班。晨起，用过早餐，四小支教教师一行五人随自驾车前往学校。校领导安排大家暂到学校会议室就座，随后由领导送往各自办公室。我被分配至二楼教务处隔壁的办公室。有两位年轻的女同事，彭老师和朱老师。她们很热情客气，各自作简要自我介绍。

　　我的办公桌位于前排第一位。上午领取教学用书，和301班班主任见面，了解班级基本情况；进课堂，师生见面（301班共有47位同学，男生23人，女生24人）；下午领取临时课表，学校采用菜单式自选课表，每人一张学校总课表和一张全校教师各自教学任务分工总表，各人根据两总表，填写自己的个人分课表。这是一种有别于以往课表的教务方式，有其自身的特点和优点，值得学习。特别是具有一定规模的学校，教学班级多，授课教师多，值得效仿这种教务课表模式。如教师临时有事，需要与哪位同事调课，看看总课表，一目了然。各人的每周工作量，清晰明了。全体教师可以互相监督，充分体现学校民主管理的浓厚氛围。

2015年9月7日　　星期一

"花儿"正渴着

在支教受援学校，第一次走进我所任教的301班教室，看到讲桌上以及教室一角的课桌上摆放着几盆花，发现花儿长势欠佳，只见布满绿叶的花盆里的土很干燥，显然很长时间无人给花浇水。我转眼看看全班同学，只见有的孩子拿起自带的水杯，咕噜咕噜的自顾自地喝着水，因为天气炎热，坐在教室里的孩子们感到口很渴，可他们全然不知教室一角的花盆里的花草，正眼巴巴地看着他们，焦渴难忍，多么希望孩子们也能给它们喝水！

孩子们对新来的老师，眼里充满着好奇的目光，又好像正在想什么问题。见此情景，我略一思索，何不利用现有的教学资源，对孩子们进行有效教育，做到人与植物的和谐相处。第二天的语文课，上课前，我故作惊讶地问道："天气炎热，你们口渴了，该怎么办？"

孩子们不假思索地异口同声回答道："喝水呗！"一个个兴奋不已的样子，似乎在想，老师怎么问这么简单的问题呢。

"有没有谁看到教室花盆里的花儿也因为口渴，正需要喝水呢？"我继续循循善诱道。

教室里顿时一片寂静，孩子们陷入深深地思考之中，小眼睛齐刷刷地盯着花盆里的花儿，若有所思，似有所悟，仿佛在说，"是呀，我们和花儿天天在一起，怎么就没有注意到呢？"又似乎在心里责备自己。

再过一天，我发现教室里的几盆花儿全被浇了水，花儿喝了个够、喝了个饱。讲桌上的吊篮花旁边还摆放着一只盛有大半瓶水的塑料矿泉水瓶子，经过老师的提醒，留有心思的孩子分明在告诉老师，我们可以随时让花儿喝水！看来，我的心思没有白费。师生的各自心弦被拨动起来了。

记得有位教育家说过，教育不是棒的锤击，乃是水的载歌载舞！春风化雨，润物细无声。生硬说教，有时只会适得其反，适时适地、恰如其分的教育，是那么的自然、和谐！

水到渠成的教育，艺术性地渗透进孩子们的心田之中。又过一天，早读课，我走进教室，发现讲桌上又多了一盆漂亮的吊兰花，原来是第七组的一位小同学从家里带来的。我用赞许的目光看着他。孩子的心里甭提有多高兴啦！孩子们热爱班级，做班级的小主人，"人人为我，我为人人"。适当的时候，还应该进一步向学生宣讲花草对净化教室空气的作用：同学们呼出的二氧化碳被花草吸收，花草在生长的过程中，通过光合作用，释放出氧气，教室里空气变得新鲜，有利于同学们的身心健康！

2015年9月8日　　　星期二

今天上午课间休息时间，铜陵市支教同事汪老师来到我的办公室，闲聊中，我随口说到教师节快来了，应该慰问、慰问呀！不想，下午就有领导过来慰问。下午第二节课，我正在办公室批改学生作业，忽然，四小的宁校长来到我的面前，说道："高老师，望江县教育局曹局长来看望支教教师！"我放下正在批改的作业，随宁校长之后来到学校会议室。只见曹局长和陈副书记已经坐在会议室里，正等待支教教师的到来。领导连忙与我握手。寒暄介绍之后，感谢望江县教育局领导对支教教师的关怀，在百忙之中抽出宝贵时间前来看望支教教师。

因为今天下午第三节课，我有301班的语文课，需要赶往课堂给孩子们上课，便匆忙与曹局长、陈副书记握手告别。其他支教同事随后赶到。县教育局领导带来当地纺织企业生产的出口产品，床上用品四件套，每位支教教师，人手一份。

2015年9月9日　　　星期三

今天下午，我遵照学校开展庆祝第31个教师节活动方案的要求，按照少先大队辅导员的吩咐，在301班刊出一期黑板报，其中写有这样的教育名言：教师是人类灵魂的工程师！

偶然间，听到有人说，这是空洞的语言。我思虑良久，在一次语文课上，向孩子们提出这一问题，他们默然。显然小学三年级的孩子无法理解这样语句的意思。紧接着，我深入浅出、循循善诱道："同学们每天学习的场所——教室门口有一只蚂蚁爬进来，说这间房子是空洞的、空荡荡的，同学们觉得如何？"

孩子们异口同声地回答道："不空洞！"语气是那样的坚决。

"那蚂蚁为什么说是空洞的呢？"我接着追问道。

教室里沉默片刻。忽然，第三组的左昕同学在座位上站起来，大声地回答道："那是因为蚂蚁自己太小了，所以才说这间教室是空洞的。"

"多么聪明的孩子！"我不禁脱口而出地夸赞道。

紧接着，教室里响起了热烈的掌声。左昕同学的小脸一下子兴奋得通红起来。

教育家的话语，通过我的形象生动讲解，被小学三年级的孩子轻而易举地理解了。我感到很欣慰。掌握孩子们的心理特征，深入浅出的循循善诱，由此可见，教育方法是多么的重要呀！

2015 年 9 月 10 日　　星期四

今天是教师节，支教受援学校正常上班。上午课间休息时间，学校陈副校长告诉我，望江县教育局下发通知，教师节不许学校集体就餐吃饭，让我告知其他支教教师，学校抽时间请支教教师聚餐，请大家给予理解。中午下班，大家拼乘自驾车开往县政务食堂就餐时，我在车上告知大家受援学校意见。大伙儿默然，表示理解和支持学校做法。

下午下班时，接到支教同事打来电话，说是支教教师到四小后面的乡村大院就餐，AA 制形式。我说学校已经通知过，应该自觉遵守当地教育部门的规章制度，表示不便参加，遂自个儿前往望江县政务食堂就餐，同时祝他们玩得快乐！

2015 年 9 月 12 日　　星期六

今天，我在讲授第 2 课《金色的草地》这篇课文时，其中第二自然段写到，哥俩在草地上快乐地玩耍，相互向对方的脸上吹蒲公英的绒毛。儿童的天真无邪，无忧无虑的童趣，跃然纸上。

为了让 301 班孩子们身临其境地体会、感受其中的乐趣，我先让他（她）们同桌间相互模仿其中的动作，各自向对方的脸上吹蒲公英，再请两位同学走到讲台前表演，做互吹蒲公英的动作，再互换角色。只见下面座位上的同学们哈哈大笑声不断，有的笑得合不拢嘴，有的笑得前仰后翻……孩子们显然感同身受，仿佛自己就是文中的小主人公。课堂学习气氛被充分调动起来！

2015 年 9 月 15 日　　星期二

来到望江县第四小学支教，教授 301 班语文（三年级共有 5 个教学平行班，经过近两周的接触和初步了解，感觉四小的教师个人素质普遍很高，我所在的三年级语文组，两位女教师的普通话水平，据她们自己介绍，已达到一乙的程度，这让我感到肩上的压力不小呀）。经过近两周的观察，我决定采用一些激励学生进步的做法。一是要与学生家长取得联系。我已在黑板上写出自己的手机号码，让学生抄下来，告诉家长，同时让班长统计学生家长的电话号码；二是采用奖励小红花的办法，命名为"红花朵朵我多多"，主要是看同学们的日常表现，如作业是否按时完成，上课是否认真听讲等，每周评选一次。

今天的早读课，我具体落实这项工作。站在讲台上，我发现孩子们正翘首期盼着。我首先表扬了他们这两周来的在校表现。绝大部分同学表现都很好，给老师留下良好的印象，个别同学需要继续端正学习态度，暂缓发放小红花。各小组组长纷纷上台领取，发给本组同学，各人将领取的小红花张贴在自己的语文课本封面的背面，待到期末时，再行评比。此次，陶某某、朱某某两同学被组长暂缓发放小红花。他俩表示自己要好好表现，争取下周补上；陶某某表现很突出，向积极方面转变较快。

有 47 位同学组成的班级，班级管理的层级制，班干分工的性别比，需要进行适当分工、调整，朝着有利于班级管理和学生身心健康全面发展的方向，不断迈进！

2015 年 9 月 16 日　　星期三

支教受援学校安排支教教师七人同住一套房，两人一房间，夜间睡觉，打呼噜，相互影响，难以入睡，导致睡眠质量存在问题，时间长了，人的精神自然差，影响上课。迫于此原因，遂于 9 月 16 日晚上开始在学校三语办公室睡觉，向四小领导短信请示，履行告知义务，得到答复。早晨气温较低，有时难免受凉，出现轻度腹泻现象。

2015年9月17日　　星期四

"过程"与"结果"

近日，望江四小三年级语文组长、办公室同事朱老师与我进行一次简短对话。她问我第一单元（三语上册）的一道试题，如何缩句，让我说出缩句的结果。我接过试卷，看后告知她。她说："学生是这样做的……是否正确？"

听后，我略作思考，说道："你可以酌情把握，从宽与从严的问题。"

"我只要结果，别跟我说其他的东西。"她很认真地说。

见此情景，我又补充道："你再看看标准答案，综合考虑一下。"

只见她紧接着举了一个事例，说道："望江县华阳镇的老师阅卷时，像这样的答案，一律判错。"

见她一副咄咄逼人、很认真的样子，我郑重思考了一下并回答道："你现在所在的学校——望江县第四小学的地位如何？是你校影响他校，还是他校影响你校？再进一步较真，你还可以将此事向望江县教育局教研室小语教研员请教、汇报。"她见我亦认真起来，便一笑置之，不再言语。

"只要结果。"她为自己辩解道，她说她受她的一位当企业老板的同学影响，并向我讲述家族企业的一些管理情况。

听完她的一席话，我轻声一叹道："刚才，咱俩的一次简短对话，代表着两种不同的理念。"她感到很惊讶，继而反问道，说出来听听。我如数家珍，娓娓道来，现在的素质教育，强调的是过程，而不是结果。

她继续追问道："那你说说什么是过程？"朱老师是位三十来岁的年轻女教师，由于社会阅历的原因，她不太注意说话的方式，我并不在意，继续耐心细致地解释道："你查找试题答案，结合我的回答，自己再仔细斟酌，得出结论，这就是过程呀。"她对我的解释表示心悦诚服。

为了提示她更好地理解"过程"和"结果"的关系，我列举一些具体事例，进行深入剖析，举出国内与国外对医患关系的不同见解与看法。国内医院普遍叫"急诊室"，而在国外则叫"急症室"，一字之别，则将医患关系完全颠倒过来。以医患关系来类比师生关系，如何以学生为主体？在平时的日常教学中，很好地贯彻落实下去，并非一句话、两句话所能说得清楚的。由此，我又不由地联想到，在一本杂志上看到全国著名特级教师，现在堪称新中国成立以后从校园里走出来的教育家，清华大学附属小学校长——窦桂梅，随教育部赴美教育考察团考察美国基础教育现状时，亲眼看到的现象，如一天中午放学时分，考察团一行人正准备去学校食堂就餐。路上，一群学生径直走来，只见美国的教师们纷纷站到一边，让学生们先行通过。餐厅里排队打饭，亦是如此，让孩子们先行购饭，尔后才是教师、学校领导。窦桂梅校长将此现象与国内的相比较。她在文章结尾，感叹道：国人的以学生为主体的教育教学行为，与发达国家相比，还有多少路需要走，还需要多少有识之士为之不懈努力奋斗，才能赶上！

面对我的旁征博引，年轻的朱老师似有所悟，似有所感。作为铜陵市支教教师，向身边的同事适时恰当宣讲一些新理念，亦是我的职责之所在，有义不容辞的义务呀！

2015年9月19日　　星期六

"倔强"的小女孩

来到望江县第四小学支教，教授301班语文。第一单元的课程已经授完，我照例进行单元检测。由于刚接手该班的语文课，师生之间需要经过一段时间磨合，方能相互适应；三年级的学生由第一学段向第二学段过渡，受学情的把控等诸多因素的影响，学生的第一单元检测成绩与二年级期末成绩存在一点差距，我也因此向个别学生家长做出说明，得到理解和支持。

我在分析第一单元测试卷时，发现一位学生的异常举动。试卷讲解完毕，准备重新收回学生手中的试卷，以检查学生对各自试卷的课堂订正情况，这时，发现第一组的张娜娜同学站在座位边轻声哭泣。而此时，教室里的其他学生早已纷纷跑去走廊站好路队，准备离校。我感到有些奇怪，好生纳闷，心想："这孩子怎么啦？"一边吩咐该组组长，加以督促。但见她还是那么倔强地站在自己的座位旁，并且哭声渐渐大起来。见此情景，我有些生气地走到她的面前，较为严肃地问道："你为什么不走，还在哭泣？"因为走廊外的学生路队正等着老师维持秩序，需要将301班学生护送出校园，不能再耽误时间。

组长在一旁小声地告诉我："老师，她的语文成绩考差了，所以在哭呢。"

"哦，原来如此。"看来这是一位自尊心很强的小女孩，小小年纪，对自我要求还挺严的。我连忙缓和语气，爱抚她的头，安慰道："没关系，这是本学期的第一次考试，试题中出现作文，与以往的二年级试题有所不同，今后你会慢慢适应，不断取得进步。"

小女孩听到老师的理解、安慰话语，渐渐停止哭声，收拾书包，跟随组长一同走出教室。

后来，我对该生加以更多关注。在批阅第一单元的学生作文时，我从众多的习作中，发现一篇较为出色的习作，题目是《秋天的快乐》，我的评语是：初次习作，能有如此章法，老师甚是欣慰。原来小作者就是张娜娜同学。

看来，大凡自尊心很强的同学，都有自己优秀的一面。在以后的语文教学中，我须倍加留心，加以关注，小心、用心呵护那一颗颗稚嫩的童心，让他（她）们在温馨、和谐的教育教学环境中，健康、快乐、茁壮地成长！

看到张娜娜同学因平时语文考试检测成绩不尽如人意而轻声哭泣、自责自己的情景，不由地让我从内心深处荡起一股童年的愁思。小时候的自己，遇到考试成绩不理想时，常常愣在教室的座位上，陷入沉思之中，久久不肯离去。是男孩，不像女孩那样轻易落泪，却是以男孩特有的默然不语方式进行自责和感到内疚。

看到眼前的小女孩，留在我脑海里的童年乃至少年时代读书的那一幕幕往事，不时浮现在眼前，愁思绵绵，回味甜甜！

2015 年 9 月 20 日　　　星期日

自9月5日来到望江县第四小学支教，伙食被安排在望江县政务中心食堂。吃了一段时间，感觉那里的素菜与荤菜搭配尚好。本周末回到铜陵。周日回到老家枞阳，看望母亲。晚餐，母亲弄了鸡肉，吃后感觉身体非常舒服，腹部不适之感顿时消失。回想近两周来自己的饮食营养成分结构，逐渐适应支教受援地——望江的素菜、荤菜搭配。

根据自己平时的饮食习惯，再加上自己的饭卡丢在铜陵，支教受援学校四小距离县政务食堂较远等因素的影响，我则决定在四小附近的饭馆烧菜就餐，自己采购肉食和蔬菜进行加工，以补充身体营养需求，适应四小支教工作需要。

这几天的伙食营养结构符合自己的生活习惯，自我感觉好多了，精神爽快，上课的劲头足些了！

住宿问题，两人同住一室，夜间睡觉，鼾声较大，很受影响。向四小的宁校长、钱副校长、陈副校长反映，先作权宜之计，晚睡在办公室，可备课与批改学生作业，化消极因素为积极因素。

饮食、生活逐渐适应支教现有工作环境。

2015 年 9 月 21 日　　　星期一

最近一段时间，有学生经常反映自己的东西不见了。听后，我感到有些不自在。遂对学生进行有的放矢的思想品德教育。教学中，列举几个事例，分别向学生讲解。

一是我国古代一官员选拔地方官，有意将一枚铜钱滚落在地，其中一位学生看到后，趁人不注意，用脚踩住，尔后又悄悄将其捡起，偷偷放进自己的口袋里。这一切，全被主考官看在眼里，记在心里。待到发榜之日，该生找到主考官理论且振振有词，主考官将先前发生的一幕全部道出，该生听后惭愧不已！

二是世界首富——美国微软公司总裁比尔·盖茨，有一天，下班关门时，口袋里的一枚硬币一美元，不慎滚落到很远的地方。公司保安见此情景，急忙跑上前去，捡起地上的一美元，递给比尔·盖茨。随后，比尔·盖茨奖励保安十美元。若从金钱方面考虑，则不可思议。这一现象，体现比尔·盖茨看中的是人的道德品质，而非金钱。在西方国家，人们同样注重人的道德品质及修养。

孩子们听到以上两个事例，感觉眼界大开，一个个用手摸着小脑袋，若有所思，似有所悟。

　　我在班级组织学生开展"红花朵朵我多多"活动，又到了星期五，早读课上，我将事先裁剪好的小红花夹在课本里，有意露出一朵在外，利用小学生好奇的心理特点，以期引起学生注意。当我走进教室时，奇怪地发现全班同学是那样的专注读书，和往常大不一样。原来，孩子们已经在关注那朵小红花，个个盼望着能贴在自己的语文课本封面上，那该有多自豪呀！

　　看来小红花的激励作用还真不小呢。记得我在派出学校教授三年级语文时，专门在教室里开辟一个栏目，命名为"红花朵朵我多多"，等到张贴小红花时，孩子们全围在我的身边，一个个翘首以盼，兴奋不已，激动不已，期待着那朵鲜艳的小红花快快张贴在自己的名下。一张张兴奋的小脸仿佛那朵朵盛开的小红花！

　　类似的教育教学效果，我想在支教受援学校301班的孩子们身上也能出现。小小红花寄托着师者的良苦用心，盼望着它能扎根于孩子们的幼小心田，生根开花结果。

　　要想充分发挥小红花对孩子们的思想激励作用，尚需要师者精心呵护，讲究教育方式方法，加以正确引导。如可让各组组长对本组同学的课堂作业、语文基础训练、课堂认真听讲等方面进行量化考核，记录在册，并结合各人平时的日常表现，综合权衡，分层要求。对成绩较差的同学起到应有的督促、激励作用；对成绩优良的孩子，则要求精益求精、锦上添花，"欲穷千里目，更上一层楼"！

　　9月24日下午，我正在办公室批改学生作业，同来望江县四小支教的安庆市七中的一位老师来到我的桌前，说是今晚他做东请客吃饭。我连忙答道："今天早晨有点着凉，身体有些不舒服，不去参加，心意领了。"

　　他恳切解释道："你一定要去参加，主要是请四小支教老师和六年级组办公室同事，自己一时不适应教授六年级数学，准备改教体育课。"见他如是说，一副认真的样子，又是刚刚认识的支教同事，我不好再拒绝，不得不去参加。

晚间，在望江县城檀家菜馆就餐，东道主杨老师从安庆市带来一箱酒，晚餐菜肴比较丰盛。四小六年级组办公室同事和四小的铜陵市支教教师共十几人，围坐一桌，大家相互介绍，彼此间初步认识。四小规模很大，教职工有五十多人，不在特定的环境下，大家短时间内一下子难以彼此认识。此顿晚餐共花去450元（除酒）。席间，初步认识四小六年级组的六位老师，三男三女。

晚八时许，大伙儿散席，各自回到住处。

2015年9月25日　　　星期五

今天上午，我正在埋头备课、批改学生作业，年轻的支教同事段老师跑来办公室，告诉我，铜陵市第十中学校长来望江县，中午请支教教师吃饭。中午放学后，我们支教同事一行多人，驱车前往位于县城的钱峰酒楼，等候孟校长等人的到来。

中午12时左右，铜陵市十中孟校长等三人驱车抵达望江县城。席间，据孟校长本人介绍，他是安庆师范学院中文系毕业生，在安庆市生活四年。他是太湖县徐桥人，离望江县城距离很近，此次回老家看望老母亲（已是八十多岁高龄），顺道来望江县看看该校派出的支教教师，让他安心支教，乐于支教。同时请四小支教老师一起吃顿饭。

席间，我们全体支教教师（2人缺席，当天中午返回铜陵）恭让孟校长、丁校长上席坐。大家相互介绍，彼此初步认识一下，同时活跃饭局气氛。孟校长是个大孝子，他向在座的支教教师讲述自己孝敬老母亲的一些做法。此次回老家，他带回一条小狗，让老母亲饲养，消遣老人的时光，颐养天年，安度晚年，享受生活的乐趣。去年，他将母亲接到铜陵市，节假日，带母亲吃遍铜陵市所有农庄，以尽孝道。离席间的一幕，让人很是感动。孟校长将饭桌上尚未吃完的剩下的四个糯米肉圆打包带给老母亲尝尝，大家纷纷要求重烧一份菜捎带，孟校长则坚持自己的做法。我们同行的支教教师被孟校长的孝母行为所感动！

铜陵市第十中学孟校长一行人的到来，体现铜陵市派出学校对支教教师的人文关怀！

　　301 班的学生陶某某，语文成绩中等程度，坐在教室的最前排，身体长得胖胖的，看样子，有些营养过剩。第一次引起我对他的注意，那是开学初的一天傍晚，我来到学校大门口，正准备喊门卫师傅开门，只见陶某某探着个小脑袋，一股劲地往门里挤。他的爷爷站在旁边，解释道："小孩的衣服丢在教室里，正要进去拿。"只见小家伙很快跑进教学楼二楼（大成楼）的教室里，他爷爷站在学校大门口等候他，得知我是陶某某的语文老师，便很有兴趣地与我聊起陶某某的学习情况。

　　说起陶某某，我想起他往日在课堂上发生的事情。我在讲授第五课《灰雀》这篇课文，向学生提问："文中的小男孩是多么地喜欢灰雀，可又是什么原因让小男孩放回了灰雀？"教室里竟然一时无人回答。

　　可我没想到，坐在前排的陶某某突然大声说道："是因为列宁爱鸟的真心打动了小男孩。"

101

　　看到陶某某上课开动脑筋思考问题，我为之高兴不已，随即当着全班同学的面，表扬道："哎呀呀，你看，多聪明的孩子，快把掌声送给他。"同学们为陶某某的进步而感到高兴。教室里顿时响起热烈的掌声。

　　或许，这是陶某某第一次在课堂上得到老师的肯定，第一次赢得全班同学的阵阵掌声，他也为自己刚才的大胆进步表现，显得兴奋不已。

　　从那以后，陶某某在语文课堂上表现得可积极啦，像换了个人似的！

　　原计划参加望江县第四小学于周一（9 月 28 日）上午举办的精彩演讲——"善朝教育集团中国学生心理成长网——感恩励志教育演讲团"的专家讲座，再和 301 班的学生家长见面，交流学生在校学习方面的相关情况。

　　昨天下午，我电话咨询铜陵市长途汽车站，被告知，早班车 6：50，铜陵直达望江，两个多小时。我以为是有另外的线路，心中窃喜一阵。今天早晨五点即起床，准备行程。当我坐上铜陵市开往望江县的班车，咨询司机，答曰："需要三四个小时。"听后，我心中顿生失落感，无法按时到达望江四小，参加此次活动，也失去与 301 班学生家长见面的机会，甚为遗憾。看来，家校联系的渠道，有待于今后时日进一步拓宽。

2015年9月29日　　星期二

　　下午放学过后，偌大的校园空无一人，此时，我站在教学楼（大智楼）二楼的走廊上，不由自主地想起自己在太湖县实验小学支教时的情景。面对空旷的校园，不正是自己放飞思绪的好时机吗？犹如鸟儿在空中自由地翱翔，又像鱼儿在水中自由自在地游来游去，皆若空游无所依！

　　间或漫步于学校操场的跑道或足球场的草坪之上，双脚踏踩在软绵绵的草地上，心中好一阵舒服的感觉，一种儿时久违的感觉涌上心头。每天下午下班后，我都可以在操场上漫步，或在草地上打个滚，踢几趟球；或舒展四肢，仰面朝天，遥望太空，遥想未来，我将在这所学校度过一年的支教生活，将与这里的师生结下美好的情谊。这也是群居与独处之别，独处之妙趣，不禁让我想起孟子的名言"穷则独善其身，达者兼善天下"。

102

　　看到学校操场的草坪，又让我联想到国家主席习近平最近访美，在美国白宫的草坪上，与美国总统奥巴马共同会见媒体记者们那庄严、轻松、温馨、人与自然和谐相处的情景。

2015年9月30日　　星期三

　　今天下午第三节课，同来支教的铜陵市的其他四位同事已乘坐自驾车离开四小，我则按照课表继续有条不紊地上完第三节课——书法课。（若是私自调课，会牵扯到几位老师，显得很麻烦，我不想去打扰其他老师。）

　　我在向孩子们讲授手握毛笔的握笔方法时，有些孩子觉得手酸，显得不耐烦，坚持不住，私底下悄悄地讲话。此时，室外下起小雨，接送小孩的家长们纷纷涌向二楼教室外面的走廊上，有的家长推开教室窗户，朝教室里张望，这更加剧了坐在教室里正在学习握笔姿势的孩子们的烦躁心理。为了让孩子们静下心来，认真听讲，多年的教育教学经验告诉我，此时光凭严肃说教，肯定不会出现理想的课堂效果。面对嗡嗡声不断的课堂，我轻声说道："我们所学的第一课《我们的民族小学》，窗外来了几只猴子，孩子们依然怎样上课？"

　　孩子们毫无顾忌地大声回答："认真听讲！"

　　"他们有没有因为窗外来了猴子，而向窗外张望、思想分散呢？"我循循善诱地问道。

"没有。"孩子们饶有兴趣地异口同声回答。

"民族小学的孩子们连窗外来了猴子，都不去张望，那现在的你们呢?"我继续轻言慢语道。

刚才还是嗡嗡声不断、坐满47名学生的课堂，立马变得安静下来，鸦雀无声，连我自己都感到课堂纪律变化之突然。很快，孩子们似乎感觉到刚才的师生对话，是老师有意让他们"上当"，踩踏到一个小"陷阱"。不过，别看孩子们年龄小，但他们都很懂事，立马意识到这一点，只见一张张小脸上现出一副副惊愕神情的样子。

就这样，孩子们一直坚持到下课铃声响起。掌握手握毛笔的几种方法，耐性也得到了很好地锻炼。下课了，孩子们起立时，一个个心领神会、心悦诚服地向老师躬身喊："老师，再见!"

课堂上，教育教学方法的适时巧妙运用，有时竟会产生意想不到的、近乎神奇的教育教学效果。

2015 年 10 月

2015 年 10 月 7 日　　　星期三

组织部部长恭请教师　尊师重教蔚然成风

2015 年 10 月 7 日，铜陵市派往"三区"（安庆市望江县）支教的多位教师，度完国庆假期，在抵达支教受援地望江县的途中——安庆市区，受到望江县委常委、组织部唐部长的热情接待。

10 月 7 日下午，望江县委组织部唐文兵部长，早早地来到市区，恭候铜陵市及安庆市区支教教师一行多人的到来。五时许，在铜陵市支教教师高龙红的引荐、介绍下，唐部长热情招呼大家，亲切询问大家在望江县支教受援学校的工作、生活情况。席间，唐部长动情地回忆、讲述自己的师生情谊故事。在一个伸手不见五指、下着倾盆大雨的夜晚，他在回老家的乡间泥泞小路上，擦肩而过的一位行人，走过一段路后，猛地回过头来，在黑夜里，大喊道："你是唐某某！"唐部长当时惊呆了，儿时的老师对自己的学生还是那么的熟知呀，简直是心有灵犀呀！他无限感慨道：教师是人类灵魂的工程师！是蜡烛，照亮别人，燃烧自己……"你们远到望江县支教，为你们做好服务工作，是我们应该做的事情！"唐部长谦和地、动情地说道。他的尊师重教的情怀，深深地打动在场的每一位支教教师。

当晚，唐部长的友人——安庆市政协的相关领导、岳西县县长刘中汉等纷纷过来，向铜陵市支教教师一行人表达谢意！

浓浓的尊师重教的氛围，深深地感染、感动着在场的每一位支教教师！

安庆市，人杰地灵，人才辈出，人文底蕴深厚，重视教育，历史传统。在唐部长恭请支教教师的氛围影响、带动下，尊师重教的风气愈加浓厚，望江县的教育繁荣局面，必将大放异彩！

2015 年 10 月 7 日　　　星期三

安庆，人杰地灵，人才辈出。谁都有自己解不开的家乡情结，在铜陵市工作多年，虽然每年都回去，可是，第二次回家乡安庆支教，仿佛久违的孩子扑向母亲的怀抱，一切感到那么亲切。与家乡人交谈，话自然多起来。安庆，尊师重教的风气，甚为浓厚。

…………

今夜无眠，抑或是睡前喝了茶，抑或是被家乡尊师重教的浓厚氛围所感染、所感动。

儿时的伙伴，因为支教工作关系，又碰到了一起，在这个具有"解放"意味的年龄里，还清楚地记得三十多年前，少年时代的我们第一次见面时的情景。那天中午午休时间，在一位老师的房间里，他翻看我的书包，打开一本课外书，纠正一个错别字，"购买"的"购"，被我写成"够"。他指出来了，我低头默认。少年时代，他在他的大伯伯的影响下，实现自己的人生理想，读高中，上大学。还记得他少年时代与我说过孔子的言语："学而仕则优。"大学毕业后，他踏上仕途，现如今，当上地方大员，为官一任，造福一方！他父与我父，生前同事几十年，他姊妹四人与我姊妹四人皆同岁，她的大伯伯，我则称为大姨夫，诸多的渊源关系，让我们当晚坐在一起，共叙话题。

记得自己曾经与一位交往较多的家乡同学谈论道，自己好像有样东西丢失在少年时代，现在正努力地寻找，将其捡起。此次儿时伙伴的相逢，是不是就是其中之一呢？冥冥之中，应该算是吧。"山不转，水转；水不转，人转。"这句话，再次得到印证。

*　　　*　　　*

常回老家，常伴母亲，难以同行，请予理解！

2015年10月8日　　　星期四

三年级的孩子，正是手脚活动逐渐发展、灵活的时候，也是人的身体成长的自然规律使然。如何有效地加以正确引导，以促进孩子们的学习进步，化消极因素为积极因素，需要教师用心思考，有心加以实践，摸索出适合各自教学风格的行之有效的方法。

最近一段时间，发现孩子们在课堂上把文具当作玩具玩耍。针对这一现象，我向学生发问："同学们，文具是做什么用的？"孩子们不假思索地异口同声回答道："学习用品呗。"

"玩具是做什么用的?"我趁势问道。

孩子们有些迟疑,没有立即回答,而是显出吞吞吐吐的样子,又像是在思考什么问题似的。显然有些孩子已经意识到老师所提问题之间存在着一定的联系,也像是在瞬间反思自己近来的一些日常行为。

我继续问道:"能将文具当作玩具吗?"(有的孩子备有多块橡皮擦,不同形状,不同品种,设计的样式颇像玩具,这是商家满足小孩的好奇心促销的手段。)

"不能!"教室里的声音开始变得有些参差不齐,回答得也不是那样响亮、干脆。显而易见,有些孩子已经在反思自己近段时间以来的课堂表现。

好玩、好动,是儿童的天性。如何有效地加以正确引导?既促进孩子们的身心健康成长,又有利于他们的学习。这让我想起苏联著名教育家苏霍姆林斯基是如何高度重视学生从小动手实践能力的培养的。"大国工匠",高技能人才,国家亟须。

从小注重培养孩子的动手实践能力,是多么的重要啊!当时苏联的一些教育教学经验值得我们学习。这让人联想到第二次世界大战时期,德国侵略苏联,攻打莫斯科。斯大林号召全苏联人民团结起来,奋起反抗,保家卫国,伟大的卫国战争从此打响。从兵工厂生产线上源源不断的下线武器,被直接运往前方战场,投入战斗。试想,当时如果没有大量的熟练技术工人支持兵工厂的工作,卫国战争的进程又将怎样?让人不得而知。难道这不得益于当时苏联的素质教育所培养的专门技术人才吗?大量的熟练的技术工人,在当时的苏联,显得多么重要啊!

2015年10月9日　　星期五

今天上午,我上完第一节语文课后,便开始批改学生作业。不一会儿,四小的钱副校长来到办公室,找我谈事,询问我的住宿问题,"现在晚上还睡在办公室?那样不行,天气渐冷,人的身体会受不了。看看学校食堂旁边的一间房屋怎么样?能不能住人?"我们边说边走,来到校长室。宁校长紧接着带我去看房间,告诉我,这是当年安庆师范学院实习大学生宿舍。我进屋环视一周,当即爽快答应下来,心想,只要有个独立的空间,凑合着住就行了,"三区"支教,并非享受呀。

宁校长见我爽快答应下来，同意现有住宿条件，说干就干，自己亲自动手搬运七、八十箱粉笔，我亦参与搬运，腾出适当空间，摆放床铺，整理、打扫房间，忙碌一上午。中午时分，我便收拾国际花园城住处的所有行李，整装打包。下午1点20分左右，搭乘上班便车（支教教师自驾车），将我的全部行李搬到四小校园住处，当晚即睡在四小校园宿舍处。有了独立的个人空间，晚上睡了个囫囵觉，这是我来望江县支教一个多月以来的第一个囫囵觉。第二天，我对钱副校长如是说。

下午，钱副校长带我到宿舍隔壁的学校食堂，熟悉周边环境，吩咐学校总务处工作人员，从仓库里拿出一套餐具（4只碗，2个碟子，2双筷子，一把锅铲，一个小电饭锅，一个小铁盆等。支教结束，全部上交学校），又与校工吴奶奶打招呼，说是枞阳老乡从铜陵市过来支教，日后生活方面，给予关照，多提供方便。

下午下班后，宁校长来到我的宿舍，亲自安装两盏电灯（原有的已坏，有的开关在另一房间，晚上开关灯不方便）。大门的铁锁环被损坏一部分，学校已安排专业师傅进行维修。房间（平顶房）颇大，里面摆放一些体育设施等杂物，尚需安排时间做进一步整理，以达到整洁、温馨的效果。为了净化房间室内空气，打算购买几盆花草摆放房间里，营造温馨、舒适的住宿环境氛围。

2015年10月12日　　星期一

我在讲授三年级语文上册第七课《奇怪的大石头》这篇课文时，向学生展示课件——天上掉下来的陨石图片。孩子们瞪大眼睛，仔细观察，教室里静悄悄，他们被天上的陨石图片，深深吸引着，一双双小眼睛睁得圆溜溜的。

课堂上，师生共同探讨课文问题：小时候的李四光是如何刨根问底？这块大石头是怎么来的？当时，老师回答李四光："听说天上常常掉下来陨石，也许它就是从天上掉下来的吧！"李四光否定了老师的答案，他的爸爸也不知道。

"通过刚才仔细观察陨石图片，同学们也在积极开动脑筋，和小时候的李四光一起思考这个问题——大石头到底是从哪里来的？说不定，将来长大以后，你们也能成为科学家呢！"

师者激励的话语，在课堂上回荡，孩子们的思维已进入积极兴奋状态之中。忽然，有个小孩在座位上大声叫道："老师，天上掉下来的陨石上面有许多小孔，可课本上的这块大石头上面没有小孔呀，所以说，这块大石头不是从天上掉下来的。"我为学生的这样回答，感到有些吃惊。其他孩子并没有随声附和，只有这位同学的声音显得有些异常。我再一次领着学生们回看课件上的陨石图片，仔细辨认，上面确实有许多小孔。

我进一步提问道："你们知道这些小孔是怎么来的吗？"孩子们显然无法回答这个问题。我顺势而导，进一步拓展开来："天上掉下来的陨石，在高空下落的过程中，进入大气层，和空气摩擦，产生高温熔化，落到地面以后再冷却，便形成许多小孔。"孩子们似懂非懂。这些知识已经超出小学三年级学生的理解范围，充其量也就是让孩子们了解而已，借以激发学生的学习兴趣，鼓励他们长大以后，可以对这方面现象做进一步深入研究。

看到孩子们积极、认真思考问题，学习的热情逐渐高涨起来，我趁势而为，顺学而导，适时向学生拓展地球变化方面的相关知识。如世界上最高峰——珠穆朗玛峰，在远古时代，曾经是海洋一片，后来，由于地壳变化，大陆板块漂移抬升、挤压，以前的海洋逐渐上升隆起为山峰。关于这种说法，地质学家和考古学家在珠峰顶上发现鱼以及海洋古生物化石，得以印证。要不然，山顶上怎么会出现鱼的化石呢？说明这里多少万年以前曾经是海洋，经过多少万年，甚至几亿年，地壳的运动变化才使海洋逐渐隆起为山峰。

孩子们静静地听着老师的有趣讲解，一个个信服地点头表示满意，也有个别同学课前预习工作做得充分，看到课外书上介绍地球变化、运动的相关知识，能够回答一些问题，显得很兴奋的样子。

对与课文学习相关联的知识内容，依据学情变化，适时进行有效拓展，有利于扩大学生的知识面，开阔学生知识视野，激发学生学习的浓厚兴趣，如此会产生意想不到的教育教学效果。谁的课外知识丰富，谁在课堂上的表现就会显得更加积极、主动，谁就会赢得同学们的阵阵热烈的掌声，谁就会得到老师的认可和赞许。哪个孩子不想这样表现自己呢？

现涉及学生课外阅读问题，学校图书室里尚有一万多册图书（四小的宁校长在全体教师会上如是说），据说只有班主任才有借书卡，可以办理图书借阅手续。作为支教教师，应该与学校进行沟通，解决这一问题。目前，班级图书角的图书，都是学生自己从家里带来的，数量有限，相互借阅，翻新较慢，难以满足孩子们对课外知识的渴求。"两利相权取其重，两害相权取其轻。"我与301班班主任沟通交流过，对方说是担心孩子们不爱惜图书，损坏图书，根据学校图书借阅管理制度，谁借阅，出现损坏，谁赔偿。班主任因此不愿向学校借书给学生作为课外阅读之用。对于支教受援学校班主任的做法，表示理解，但不敢苟同。

2015年10月14日　　星期三

今天，学校安排的语文教研活动较多，排得满满的。

上午，我应支教同事之邀，前往望江县第三小学听课，铜陵支教同事刘老师执教校本研修公开课——《去年的树》。当天上午，我授的课较多，上完第一节语文课，急匆匆处理事务，打的赶往三小。公开课已经进行，我只得依门口坐着听课。听完课，又得急匆匆赶回四小，接上第三节课（因为调课，牵扯多位教师，较为麻烦）。

下午，望江县四小安排语文组教师集体前往望江县民办学校——长江学校听课。这是一所十二年一贯制寄宿制民办学校，占地面积、规模都很大，校园绿化面积广，空气清新，堪称绿色校园，是孩子们学习的理想场所，学校董事长是娄某某，清华大学毕业生。

学校相关业务负责人热情接待前来听课的语文教师，尤其是铜陵市支教教师，双方寒暄之后，便走进二楼教室听课。当天下午，校方安排两节公开课。第一节是望江县泊湖中心学校方老师（女）执教的古诗词《送元二使安西》（四年级）；第二节是望江县四小的金老师（女）执教的《难忘的一课》（五年级）。两位年轻女教师的个人素质都很好。借班上课，课前热身，师生交流互动，彼此熟悉，初步了解，拉近师生心理距离，为上课做好充分的课前准备，以便学生能够很快地进入课堂学习状态，展示良好的学养。方老师的教态亲切自然，始终面带笑容，很具亲和力。古诗词教学的几个步骤、环节，有序呈现，有条不紊。尤其对该诗中的一词"杨柳"之拓展，颇具历史的纵深感。执教者从《诗经·小雅·采薇》中提到的"昔我往矣，杨柳依依……"到唐宋诗词的诗句，引经据典，有力、有效地拓宽孩子们对古诗词学习的知识视野，引导学生从课堂走向课外更广阔的知识空间，加大了古诗词教学的课堂容量。课件的适时播放，激发学生学习的浓厚兴趣，孩子们乐学不疲，乐学不倦。金老师的课，由质疑课题、梳理问题入手，引导学生步步深入课文内容之中，让学生深受爱国主义教育。"我是中国人！"的铿锵有力的声音，不时回荡在教室的上空。师之激情饱满地讲述，给人留下深刻的课堂印象。

2015年10月16日　　　星期五

上午最后一节课，孩子们的肚子都饿了，注意力难以集中，这给课堂组织教学带来一定的难度。我正在教授301班的思想品德课，教室里不时发出一阵阵"嗡嗡"的声音。我讲过几遍，未见效果，还是那样，不免有点生气的样子，大声说道："上午最后一节课，同学们的小肚子都已经饿了，上课注意力难以集中，老师可以理解。可是，老师的肚子也饿了，还站在讲台上给同学们讲课呀！"我的话音刚落，教室里立马安静下来，连我自己都感到很奇怪。细一想，哎呀，三年级的孩子，别看他们人小，可懂事啦，懂得感恩之情，理解老师的工作辛苦，体会老师的用意，所以他们用自己的实际行动来报答老师的良苦用心。这节思想品德课，孩子们一直坚持到下课放学铃声响起，认真听讲，侧耳倾听，仔细思考，积极举手回答问题。

透过这一课堂现象，不能不让人深思，课堂教育教学艺术之巧妙运用，具有化腐朽为神奇的效果。一方面，对学生进行有效的感恩教育，孩子们年龄虽小，但懂得老师上课之艰辛，用心之良苦；另一方面，孩子们懂得此番道理，师生之间达到课堂上的高度默契，可谓心有灵犀。师之一举手、一投足，孩子们皆心领神会，甚至连孩子们自己都感到奇怪，这节课，怎么每个人都能如此地管住自己的手和嘴，全身心地投入到课堂学习之中。孩子们在下课铃声响时为各自的课堂表现而酣畅淋漓地展现出来，或兴奋不已，或相互称赞，或颔首微笑……这样的课堂教学氛围，其教育教学效果不言自明。

透过这一课堂现象，又让人不得不惊叹人的思维之奥妙无穷。师生之间、生生之间的课堂上的思维碰撞，不断闪现出异样精彩的火花，心灵之间彼此碰撞、交融的思维火花，犹如夜晚的苍穹之上瞬间划过的流星，耀眼夺目，乃至呈现永恒之美！

2015 年 10 月 20 日　　星期二

最近，接到铜陵市派出学校发来的短信通知，10 月 20 日参加两年一次的教师例行体检，地点在市第四人民医院。周四上午，我向四小的宁校长、钱副校长、陈副校长等人汇报，由受援学校安排周一、周二的课程。周二（10 月 20 日）晚七点半返回望江县四小宿舍。安铜公路上的杨市大桥出现安全隐患，车子不得不绕道行驶，耽误不少时间，从望江县车站打的到四小，花去 15 元钱。

因为此次安排的体检时间在周二，回铜休息的时间较长，遂做了一些准备工作。上周五中午，在县政务食堂用过午餐之后，便步行于望江县城街头，寻找水产品专卖店，顺便购买当地的水产品特产螃蟹。四处沿街寻找，尚未找到，扫兴地走在回四小的路上。街上车子喇叭声不断，偶一回头张望，忽见宁校长骑摩托车戛然而止停在我的面前，示意我坐上后座，捎带我直奔望江县水产公司，购买几只螃蟹带回铜陵。随后宁校长又骑车带我前往位于学校附近的生产米乳的企业，批购五箱米乳"米乐意"（大米的精加工产品。8 月 28 日的两市支教对接会午餐上用的饮料，安庆市教体局领导热情向支教教师介绍当地企业生产的米乳），顺便带回铜陵，送予派出学校同事品尝，感受"三区"支教受援地的气息。周二上午，体检完毕，赶回梦苑小区，再送两箱米乳前往郊区教体局，让区教体局的领导们品尝米乳的味道。

办完相关事项，吃过午饭，赶往市长途汽车站，后到铜陵大桥附近乘坐开往安庆的直达车。下午五点半在安庆市转车至望江县，一路辗转，晚七点半左右到达四小宿舍，一路辛苦！

后据支教同事说，10 月 19 日（周一）下午，安庆市教体局人事科何科长专程来望江县四小看望安庆市七中派出的支教教师杨老师，并与铜陵市支教教师进行座谈，讲到前两年安庆市其他县的相关支教情况，出现的一些现象及双方的各自说辞，叮嘱支教受援学校做好支教教师的日常管理工

111

"三区"支教日记之 望江篇

作，让支教教师安心支教。

2015年10月22日　　　星期四

　　如何扩大学生的课外阅读量，新课标对此提出明确要求，第二学段学生的课外阅读量不得少于40万字。这段时间，看到301班学生下课时纷纷涌向教室的图书角，自主选读课外书，我感到很欣慰。可是，发现班级图书角的图书有限，不够每人一本，问及班主任，答曰："让孩子们自己每人带一本课外书，相互借阅。"听说学校图书借阅，须班主任凭借书卡方可借出。支教教师没有借书卡，我不便太多在意此事。在以后的语文课堂教学中，发现孩子们的课堂表现不甚令人满意，积极回答问题不够，说出的词语欠多等。我一直在思考这个问题，想办决查找其中的原因。

　　今天上午，陈副校长来到我的办公室，我随即请示，向学校图书室借书，供301班学生借阅。陈副校长很热情，支持我的工作，当即打电话通知学校图书管理员为我办理图书借阅手续。

　　上午广播操做完过后，我即带领301班班长等几位同学前往位于大智楼三楼的图书室办理借书手续。孩子们一听说借书，热情甚高，迫不及待地跑进图书室。面对众多的图书，孩子们兴奋不已。我让她们四人分别去不同的书架旁，代表同班同学寻找自己喜欢的图书。她们从众多的图书中一本本地挑选，我亦从中帮助挑选适合小学三年级学生阅读的图书，经过大约半小时的办理登记借阅手续，班干们将所借的50本图书搬到301班教室。同学们看到讲桌上的许多新图书，个个激动不已，都想一睹为快！

　　为了满足孩子们对精神食粮的需求，也便于配合学校对图书的管理，我利用课间休息时间对图书进行登记造册，人手一本，登记签名，同时借机对学生进行适当的针对性教育，要自觉遵守学校关于图书管理的规章制度，平时要像爱护自己的眼睛一样爱护图书。一周以后，同桌相互轮换，力求让每一位同学都能够充分利用课余时间大量阅读相关课外图书，从中获取大量的知识信息，丰富各自的课外知识，开阔知识视野。

2015年10月26日　　　星期一

　　课堂上，孩子们如有出色的表现，师者需要适时地引导全班同学加以鼓掌激励，营造良好的轻松愉快的课堂学习气氛。经过一段时间实践，发现孩子们鼓掌时，声音参差不齐，且时间较长，难免占用上课时间。为此，我想是不是可以统一鼓掌形式。小学三年级的孩子，童真童趣甚浓，可以在鼓掌的同时增加夸奖的动作成分。这几天，我一直在思考这个问题，忽然，想起几年前温家宝总理在教师节前夕，前往北京市一所学校慰问教师时的情景，孩子们在老师的引导下，齐声鼓掌并伸出大拇指，引得温总理开心地笑了。又有一次，在铜陵市的一所学校听课，江苏省的一位老师执教公开课，看到孩子们在课堂上亦有类似的鼓掌形式。何不人为我用，加以效仿。

　　我思忖着，如何把这一新颖的鼓掌形式运用到自己的课堂教学之中，以便更好地激励孩子们的课堂学习。我征求孩子们的意见，并尝试着让他们连续做了几次，动作协调一致，孩子们很满意这种新的鼓掌形式，一张张小脸上绽开如花般的笑容，童年的心田里又多一次愉快的回忆："那是铜陵市支教老师高老师教给我们的鼓掌形式！"这将成为多么温馨的童年记忆。形式活泼、多样，给孩子们以新鲜感、新颖感，力求最大限度地激发孩子们的学习兴趣，符合儿童的身心发展规律。

　　通过近一周的课堂教育教学实践，效果是满意的。只要有学生在课堂上表现出色，就会得到全班同学的热烈掌声，并伴随伸出大拇指的夸奖。孩子们乐于用这种形式表达对同班同学的赞扬，被赞扬的同学显得兴奋不已，一脸的高兴劲。从这以后，孩子们上课大胆举手，主动发言，自主学习的积极性不断得以提升。但愿这一新的课堂鼓掌方式不断给孩子们带来新的学习乐趣！

2015 年 10 月 27 日　　　星期二

　　我接手 301 班的语文教学，已经测试两个单元，由于师生之间需要相互磨合，相互适应，学生由第一学段向第二学段过渡等诸多因素影响，这需要我进一步思考，如何在提高学生成绩的同时，很好地传播铜陵市先进的义务教育均衡发展的一些理念和做法，还要考虑结合支教受援学校的现实情况，在二者之间做好平衡工作，以至支教工作能够顺利、圆满地进行下去，取得预期的社会效果，不辜负上级领导对支教教师工作的殷切期望！

『三区』支教日记之 望江篇

支教到岗时间比支教受援学校的开学迟一个星期，中间请假两天，返回铜陵市参加体检，课程进度自然要稍慢一点。第三单元的检测安排在下周一下午。本周五下午放学前，请教务处帮忙复印47份作业题，供学生双休日完成，为第三单元的检测做出有效铺垫。学生通过单元练习，巩固本单元的基础知识，按照老师的要求不折不扣地完成，下周的第三单元的检测成绩，根据自己多年来的教育教学经验进行预测，整体上应该出现令人满意的效果。

前两次的单元检测，我并未提前通知学生，主要原因是各班检测时间不一致，担心平行班的孩子们是否课下相互串通，泄露检测试题？关于这个问题，我与办公室的同事谈论过，她们认为低年级的孩子们不存在这样的问题。通过前两个单元的放手检测实践，顾虑得以消除，于是第三单元检测前，我向学生郑重做出布置，下周一复习检测第三单元。想必孩子们在这个双休日，一定认真、用心复习语文功课，以期每人在各自原有的语文成绩的基础之上都有不同程度的提高。

114

2015年10月28日　　星期三

教师节期间，接到铜陵市教育局寄过来的慰问信（贺卡形式），其中的内容讲到铜陵市教育系统的一些做法和经验介绍，推广阳光家教的全面实施，彰显教育公平。我在支教受援学校的办公室里，拿给同事们传看，传播铜陵市的一些先进做法。说到阳光家教，受到质疑。刚来望江县四小支教时间不长，对一些校园现象只得耐心静静观察。

经过一段时间的观察，发现301班少数学生的作业，经常迟交甚至拖拉，上课积极回答问题不够，引起我的关注。有学生说这几人参加补习班。个别基础较差的学生，家长课后加强辅导，理应鼓励。但学生的课堂表现不能不令人深思，三年级的孩子应是生龙活虎、朝气蓬勃的样子。我在多地支教过，为什么望江县四小的孩子出现这样的反差？我进一步了解到，有些孩子每天下午放学后，参加所谓的补习班，有的直到傍晚六点多钟才被家长接回家。仔细想想，觉得问题的症结很可能就出现在这里。小学生放学后，每天这么长时间地坐着写作业、看书，能行吗？小孩的注意力集中的时间只在一二十分钟，如果长时间地耗着，无异于扼杀儿童活泼好动的天性，又哪来的生机与活力呢？

按照常理，结合自己多年来的教育教学实践经验，低中年级学生的课堂学习的积极性很容易被教师调动起来。积极举手回答问题，小手如林，踊跃发言，课堂气氛应是很活跃的。针对目前这种现象，我与个别家长通过电话沟通，愿意利用下午放学后的大约一节课时间，为基础差的学生补缺补差，并向校领导做了汇报，有关铜陵市"阳光家教"的具体做法，得到支持。

2015 年 10 月 29 日　　　星期四

我在教授 301 班语文第三组《语文园地》有关对对子的内容时，发动、鼓励学生自己尝试对对子，为打开学生的思路，帮助学生回忆春节自家的房屋对联，其中有些是对仗工整的对偶句。根据教材内容，由易到难，先是单音节词，再是双音节词语，尔后是句子。孩子们受课本内容影响，纷纷说出一些单音节词的反义词。在老师的提示下，孩子们继而不断说出一些双音节词语；再行鼓励，谁能说出句子？课堂提问的难度在逐渐加大，一阵沉默、思考之后，有的孩子说出二年级学过的知识，"助人为乐献爱心"。作为师者，听到这句话后，我自然感到很欣喜。只见另几位同学在一旁不甘示弱，赶紧补充道，"雪中送炭见真情"。一对完整的对仗工整的句子出炉了。教室里顿时响起一阵阵热烈的掌声。孩子们亦显得很兴奋的样子。

我趁热打铁，继续趁势追问，并不断鼓励学生再说出其他的对偶句子。只见孩子们有的抓耳挠腮，有的一筹莫展的样子……忽然，我听到一种不一样的声音，当即让该生站起来大声再说一遍，让全班同学都能听到。该生连讲几遍，我还是没有听明白。她随后拿出课外书，走上讲台，递给我看，"老师，这本书上写得很清楚。"

我接过书，仔细一看，"牛女二星河左右，参商两曜斗西东"，对仗工整，且很有气势。我自然赞不绝口，将其板书于黑板之上，让全班同学共同分享。教室里立时响起阵阵掌声。我趁势进一步鼓励道："阅读课外书丰富我们的知识，开阔我们的知识视野，益处多多！"孩子们显得异常兴奋，这是本节课收获的最大的亮点。这也让我联想到我所教授的铜陵市派出学校的 2009 届的一位学生，在选择对联时，写出宋代大词人苏轼的诗句。当时，我感到惊愕，查找该诗句的出处，亦具有天象之美，与上述对联似有异曲同工之妙，出自那位颇有文采的佘某某之手（我曾帮其推荐，发表文章）。

我慨叹于每个班级都有出众学生不凡的课堂表现，给为师留下深刻印象。

2015 年 10 月 31 日　　星期六

周二下午放学后，301 班学生整队离开校园。我目送孩子们，一边注意路队秩序，一边走近学生队伍，从中寻找一位语文基础薄弱的小男孩，名叫季某某。前两次单元检测，成绩不及格，其他同学反映该生在二年级的时候，就是这样。为了不让这位同学掉队、落伍，我决定重点关注他。心想，自己所教学生（铜陵市派出学校），没有一位学生出现语文学科考试不及格现象。看来，需要重点对该生实施一些具体的帮扶措施。平时多关注该生，让成绩好的学生与他结对帮扶，同时告知家长来校与老师当面交流、沟通一下，共同寻找一些解决问题的办法。原想让该生下午放学后来到办公室，老师义务辅导他。十分奇怪的是，该生说要去补习班，又说忘记和父母讲这件事。我感觉到事情很蹊跷，是不是家长担心老师课外辅导需要收费问题。当天是钱副校长值班，下午放学时，我向她汇报铜陵市阳光家教的做法，现正在全市推广。钱副校长当即表示支持这一好的做法。

我先后与几位学生说起阳光家教这件事，让家长来校与老师交流一下，了解孩子在校语文学习情况。过了几天，问之，几位学生都说忘记向家长说。一位家长在学校大门口遇到我，说出一些担心问题，怕老师之间产生误会。我则耐心细致地对其做思想说服工作，他表示再与班主任商量一下。下午放学时，季某某家长来校接孩子，我告诉她孩子的基本情况，她答应让孩子接受老师的阳光家教辅导，每周二、四下午放学后的大约一节课时间，家长到时候在学校大门口接孩子回家。

周四（10 月 29 日）下午放学后，天下着小雨。只见何某某兴致勃勃地来到办公室。其间，他不断地询问老师什么时候开始辅导。该生是一位比较聪明的小男孩，学习上的一些行为习惯尚未养成，作业经常拖拉、迟交。当天下午，他与季某某一起接受老师的义务辅导（阳光家教）。先从语文作业开始，我一一指点到位，甚至帮助小孩用橡皮擦字，将错误的地方擦干净以后，再进行订正，切不可马虎了事。教育学生平时做作业就应该这样。我站在两位同学中间，来回辅导，将知识点逐一指点到位。两个小孩很认真地接受老师的辅导。三年级的孩子，年龄小，需要师者有足够的耐心、爱心、恒心来教育引导他们。

2015年11月

2015年11月1日　　　星期日

本双休日（10月31日、11月1日），我没有返回铜陵市。原因是周五早晨受凉，感觉身体有些不舒服。

双休日，隔壁的汪老师回家，将位于其房间里的总电闸关掉，导致整个食堂断电。只得电话告知宁校长，宁校长让我打掉汪老师房间的门锁。后仔细观察，发现窗户可以打开，遂用一长竹杠从窗户里伸进去，捣上电闸开关，方才通电，前后用了半个多小时。

当我正在做这项工作时，忽见一青年人推着行李箱，手拎几袋水果，从房屋的侧面来到我的近前，向我询问："学校厨房那位吴奶奶，有个孙子，现在在哪里？"我了解他的来历，他告诉我："他姓朱，马鞍山人，2013年来望江县实习，顶特岗教师。现在来望江县朋友处，顺便过来看看吴奶奶。"得知缘由之后，我告诉他吴奶奶电话，他们互相通了电话。三袋水果放在我的房间。周一，吴奶奶过来拿。随后，小朱去他的朋友处。

这个双休日就这样熬过去。周日写写支教日记，处理个人内务。

喜读文章一篇《〈在火中生莲〉——韩愈与潮州》（《人民日报》2015年10月29日）

2015年11月2日　　　星期一

11月2日（周一）中午，我感觉身子有点着凉，便坐在宿舍外面走廊的椅子上晒太阳。忽然，一校工问我，是否知道铜陵支教的教二年级语文的老师出了点事？我全然不知。她说，上午看见校长急急忙忙地往校外跑。我随即与汪老师通了电话，他说被电瓶车碰了一下，没有大问题。下午放学后，我又分别与支教同事刘老师以及周老师取得联系，均说没有什么大问题，休息几天即可。当晚，我前往国际花园城住处探访，与三小的支教同事一道。汪老师向我们讲述当时发生车祸的情景。四小的几位校长都过来，将其送往医院检查救治，查无大碍，需休息几天。

当晚，我们谈到期中考试一事，学校发通知，将于本周五举行全校性的考试。我与支教同事商讨此事，铜陵市的学校早将期中考试取消了，望江县依然实行应试教育的做法。当我接到通知之时，即行反映铜陵的做法，学校领导较为重视，遂做部分调整。我们支教教师迟来一周，我本人参加体检，耽误两天，教学进度不一致，向领导反映此情况，准备于下周给301班学生举行期中考试。陈副校长同意我的做法，说主要是给学生摸底。

周五早晨上班时，宁校长告诉我，可以让301班学生做作业。其他班的学生考试，你若在讲课，会影响其他班级的学生考试。讲得有道理，遂临时做出安排，将上新课改为让学生做作业。急忙请教务处的龙老师赶印作业题。上午八点之前，完成准备工作，在学校统一的期中考试的时间内，让301班学生做作业，体现出工作的灵活性。

2015年11月4日　　　星期三

今天早上，我在批改学生作业时，发现有几支红笔在学生作业本上批改，有的将错误的地方画上对号。我感到很奇怪，便将此事反映到陈副校长处，他让我查问学生，向学生家长通报、沟通情况。上午放学时分，我查问学生，是谁用红笔批改学生语文作业？学生们说是组长批改的，再追问之，组长们说是语文课代表左某某让批改的。我当即将左某某从放学的路队里叫出来。为了帮助她认识到自己的错误，我对她说话的语气较为严厉。急需扭转学生语文作业乱批改的现象，班级管理，需要加以整顿。

2015年11月8日　　　星期日

这段时间，心情有些不平静，纠结于上次"学生批改作业"事件。上周五的全校期中考试，因进度不一致，以及铜陵市小学早已将全校性的期中考试取消等原因，拟将301班的期中考试安排于本周五上午8:00—9:00进行。301—304班的语文期中试题，采用学校统一订购的试卷。因为试题已经公开，学生可能课后私下沟通了解。于是，我决定自己出试题，检测学生半学期以来的语文学习成绩状况。周四中午休息时间，我便开始组卷，整合多张试题，一直忙到下午第三节课，才制好期中试卷。教务处的龙老师去上课，遂请陈副校长给予帮忙印卷。后检查发现，试卷的正反两面的边处，均有未印处，随后花用两、三节课的时间逐一进行校对。

周五上午8:00—9:00这段时间，如期让学生进行本学期的期中考试。天气较冷，我上穿西服，脚穿单皮鞋，监考两节课时间，身子着凉，感到不舒服。期中测试卷，利用双休日时间阅完，并按照学校教务处的要求，做好301班期中考试语文试卷分析工作，准备周一上午交至学校教务处。

根据学校教务处的要求安排，今年转入生须由教务处统一组织考试。301班的张某某于上周五（11月6日）上午参加教务处组织的统一检测，临时改用一套作业题，让其检测，该试题后面的作业题须自附作文纸，该生只带一支笔进考场，作文无处写，只好作罢。其余题目，得分60分。家长打电话询问具体情况，我告知其原因，亦向陈副校长反映此问题。

2015年11月9日　　　星期一

11月9日上午十点半左右，我乘车到达安庆市汽车站，转乘杨老师的自驾车抵达望江县。车内温度较高，下车后，室外温度较低。温差变化较大，对呼吸道产生影响。当天下午连上两节课。周二上午又连上两节课，喉咙疼痛，讲话声音较小，向孩子们做出说明，他们很懂事，很体谅老师，上课时，都很认真听讲。

2015年11月11日　　　星期三

11月11日（周三）上午放学，左某某的妈妈来到教学楼（大成楼）二楼301班的教室旁，准备接孩子回家。在教室的走廊处，我再次与她沟通、交流上次之事。她说上次她来了解情况，班主任老师传话出错了，产生误会。我则进一步告知她："一定级别的干部具有就地视察的权利！他可以委托自家的下人如子女，帮助其代为调查（如果自己行动不便），这是可以理解、接受的。"若不具备这样的家庭背景关系，作为学生家长来到学校调查，未履行相关手续，何以调查呢？面对我的发问，该生家长若有所思，似有所悟，似乎在思考学校的一些问题、家长教育子女的问题等。

该生家长说道，当晚钱副校长打电话到她家，询问有关情况。左某某的爸爸告知没有什么问题，产生误会。左某某是独生子女，性格比较脆弱，喜欢掉眼泪。不知情的人还以为小孩受到多大的委屈。我进一步向左某某妈妈讲述事情发生的经过。当天，经陈副校长仔细查问，方知一些情况，为了避免牵扯其他老师，我说道："如果不仔细查问，领导误以为是我这位支教教师让学生批改作业。目前，我不敢苟同这种做法。"

"独生子女的教育，让其经受一定的挫折，对日后的成长亦有好处。一味的赏识教育，未必尽善尽美。"我谈到对孩子的教育问题，家长亦认同我的看法。"教师之间须相互配合，方能做好班级管理工作。"

"小孩在学校犯了错误，给予一定的惩戒，是必要的，是教育教学行为所允许的，若是我的教育行为过分，我会坦然面对上级领导的调查，通过正常程序进行。"经过一番说教、沟通，该生家长知道其中的一些道理，有礼貌地领着小孩放学回家。

2015年11月13日　　　星期五

三年级语文上册第四组课文，要求学生平时多留心观察，发现秘密。在学习第5课《玩出了名堂》时，孩子们被列文虎克的玩法所深深震撼。列文虎克利用空闲时间磨镜片，先后发明放大镜、显微镜，尔后又发现了微生物世界。他玩出了大名堂，震惊世界。孩子们沉浸在列文虎克于玩耍中玩出大名堂的喜悦之中，我因势利导，顺势而为，说道："同学们，爱玩耍是儿童的天性。我们每天都有时间在玩耍，如果玩不出大名堂，可以玩点小名堂，怎么样？"

孩子们听到老师如是说，一个个睁大眼睛，盯着我，似乎在问，"我们能玩出什么小名堂呢？"

我接着说道："我们可以利用手中的笔，写下我们所玩的名堂，平时多练练笔。"孩子们纷纷点头，表示赞成。

以后，我一看到孩子们在玩耍，就及时提醒他们，写下自己所喜欢的游戏吧。运用平时积累的好词佳句，做到学以致用，说不定，将来你们也能玩出震惊世界的大名堂。孩子们听后，感到很兴奋，仿佛自己以后也能像列文虎克那样了不起。

这段时间，孩子们喜欢玩折纸，不少学生撕下作业本的纸张，折成各种形状的纸样。我要求学生以此作为日记的素材，写出折纸的经过（三年级《综合实践》课本上动手实践就是要求学生折纸）。有的学生将文具当玩具（现在的一些文具被制造商设计成各种花样，借此吸引小孩的注意力，借机赚钱的同时也存在一定的负面影响，怪不得有的孩子将它们当作玩具），我及时告知他们，要写下你玩耍的经过，玩出小名堂来。日记的素材，无处不在，需要我们同学平时处处留心、时时观察，从小养成良好的习惯。法国雕塑家罗丹说过：世界上并不缺少美，而是缺少发现美的眼睛。

2015 年 11 月 15 日　　　星期日

双休日（11 月 14 日、11 月 15 日）未返回铜陵市。周六上午睡至十点起床，工作一周，需要休息调整，处理个人内务，采购蔬菜，再批改学生作业、试卷等。

周日下午四点半左右，我正在写日记，手机响，原来是宁校长打来电话，说是安庆市有人送来五个小喇叭及无线话筒，已到学校大门口，让我将货物签收下来，附有两张发票。两送货人将货物送至教学楼二楼办公室，说马上还要赶往宿松县送货。我按照宁校长的吩咐，协助收下他们送来的货物。

看来，本人居住在学校内，对学校的管理工作带来一定的好处。特别在双休日时间段，偌大的校园里空无一人，有时候，我一人在宿舍里看书、备课或批改作业，学校若有什么事情，可随时打电话通知我，让我协助帮忙，这样领导就方便多了，无须另外安排人员加班。此举一为学校节省开支，二为学校其他人员省去双休日由家里往返来回学校的麻烦。

2015 年 11 月 15 日　　　星期日

望江街头那一幕

那是周三下午放学后的一次上街购物，于望江街头看到的一幕。令人深思，给人些许回味。街桥头端的台阶上，一位小孩正依傍在叫卖蔬菜的妈妈身边的小凳上写作业。年轻的妈妈正在与顾客交易蔬菜，旁边的小孩却是那么认真地低头写作业，熙来攘往的人流，车辆穿梭不息，小孩全然不顾，正全神贯注地埋头写自己的作业。穷人家的孩子，似乎懂事早些，能够体谅父母的辛勤劳动，懂得生活的艰辛，格外珍惜学习机会。眼前的一幕，让人浮想联翩，感慨万千！

国家"希望工程"宣传画上，那个睁大眼睛、渴求知识营养的贫困地区的小女孩，浮现在我的眼前；在铜陵市图书馆的公益书画展览上，看到一幅获奖摄影作品，那是在一间农家小屋里，一位蓬头垢面、衣服打着补丁的小男孩，正在借助厨房灶膛里的木柴燃烧发出的亮光，埋头看书。他一定是清晨早起做饭，去远处学校上学的农村娃。只见他一手拿着一本书，另一只手握着长火钳正夹着柴火往灶膛里送，眼睛却盯着书本……一位多么勤奋好学的农家学子形象，跃然于我的眼前。这也让我想起自己早年读书的情景，是何等相似。只不过，那时是母亲早起烧饭，我则坐在煤油灯下看书学习，等待饭熟吃饱之后，再赶往离家十余里山路的学校上学。少年时代读书的那一幕幕情景，像放电影似的飘浮、闪现于我的脑海之中。读书求学的辛酸苦辣滋味，一起涌上心头，让我的脚步不由自主地慢下来！

2015年11月16日　　星期一

今天上午，我将学生昨日回家让家长签名的期中考试卷收上来，发现有几位同学没有交上来，说是放在家里，忘记带来，遂对她们分别做出要求。其中，张某某说她的试卷丢在补习班。其母于上午第一节课下课时，来到二楼301班教室附近。当时，我正准备进入教室上课，她来到我的面前，作自我介绍。我停下脚步，立于教室门口，与之交谈一阵子，向她讲述张某某最近一段时间的学习情况。

第二节课下课时，该生家长随我走进办公室，我找出张某某的一张卷子，让她查看。那是上次（11月6日）学校期中考试时，我匆忙临时改用涵盖前三单元内容的试题，让其检测，得分60，作文未写。原因是试卷未附作文纸。其母看到张某某的试卷具体得分情况后，明白个中的事由，若是加上作文二十几分，应有八十几分，符合该生的平时语文成绩状况。我则进一步向其母述说，小孩考试时应该举手向监考教师反映，索要作文纸。该生本学期转入四小，已有半学期，竟然不知同桌姓名。

该生家长比较注重对小孩的学习教育问题，随后几天，又用手机短信与我交流一些有关小孩的平时在家的表现情况。

晚上，我正在备课，大约九点半，住在国际花园城的支教同事汪老师打来电话，询问支教同事李老师的去向，说是晚上到现在还没有回到住处，支教同事们正在四处寻找。我随即拨打李老师的手机，无人接听。我感到有点紧张，赶紧拨打支教组长刘老师的电话。他在电话里告知，段老师说李老师刚回来。我又立即拨打李老师的手机，终于接通了。李老师赶忙解释，她爱人单位同事一行人到太湖县拍电视节目，顺便到望江县来看望她，由于人太多，没有喊支教同事过去。现在刚回来，让大家受惊了，表示歉意。

周二晚上，李老师请客，让支教同事到四小后面的乡村大院饭店吃饭。因为义务辅导个别语文基础较差的学生，我是最后一个赶到饭店。天下雨，李老师很客气，她和周老师一道开车来四小接我。席间，李老师解释昨晚迟归的原因，让大家连累，担惊受怕，深表歉意。

124

2015年11月19日　　　星期四

在教学301班语文第22课《富饶的西沙群岛》时，我通过多媒体课件向学生展示西沙群岛的美丽风光，孩子们一个个兴奋不已，不断地发出一阵阵惊讶的声音，声音洪亮而清脆，响彻整个校园上空，引得其他班学生一起过来围拢观看。

还清楚地记得我在派出学校执教校内公开课时，曾经选过这一课题。当时，花了不少时间制作课件，上课的情景历历在目，课件保存在U盘里。于是，我将其找出，在301班教室的"班班通"电脑上试放，效果很好。播放音像视频资料，孩子们看得津津有味，饱览祖国的南疆海岛风光，仿佛亲自到南沙群岛上游览一番，好不惬意！看到孩子们如此全神贯注地投入到学习之中，我的心里也是好一阵子感动！这一现象，也从侧面反映出支教受援学校的301班的学生，以往的语文课的常规学习法。学生的多种感官参与学习之中，极为有效地提高学生学习语文的效率。

在以后的语文日常教学中，我要力求常态化充分运用语文教学课件，让学生乐学、好学，语文综合素养从小得到良好熏陶，为日后的发展奠定良好的基础；同时也给孩子们留下深刻的印象，长大后回忆小学时代的学习生活，有一位铜陵支教老师经常运用多媒体课件给他们上语文课。

11 月 11 日上午，四小语文组举行本学期的第一次教研活动——校本研修公开课教学。401 班的曹老师执教《卡罗拉》，首开先河。执教者运用多媒体课件 PPT 进行教学。曹老师是位四十多岁的中年女教师，担当起四小本学期第一次公开课教学任务，又有铜陵市支教教师参与听课，她的压力不可谓不小。但是她勇于"打头炮"的精神，又不得不令人敬佩。

虽然执教者运用课件组织课堂教学的技能还不是很娴熟，但是她的教态是那么的严肃认真，给人留下深刻的印象。授课地点在本班教室。校领导及全校的语文教师参与听课，师生共聚一堂，空间较为拥挤。

我接到通知后，早早地来到 401 班教室，找好座位落座。因为是第一次在支教受援学校听课，准备工作自然要做得充分些，同时也是树立铜陵市支教教师的自身良好形象。之后，四小的语文教师陆陆续续地走进 401 班教室听课。

曹老师首先运用多媒体课件播放一首歌曲《爱的奉献》，孩子们被优美的音乐旋律深深地吸引着……通过词语的学习，引导学生体会异国他乡孩子对爱的表达方式。（两千余字的评课稿，在四小的校园里不慎丢失。那天下午放学，我刚参加完语文组的教研会后，送学生出校园，胳膊夹着评课稿本，下完楼梯后返回就不见了，后通过学校校园广播播送，亦无消息。）

11 月 24 日上午第二节课，202 班的语文老师李老师执教校内公开课——《窗前的气球》，运用多媒体课件执教。全校语文教师齐聚 202 班教室，聆听李老师的课堂教学。李老师是一位三十来岁的年轻女教师，很有朝气。看样子，她对本节课的教学，做了充分的课前准备工作，一副踌躇满志、志在必得的样子。李老师能够较多地运用 PPT 课件功能于教学之中，给我感受较深的是窗外气球的动画效果，十分吸引学生的注意力。（评课稿在 12 月 2 日下午的集体评课之后，放学送学生出校园，于大成教学楼二楼楼梯拐弯处不慎丢失。）

"三区"支教日记之 望江篇

2015年11月25日　　星期三

　　11月25日上午第三节课，铜陵市支教同事汪老师执教校内公开课《窗前的气球》（同课异构）。地点在四小多媒体教室，本人参与听课。执教者运用多媒体课件PPT进行教学。同课异构的最大明显处，着重点在于对课文的切入点不同……（评课稿在集体评课之后，放学送学生出校园，于楼梯处不慎丢失。）

2015年11月26日　　星期四

　　今天下午，在望江县第三小学（支教受援学校）聆听前来送教的铜陵市小语名师工作室主持人陆常波老师执教的公开课《我是什么》。陆老师见识的场面大，很老到，驾驭课堂游刃有余，如鱼得水般。课堂上，孩子们纷纷举手发言，积极回答问题，课堂气氛十分活跃。陆老师设计的课堂问题，深入浅出，把握分寸，符合二年级学生的知识现状、身心特点和认知规律。课堂上，学生的听说读画能力得到有效训练，教之得法，学生学得津津有味，童真童趣，盎于课堂。

　　孩子们的学习积极性被师者的高超的教育教学艺术充分调动起来，借班上课，运用多媒体课件，利用课题，迂回发问，师生之间能在较短时间里达到和谐状态，消除陌生感，为课堂新课教学做了很好的热身铺垫，不能不叹服于执教者的驾驭课堂的娴熟能力。学生的课后练习作业当堂完成，减轻学生的课业负担，体现课堂教学的高效性。

2015年11月27日　　星期五

　　今天下午的运动会项目，四小全体教师齐聚学校操场，举行教师集体拔河比赛。

　　我在走向拔河比赛场地的路上，看到301班的一些学生，我将他们领向我的住处，给他们每人发了一瓶牛奶（从铜陵带过去的），孩子们高兴得很，一路欢笑地走出校园。

　　我参加四小教师的集体拔河比赛。钱副校长拿着大喇叭在现场调配指挥。比赛采用三局两胜制。比赛场面，欢快而热烈。男女教师混合编排，男女老少齐上阵。全体教师们热情高涨，呐喊声此起彼伏，欢笑声震耳欲声，师生同乐、共运动，一派欢乐祥和的气氛！

2015年11月28日　　星期六

11月26—27日，望江县第四小学举行两年一次的全校体育运动会（第三届）。

初冬时节，暖阳高照。望江县第四小学第三届体育运动会在欢快的乐曲声中拉开帷幕。26日上午八时许，各班运动员在班主任的引领下，动作整齐地站立于学校前操场，静候、等待入场，接受学校领导检阅。孩子们的脸上洋溢着兴奋、喜悦的笑容。

欢快的时刻总是短暂的。不一会儿，只见六年级的大哥哥大姐姐们，排列着整齐的方阵，手舞鲜花，兴高采烈地出场了，给本次运动会增添欢乐祥和的气氛。随后，全校二十个班级（一年级学生，刚入学，年龄小，未参加。）代表队列队依次进入学校后面的运动场。播音员欢快、高昂的语调播送一段段祝贺、鼓励的话语。整场运动员入场式持续半个多小时。校领导分别致辞，钱副校长主持仪式，裁判员代表、运动员代表分别发言。欢快的运动员进行曲响彻校园上空，彩旗高高飘扬，四小的师生沉浸在一片由运动带来的欢乐、祥和气氛之中。

在为期两天的紧张分组比赛中，各班运动员充分发扬"友谊第一，比赛第二"的高尚体育竞技风格，赛出友谊，赛出水平。运动场上，但见运动健儿矫健的身姿，绳影闪闪、上下翻飞的优美动作，"飞毛腿"狂奔而去……呐喊声、加油声，此起彼伏。由运动带来的朗朗欢声笑语，在校园上空久久回荡！

这是一所建校时间仅七年的学校，校领导对校园安全抓得犹紧。没有比赛任务的学生须在家看书学习。仅有少数学生怀着好奇心从家里跑出来，来到校园里观看比赛项目，或参加班级啦啦队，帮助比赛选手呐喊助威。

　　今天上午8：00—9：30，301班召开本学期的家长会。学生家长们在百忙之中抽出宝贵时间参加家长会，是对学校、班级工作的大力支持。班主任为这次家长会的召开，做了精心准备，制作不少PPT幻灯片，详细地向学生家长做了汇报交流。班会主题是"家校合作　共促发展"（"促"字的"口"字写成"日"字，字体很大、醒目）。本人作为该班的辅导员，主要任课教师——语文教师，先是和学生家长一起聆听，然后做了补充发言，主要就语文学科的学习，向家长提出一些具体要求，并向学生家长展示优秀学生作业。随机拍几张家长会现场照片。

　　301班家长会召开期间，宁校长走进教室，用手机拍几张反映家长会现场的照片，可能对黑板上的"家校合作，共'促'发展"字体书写，有所感冒，有所触动。学校正在进行"汉字普通话规范化"市级课题研究，很重视这方面的工作。下午上班时，只见陈副校长即在办公楼二楼悬挂横幅"规范语言文字，弘扬民族文化"。我正在课堂上讲课，见此情景，随机向学生宣传纠正错别字的做法。"生活处处有语文"，在街头巷尾，看到错别字（广告用语等），应及时记录下来，加以改正。继而循循善诱，将学生引向本次学生家长会的主题字。面对黑板的字印，孩子们略经思考后，找出其中的"促"，我则继续做正面引导，此乃"笔误""百密一疏"，孩子们若有所思、似有所悟，心领神会。

　　三年级五个平行班（301、302、303、304、305班）在同一时间召开学生家长会，因为学校规模大，班级多，学生多，各班级需要分批进行，以便学校领导更好地加强、引导学校管理工作。

　　课间操时分，学校举行全校性集会，为本次运动会的优秀运动员及班级团体颁发奖状和奖品。钱副校长对本次运动会的顺利举行，做了全面总结，指出运动员们在比赛中赛出友谊、赛出风格、赛出水平，全体运动员发扬勇敢拼搏的精神，为本次运动会增光添彩。钱副校长最后对全校师生提出安全要求。许多学生家长共同参加，见证本次颁奖仪式的全过程。

128

「三区」支教献我力

2015 年 12 月

今天上午第二节课后，接到通知，说是下午第一、二节课，语文组进行评课，各年级组均须推选教师代表发言。三年级组安排本人发言评课。我欣然接受任务。因为已经有三位语文教师执教校本研修公开课，所以集中进行评课。我利用中午休息时间撰写评课稿（当天中午，前往县政务食堂就餐，临时借用学校附近菜摊的一位老板的电动车，买回饭菜，在办公室内吃完）。

下午上课的铃声响起，我按时走进位于一楼的多媒体教室，钱副校长、陈副校长参加语文组教研会。几位教师评课发言之后，我对三节语文课分别进行评述（约两千字评课稿，后来不慎丢失。）

129

会上，钱副校长、陈副校长、刘组长等分别讲话、发言。

今天早读课，301 班教室门敞开着，灿烂的阳光照射进教室，和着孩子们朗朗的读书声，一切显得是那么的和谐！我的心情亦一如明媚的阳光。想起开学初，与同学们说过：要把天上的彩虹搬进教室！可一直没有带领同学们做这个实验。当时，孩子们听到后，普遍反映一脸惊愕的样子，似乎不敢相信自己的耳朵，老师真有这样的本领？有的孩子既激动又兴奋，恨不得马上看到漂亮、美丽的彩虹来到教室！

看到今早如此灿烂的阳光照进教室，具备在教室里就地做实验的条件，我略做思考，便吩咐班长胡某某，做些准备工作。小家伙冷不防反问我一句："老师，你以前做过这个实验吗？"一脸疑惑的神情。

"当然做过。"我语气十分肯定地回答道。胡班长见老师如此说，立马上来兴趣，按照老师的要求和布置，很快找到实验所需的器材：平面镜（叶某某的文具盒里有一小块平面镜），一盆水（从 301 班教室隔壁的教师办公室借来面盆，装满水）。就地取材，因陋就简，很是实用。

"三区"支教日记之望江篇

此时，早读下课的铃声响起，孩子们纷纷围上讲桌，带着急切的心情，都想一睹为快。站在教室门口的孩子们主动腾挪身体，让出一片阳光射进教室。我蹲下身子，手拿平面镜，斜放入盆中的水里。第一次，盆里的水少了，彩虹未出现，学生们有些失望。我立即吩咐班长再多加些水。第二次，我将平面镜斜放入水中，不断调整平面镜在水中的位置。孩子们一起仰起头看着教室的天花板，只见有同学大声惊呼起来："老师，在那里！在那里！美丽、漂亮的彩虹出现在教室的墙壁上。"孩子们的目光一下子全部集中到教室的天花板上，全场顿时一片惊呼，那是发自内心深处、少见的巨大童声（记得我给外甥女们做这个实验时，也产生类似的效果），引得其他班级的学生纷纷跑过来观看。孩子们见证老师的实验成功了，亲眼看见彩虹的美丽七彩颜色。一张张小脸上挂满了激动、兴奋、喜悦的神情面容！

2015年12月4日　　　星期五

今天上午上完第二节课后，我来到宿舍，收拾行李，准备坐中午的班车（十二点半左右）返回铜陵（工行信用卡的本月透支款，银行已发短信通知，不得不返回铜陵解决此项事务）。原想本双休日留在四小，做做课件，准备下周的校本研修公开课。忽然，手机铃声响起，支教同事汪老师打来电话，说是铜陵市狮子山区教体局及派出学校领导一行人，将于中午时分来到四小看望慰问该区的支教教师，大家中午在一起就餐，地点在望江县开发园区土菜馆。

大约十一点半，狮子山区教体局领导以及派出学校领导到达四小，我立即前往学校会议室，与领导们握手寒暄，并帮助拍照，在学校大门口集体合影留念。随后领导们驱车前往支教教师住宿地参观。午餐安排在园区土菜馆。我乘坐宁校长的摩托车先行到达。望江县教育局的陈副书记、政工科刘科长及办公室主任等人已经等候多时，望江县四小的四位铜陵支教老师（汪、高、曹、段）与双方领导一起，共进午餐。

午饭毕，下午一点左右，我搭乘曹老师的自驾车返回铜陵。中途经过武昌湖附近，拐弯进入湖区，采买四条大鳊鱼，共计十余斤，带回铜陵。后送给派出学校伙食团，让同事们品尝来自"鱼米之乡"——望江县的鳊鱼的味道。

本双休日，在铜陵住处修改、完善拟执教的公开课课件。

2015年12月6日　　星期日

12月6日下午，由铜陵火车站乘坐刚开通的高铁前往安庆市，只需四十分钟时间。宁安高铁今日开始通车。动车车厢里很温暖，很舒适，车行快速平稳，旅客们在车厢里纷纷议论道，就像坐在家里一样！感叹于中国高铁技术的成熟。我与邻座的旅客交谈，二十世纪七十年代末，邓小平同志访问日本期间，乘坐日本的新干线高铁列车，感叹日本的先进技术，由此加快改革开放的进程，希望中国早日进入世界上先进国家行列。时隔三十余年，中国的老百姓终于可以坐上中国人自己制造的高铁列车，进入先进国家制造行业的前列。不知不觉中，列车已停靠安庆高铁站。

下车后，我与其他旅客一起，站在和谐号动车车头前面，用手机拍照留影纪念。

赶上宁安城际高铁首开日乘坐动车列车，我怀着无比喜悦的心情，走出高铁站。

2015年12月8日　　星期二

今天下午，铜陵市第四中学校长等一行人前来望江四小看望支教教师曹老师。晚餐，四小的全体支教教师与相关领导共进晚餐（望江县教育局的陈副书记，人事股方股长，办公室主任，四小宁校长等人）。四中的唐校长是枞阳人，陈副书记也是枞阳人，同是老乡，乡情自然重些。席间，唐校长掏出手机，将事先录好的家乡话放给大家听。枞阳方言，引得大家开怀畅笑，身为枞阳人的我，自然在一旁仔细倾听。晚宴气氛轻松愉快！因为第二天要执教支教公开课，我没有多少心思在吃饭，一边吃饭，一边想着明天的校本研修公开课的事情。

晚7时许，晚餐结束。

回到学校住处，晚上，我再次进入学校电教室，调试课件试放效果，以确保明天的校本研修公开课能够顺利进行。

2015年12月9日　　星期三

今天上午第二节课，本人按照望江县第四小学语文教研工作布置要求，执教支教公开课——《盘古开天地》。地点：学校一楼多媒体教室。运用PPT多媒体课件进行教学。陈副校长及全体语文教师参加听课。另外，为了准备此次支教公开课，我提前一周专门购买一支PPT课件专用翻页笔，以作上课之用，反复演示，直至熟练运用。

2015年12月11日　　星期五

今天早上7点左右，接到望江县三小支教同事李老师打来的电话，让我乘坐她的自驾车返回铜陵市。下午一点四十分左右，她开车到四小大门口接我。当时，宁校长正好在学校大门口查看电动伸缩门，顺便打招呼。车子开到望江县武昌湖水上养殖公司附近，采购四条大鳊鱼，准备由安庆乘坐高铁前往南京，带给妹妹。

车子开到安庆高铁站，已过四点多，尚未乘上高铁，则继续乘坐李老师的自驾车抵达铜陵。直至晚六点多，方才回到梦苑小区住处。

2015年12月12日　　星期六

今天上午，到市区超市采购一些物品。

中午吃过午饭，我走进铜陵市实验小学的校园，观察该校教学楼的建筑结构及其学校厕所的分布情况，与支教受援地望江县四小的教学楼结构等情况进行比较，发现铜陵市实验小学的厕所仅设在一楼，且只有一座厕所，而望江县四小的教学楼的每一层皆设有卫生间。我在想，原因何在？细细想一想，原来这里面大有学问呀，厕所设在一楼，各楼层的学生在下课时间上厕所，均需要跑动，这不是一种无意识的运动锻炼吗？

下午5时许，乘坐宁安高铁，6点15分到达南京南站，转乘汽车和公交车，于晚八点多到达妹妹家，和他们交谈有关母亲赡养事宜。

2015年12月13日　　星期日

早晨起来，用过早餐，和妹妹谈到赡养母亲的一些事情。我告诉她，我早就感觉到她的家乡房屋居住人，不妥当，因为隔壁弟兄家开饭店，夜间打麻将，吵得让人无法入睡，时间久了，自然会影响身体健康。母亲已是七十多岁的人，身体不如以前硬朗，除了自身的饮食没有规律导致以外，与睡眠的无规律影响不无关系。要想办法让母亲移居。

在小姐家厂边的老屋内，吃过中饭，乘坐小姐夫的货车（顺道，送智妹到区一中上学），准备在南京南站乘坐高铁返回铜陵。由于宁安高铁刚开通，班车较少，票已售完，只得改乘汽车到芜湖，再转乘高铁到达铜陵，时间已是晚六点半左右。再进铜陵火车售票处，购买第二天上午（周一）铜陵至安庆的高铁票。

晚7：30乘20路车，在石城路拐弯处下车，走到乐购超市，顺便采购一些牛奶（多个品种），带到望江四小食用。

此趟南京之行的返程，很不顺畅呀！

2015年12月14日　　　星期一

《盘古开天地》教学反思

《盘古开天地》是以"灿烂的中华文化"为专题的第五单元的一篇课文，这篇神话故事传说讲的是名叫盘古的巨人开天辟地的故事。课文的脉络非常清楚，分为三个部分，把盘古"用她的整个身体创造了美丽的宇宙"过程写得非常明白。课文处处充满神奇的想象，用生动准确的语言，塑造了盘古雄伟、高大的形象，赞美他为开天辟地而勇于献身的精神。

根据新课标的理念，以学生为主体，教师在教学中起主导作用。如何在课堂教学中实现之？备课时，我做如下教学设计，首先，播放一段视频，向学生呈现几个神话人物形象，以引起学生的阅读期待。教学实践证明，此时，孩子们一个个瞪大眼睛，目不转睛地盯着大屏幕，已然对神话故事产生浓厚的兴趣，孩子们渴望着走进神话故事情节之中；通过读词语（相机予以解释），检查课文预习情况，引导学生找出课文中哪句话概括神话故事的主要内容？（借以训练学生的概括能力）让学生围绕"创造"一词，质疑问难（培养学生的问题意识），展开教学，深入理解课文内容，从而解决问题。宇宙形成以前是什么样子？盘古如何开天辟地？盘古的身体发生了哪些变化？让学生在朗读中感受盘古的力大、神勇无比，在读中感适时地播放多媒体课件，丰富、拓展学生的思维想象空间。通过找反义词，结合课文具体内容以及学生的生活经验（如，解释"混沌"一词，结合小学生的生活经验，联系生活实际，举例打开生鸡蛋，蛋黄和蛋清之间，难以分开，就似一种混沌状态。孩子们容易理解接受）理解词语意思，从而调动学生的学习兴趣，丰富学生的词语积累。

在让学生感受盘古的献身精神时，我做出适当的拓展延伸，向学生渗透人文思想教育，正确的价值观取向教育，列举了我国改革开放的总设计师邓小平爷爷，生前把毕生的精力奉献给中国人民的革命事业、解放事业和建设事业。去世后，将眼角膜捐献给医学事业，供研究之用，还将骨灰撒向大海。他是伟大的共产主义战士。他的这种献身精神，同样值得后世景仰！科学家邓稼先搞核试验，宁愿让自己的身体遭受核辐射，也要完成核试验，这种献身祖国国防建设事业的崇高精神，也很值得后人敬仰！

正如全国著名特级教师、清华大学附属小学校长窦桂梅所言，课堂是一门永远有遗憾的艺术。开课伊始，一位叫左某某的女孩，主动举手要求朗读词语，但是读音不够准确，不够到位，显然预习不够充分，这让我对后面的课文教学捏了一把汗，幸好，孩子们配合得还不错。课堂上，学生回答问题不够积极、主动，这与执教者调动学生学习兴趣不无关系。这让我想起香港的一位名叫冯志达的老师（2014年9月来铜陵市执教公开课）所说的一句话："课堂上，好的归功于学生，不好的归于老师。"

欢迎领导及各位同仁，提出宝贵意见。

2015年12月15日　　　星期二

今天下午，第一、二节课，语文组全体教师齐聚学校阶梯教室，召开语文教研组会议，进行评课。同课异构之《盘古开天地》，各年级组分别派出代表参与评课。语文组组长刘老师主持，陈副校长到会。

首先，由两位执教老师分别说课。本人就这节课的教学设计环节及过程进行较为详细地述说。陈副校长以及几位评课老师对本人执教的《盘古开天地》这节课，作了很好地评价。教研气氛浓厚。各人阐述各自的观点和看法，相互交融碰撞，产生智慧的火花。其中，给我留下较深印象的是陈副校长和虞老师的点评。

今天上午放学后，我未吃午饭，行色匆匆，坐上支教同事的自驾车，大约两点左右到达安庆市区（途经望江县武昌湖水上养殖公司，购买两条大鳊鱼，带给母亲），后转乘开往枞阳的快6线，再转车到达母亲居住处——小姐家。母亲正在楼上阳台收拾衣服，见我回来，自然十分高兴。

近段时间，母亲的身体状况渐差，人消瘦得很，凌晨常哭泣。据她自己说，一天只吃一餐，饮食无规律，营养跟不上，不无关系。老人的生活需要有人照料，安排有规律的饮食起居。

今天早晨早读课，我发现坐在前排的何某某有些不舒服的感觉，眼睛一眨一眨的，样子挺难受。我随即问之原因，小孩说他早上没有吃早饭。我继续追问道："你为什么早晨不吃早饭？"他说："早晨六点钟，妈妈出去干事，姐姐上学，爸爸在老家，没回来。"听到他如此述说，我赶忙将他叫出教室门外，从我自己口袋里掏出几元钱，让他到校外门口的早点摊上买早点吃。小家伙或许是肚子饿得厉害，接过我递给他的钱后，飞快地跑下教学楼，朝学校门外跑去。不一会儿，只见他面带笑容地走进教室。

第一节课后的课间休息时间，我拨打了何某某爸爸的电话号码，他爸爸接到电话后，说马上来到学校。果然不一会儿，该生家长来到办公室，与我交谈起来。我如实向家长讲述何某某最近一段时间的在校学习表现。有段时间，早晨第一节课上课，何某某坐在座位上打瞌睡，发现其脸色发黄，小孩自己说经常在外面买吃的东西。饮食没有规律，导致小孩的精神面貌欠佳，上课注意力不集中，学习效率低。这段时间，语文成绩呈直线下降趋势，家长应该对这方面引起高度重视。该生家长听到我的一番话后，表示今后要多加以重视，诉说自己这段时间在安庆搞工程，回家较少，忽视小孩的一些情况，表示让上初中的姐姐放学后回家辅导弟弟的学习。让老师费心了！

135

今天下午，我正在办公，忽见几位女生跑进办公室，其中周靖璇同学

"三区"支教日记之望江篇

拿着一个小礼物送给我，我问她："这是什么？"

她微笑着说："老师，你打开就知道了。"原来，孩子们知道平安夜就要到来，提前给老师送来祝福的礼物。她是301班第一个送给老师平安夜礼物（苹果）的女孩。虽然她的语文成绩不是很理想，但孩子懂得感恩，这一点让我感到很是欣慰！

2015 年 12 月 24 日　　星期四

今天早晨，我一走进教室，只见孩子们纷纷送上平安祝福卡片及圣诞礼物，表达对老师的感恩之情。收到孩子们送上来的圣诞祝福小礼物，我感到很高兴。作为师者，此时，我的心中洋溢着一种潜在的、莫名的幸福之感！

窗外寒风阵阵，室内暖意融融。看到老师亲手收下他们的祝福小礼物，孩子们一张张稚嫩的小脸上挂满了兴奋、激动的神情。事后细数之，共有十四份及一张贺卡。这是四小301班学生送给老师的祝福小礼物。记得九月十日教师节那天，收到部分学生送来鲜花。我要将它们全部带回铜陵，永远珍藏起来，作为一份美好的支教回忆！

136

2015 年 12 月 24 日　　星期四

今晚是平安夜。应望江县三小支教同事周老师（男）之邀，全体支教教师齐聚四小后门的乡村大院土菜馆聚餐，享受支教集体的温暖。望江县四小的支教同事曹老师的爱人从铜陵赶过来看望曹老师，一同入席就座。席间，陆老师说有事，先行离开，李老师开车相送。晚上七点半左右，晚餐结束。因为天气下雨，其他人留在饭店打牌娱乐，我则先行回四小住处。

2015 年 12 月 26 日　　星期六

是什么迟滞孩子的思维和行动

根据本人有在五个县区教书的工作经历，来到望江县四小支教，发现孩子们在课堂上的一些表现，让人颇有些纳闷，是什么原因迟滞孩子们的思维和行动呢？思虑良久，辨别比较一些学校（规模较大）的硬件设施以及校园的结构布局，答案逐渐清晰、明朗起来。

11月份的一个双休日，我从望江县返回铜陵市，专程去趟铜陵市实验小学，仔细查看校园结构布局。同是多层教学楼，铜陵市实小却没有在各个楼层设有卫生间。全校只有一个公用厕所（冲水），位于校园的一角落。我思忖着其中的原因？显然这里面大有文章可做呀。这也许是教育人长期探索的自觉行为吧，全校学生课间上厕所，跑跑路，这不是一种无意识的自觉锻炼的形式吗？

　　再回想前年支教过的太湖县实验小学，公共厕所同样设在校园的一角。那里的孩子们平时在课堂上的表现与望江县四小亦迥异。望江县四小的四层教学楼，每一楼层均设有卫生间，这无形中减少孩子们在校期间的许多运动量。小学六年时光，又是人生成长的奠基阶段，缺少这么多的有益于身心健康的运动量，对孩子们的身体日后成长，将意味着什么？一千多名莘莘学子呀，想起来，有些令人后怕。

　　另据了解，有的班主任强调安全原因，竟然要求学生课间活动时间，不准离开教室，只可在各人的座位旁玩耍。这不更限制了学生的活动空间范围吗？

　　欣喜的是，这一现象已经得到有识之士的高度重视。现在，课间活动时间，校园里学生运动的身影逐渐频繁起来。

2015年12月28日　　　星期一

"猝不及防"的课堂发问

　　下午第一节语文课，我继续讲解《陶罐和铁罐》的故事。多少年过去了，人们找到陶罐，将它洗干净，它是那样的光洁、朴素、美观。可是铁罐却被氧化掉，再也找不到了。讲着讲着，忽然，坐在右侧前排的徐远航同学站起来，大声地问道："老师，铁罐烂掉，不见了，为什么铁矿在地下烂不掉呢？"该生是一位勤于思考的孩子，很聪明。记得开学初，他的一些课堂表现，就引起我的较多关注。课堂上能提出这样有质量的问题，立即引来同学们一阵热烈的掌声。

　　"哪位同学能够解释这个问题？"我顺势把这个问题抛给全班同学。一阵沉默之后，坐在后排的伍某某迫不及待地站起来，要求回答问题。不过，面对这样有一定难度的问题，三年级的学生难以回答。我随即对这个问题做出一定程度的课堂拓展，让同学们了解相关知识，进一步拓宽知识视野，扩大知识面。

我循循善诱，娓娓道来。老师所在的城市——铜陵市，分布有铁矿。铁矿石的主要成分是三氧化二铁（Fe_2O_3），褐色，开采出来，经过冶炼，变成铁（Fe）。铁制成铁制工具，在使用的过程中，逐渐被氧化，变成四氧化三铁（Fe_3O_4）。孩子们似懂非懂的样子。我继续讲解道，等你们进入初中、高中，学习这方面的化学知识，那时，你就会知道、明白其中的道理。三氧化二铁（Fe_2O_3）是石头样子，很坚硬，以化合物的形式存在于大自然中，无所谓烂掉之说。

　　经过老师如此这番地讲解，孩子们听后，松了一口气，似乎明白其中的一些道理，一个个很满意的样子。勤于思考的孩子，善于发问。我趁机表扬该生，老师非常喜欢这样的学生。类似的课堂发问现象，我在支教受援学校遇见过好几次，都被及时有效地利用起来！

138

2015年12月29日　　星期二

　　今天上午第二节语文课之后的课间休息时间，我带着301班的部分学生来到学校后操场中间，做起"老鹰抓小鸡"的游戏。孩子们听到老师要带他们做游戏，一个个兴奋不已、欢呼雀跃的样子。有几个男生率先兴冲冲地跑下楼梯，向操场直奔而去，我则紧随其后，一路小跑，来到操场中央，迅速分工。我当鸡头即老鸡，其他学生在我的身后，充当小鸡，大家排好队形。看到魏某某个头大，让他当老鹰，几圈下来，发现老鹰不够凶猛，同学们一致要求朱某某当老鹰。新的老鹰上岗后，表现确实不凡，只见他左冲右突，吓得身后的小鸡连连叫喊，小鸡队伍几次被冲散。孩子们惊呼不已，兴奋不已！一种久违的童真的笑容，荡漾在孩子们的小脸上。冬日的阳光沐浴着孩子们的身姿，他们显得更加矫健，一个个生龙活虎的样子。

　　操场上的一片欢笑声，引来越来越多的孩子们，我将他们分成两组，分别做游戏。孩子们在老师的引领之下，玩得更起劲、更欢了。师生同乐的欢笑声荡漾在操场的上空，笑声也引来其他班级的孩子们围观。师生课间欢快的时光，虽然短暂，却是那么的和谐有趣，师生之间的心理距离拉得更近了。上课的铃声响起，孩子们依依不舍地跑步离开操场，快速回到教室。经过一番运动过后的孩子们，上课回答问题的情绪更加高涨，一个个显得精神饱满、激动不已的样子。

从孩子们的表现来看，这或许是他们第一次和老师在一起做游戏，机会好难得呀！

2015 年 12 月 31 日　　星期四

上午第一节语文课，我正在上课，三年级语文组组长朱老师，推开教室门，通知开短会，商量一事，说是元旦庆祝一事。学校共分几个组，举行诗歌朗诵，让我提提建议。我提议需选取文学史上有一定地位的诗人的作品，从中选取。朱组长通过电脑网络搜索，拿出初稿，分发到人，征求意见，再行修改、完善。看到初稿，我即行思考其中的内容，结合望江县四小的实际，进行相应的补充。初稿内容中有充满激情和豪迈气概的诗句，触动我的思维。平时听办公室同事们说四小的前身是宝塔小学，这不由得让我联想到革命圣地——延安的宝塔。思之久矣，灵感来袭！中午时分，我在望江县政务食堂吃饭时，于餐桌上记下插入其中的语句：延河边巍峨耸立的宝塔，指引过中国革命的航程；由宝塔小学演变而来的望江县第四小学，一定能够引领望江县基础教育发展的潮流。

中年级组的语文教师利用课余时间进行排练，再配上背景音乐，共排练三次，最后齐聚阶梯教室进行表演亮相。四小的领导班子，给全体教师营造良好的人文环境，让教师们在紧张、繁忙的工作之余，愉悦身心，充分展示自己的才情，活跃教师集体团结向上的氛围。庆祝元旦的热烈浓厚气氛，在四小的校园里弥漫开来！

铜陵市其他支教教师均已回去，我留下作为代表，全程参加学校开展的此次活动。

四小的教师们在庆祝元旦活动结束之后，汇聚学校食堂，集体就餐。形式简朴，别具一格，耐人寻味。共分四桌，菜是用面盆盛装着端上来，其中有狗肉。大伙儿站着喝酒、吃菜、吃饭。宁校长热情地大声喊道："高老师，过来喝酒！"我应声而去。餐桌上，诗人虞老师第一个向我敬酒，接着，陈副校长及其他老师轮流进行。

这种朴素的堪称古老的会餐方式，不禁让人联想到家乡枞阳二十世纪八九十年代，民间普遍流行的俗称"打贫伙"的一种形式。大家聚在一起，图的就是一种气氛，一种氛围，简朴、祥和。这种形式，抑或是从远古时代流传、演变而来，再纳入现代社会一些元素，而被赋予新的时代含义。

透过这种聚餐方式，折射望江县四小领导班子厉行节约、勤俭治校的工作作风，不正符合当前国家关于"三严三实"、抓实、抓牢领导干部作风的形势需要嘛！

2015年12月31日　　星期四

今天下午，301班的学生举行庆元旦活动（各班自行安排）。我参加由孩子们自娱自乐、自编自演的班级文娱活动。

孩子们表演节目，内容丰富多样，有舞蹈、诗歌朗诵、猜谜语、吹乐器（葫芦丝）、大合唱等。魏汪玲、左昕两位同学当节目主持人。孩子们自编、自导、自演，形式活泼自在，全场不时爆发出热烈的掌声。我侧坐一旁，仔细观看孩子们的表演。其中一个节目，给我留下深刻印象。孙陈凯同学带来葫芦丝，像模像样地吹起来，教室里立时变得鸦雀无声，孩子们个个睁大眼睛，竖起耳朵认真倾听。一曲终罢，再吹一曲。下台时，在全班同学目光的关注下，在热烈的掌声中，他显得很腼腆的样子。

该生平时表现较为腼腆，当我看到他吹葫芦丝的那股认真劲，情不自禁、不由自主地笑起来。后来，张娜娜同学在她的日记里写出来"那天，我第一次看到语文老师微笑起来……"

2016年1月

2016年1月1日　　　星期五

今天是元旦，学校放假。上午，在望江县四小住宿处发了两条祝福短信（齐处长，唐部长）后，已是九点多，匆匆收拾行李，从四小出发，乘车前往安庆市，转乘高铁到达铜陵市。

因旅途疲劳及支教工作任务繁重，返回铜陵后，即行休息。1月2日睡觉一天。晚上，接到母亲让别人打来的电话，说是身体不适，要求我回去。因为今年母亲的赡养事宜归弟弟，让打弟弟的电话，安排相关医治事宜。

2016年1月4日　　　星期一

1月4日上午（周一），乘车赶往望江县四小支教。中午在县政务食堂就餐，饭后即回办公室，手机丢在宿舍。下午下班后，回到宿舍，发现手机上有许多未接电话，回拨询问，得知母亲被送往枞阳县医院救治，后转至安庆市立医院医治，诊断为糖尿病酮症酸中毒，糖尿病及低钾血症。因为有姐姐、妹妹、弟弟二人在医院陪护、服侍，又因我在外支教，遂于1月8日上午10点左右，由望江县乘坐的士赶到安庆市立医院，看望母亲。

2016年1月7日　　　星期四

晚上，我正在备课，批改学生作业，接到当医生的表爷打来电话，说是办理母亲医保卡临时卡。我立即与铜陵市梦苑社区韩副主任取得联系，后与铜陵市委组织部政研室朱主任取得联系，他很热心，其夫人在市社保局上班，当晚十点多钟，朱夫人回家后，电话告知我具体办理医保临时卡事宜。

2016年1月8日　　　星期五

今天上午，我赶到安庆市立医院内科住院部，看到面容消瘦的母亲，佝偻着腰，鼻子上插着鼻吸管。我心里好一阵酸疼。回想起几个月前，母亲的身体硬朗着，养鸡鸭，种菜园，走路小跑样子，怎么变成现在这副样子。母亲看到长子来到她的身边，自然热泪盈眶，继而号啕大哭起来。望着母亲憔悴的面容，瘦弱的身子，我忍不住落泪而下，一边责怪弟弟、妹妹没有照顾好母亲，一边心里想着如何安排好母亲医疗事宜。

上午，弟弟在我未来到市立医院之前，已为母亲办理出院手续。之后，我安抚好他（她）们，立即乘坐高铁赶往铜陵市社保局为母亲办理临时医保卡。下午四点多钟，我与在医院工作的表爷电话联系，告知我母亲的病情。他十分肯定地说，要住院继续治疗。我随即打电话给弟弟、妹妹，让母亲不要出院，继续治疗，他们不同意。当晚八时许，我只得又乘高铁赶往安庆市立医院，弟弟将母亲背下二楼，开车回家。

母亲老泪纵横，我则潸然泪下。当晚我乘坐高铁到池州（当晚没有直达铜陵东站的高铁班车），第二天早晨继续乘坐高铁返回铜陵市。

2016年1月10日　　　星期日

1月8日—10日，望江县初中青年教师教学大比武练兵活动在四小举行。周五晨起，即见校园里摆满许多自驾车。参赛教师（一百九十多人，齐聚望江县四小）早早来到四小，熟悉场地，做好赛前各项准备工作。根据工作安排，周五现场抽签，编写教学设计，周六、周日进行无生上课。四小为迎接此次活动，事先做好充分准备工作。为营造氛围，在教学楼上拉起大幅红色标语，各教室均设置为考场，阵容盛大，规格高，领导重视。参赛教师热情高涨，可谓冬练三九呀！

只可惜，我未能亲眼看见参赛教师的上课风采，因为周五上午前往安庆市立医院看望生病住院的母亲，周六返回铜陵市。

2016年1月14日　　　星期四

这段时间，母亲生病。我在望江县支教，心里总是挂念母亲的身体健康。又接近期末复习考试阶段，语文学科的教学工作很是繁重，写日记受到耽搁，次数较少。

2016年1月16日　　星期六

在望江县支教，于网络上得知铜陵市援疆教师——四中宋老师之子，身患重病，急需治疗。市教育局已向全市教育系统发出倡议，得知此消息后，遂与该校相关领导取得联系，捐款二百元，委托该校在望江县支教教师的同事代为转交给铜陵市四中工会主席，顺便开具收据，四中加盖公章。聊以表达个人的一点心意。

2016年1月20日　　星期三

中午时分，我正在宿舍批改学生作业，忽听隔壁食堂里有人大声呼喊："谁拿了我的电饭锅?"声音之大，超乎寻常。

过一会儿，我起身开门，询问校工："刚才发生了什么事?"此时，外面已渐渐飘起雪花，天气阴沉沉的，气温低得很。

校工回答道："铜陵市的支教老师曹老师让孙老师拿电饭煲去宾馆装骨肉汤，曹老师已开车回铜陵，学校提前放假。"听到校工如此一说，我很是纳闷，再过几天，就要举行期末考试，怎么会提前放假?

校工吴奶奶见我半信半疑的样子，说话的口气更加坚定："高老师，你不相信我说的话?你没有接到通知?"事情来得很突然，我冒着纷纷扬扬的大雪，连忙跑向二楼办公室，询问同事，都说没有接到放假通知。我急忙与四小的宁校长进行电话联系。宁校长告知我："安庆市教体局已发出通知，极端恶劣天气提前放假。望江县教育局将于今天下午发出通知。"我赶回宿舍，打开电脑，查看相关通知，确认安庆市教体局提前放假的通知之事。我又与几位铜陵市支教同事取得电话联系，大家都在宿舍里收拾行李，纷纷做好赶在大雪降临之前离开望江县的准备工作。见到如此情状，我亦赶忙收拾行装，做好出发前的各项准备工作。无可奈何，周三下午301班的第三节语文课，是本人的教学课时，学校暂时没有通知放假，我只得干着急、等待呀。

见我还没有离开望江，办公室的同事朱老师告诉我："你现在还不走，明天就走不了。"

下午第二节课的课间时分，学校通知各班班主任开会，布置应对极端恶劣雨雪天气，学生提前放假事宜。直到快要放学时，班主任老师才来到教室，向学生布置提前放假事务。我已给学生布置好语文寒假作业之类的事务。离开教室之前，再次与宁校长通电话，宁校长说："高老师，你还没有走啊？县教育局已下发提前放假通知。""支教老师的离校返回，需要接到支教受援学校通知方可。"我回答道。

此时，鹅毛般的大雪，已纷纷扬扬地飘落着，极端恶劣天气来临前的征兆已经显现。我赶紧打点行装，匆忙踏上返回铜陵的路途。（因为刚购买的电火桶的发热管烧坏，临时赶到望江县雷池菜市场购买处调换，老板的态度很热情，立马办理换新。）与望江县三小的铜陵支教同事李老师取得联系，乘坐她的自驾车，冒着漫天风雪，趁天色未晚，沿着高速公路，直奔铜陵市。于当晚九时多在铜都大道店门口岔路下车（付一百元车费，连同上次），打的返回铜陵市梦苑小区住处。

2016年1月23日　　星期六

据天气预报，最近气温将近历史记录的严寒极值。返回铜陵市后，我便开始担心母亲的身体健康。弟弟把母亲从医院接回家，看到母亲能吃一些饭，就丢下母亲一人在家，夫妻二人又到江苏打工、做生意。他们不懂母亲糖尿病的病情以及日常起居用药、打针等情况。我打电话询问母亲，母亲却是安慰我："我一人在家很好，你们把我丢惯了，不要紧！"我不放心，一日一次电话。再过一日，母亲在电话里大声哭泣，说自己晚间摔了一跤，流了不少血，要我们赶快回去。

放下电话，我即简单收拾行李，带着电热毯，急忙乘车赶到弟弟家。母亲见到我回来，连忙拉住我的手，眼睛仔细盯着我半天时间，一副面容憔悴的样子，我的心里好一阵心酸！

夜半时分，正在熟睡中的我被一阵轻喊声吵醒。我赶忙从床上爬起来，看到昏暗的灯光下，母亲正站在过道里，嘴里不停地嘟囔着。后来，我查看有关糖尿病的书籍资料得知，母亲的血糖升得很高，浑身难受，全身严重脱水。夜里，她坐在马桶上，小便随时下解，嘴里十分干燥，用自来水不停地擦洗嘴唇，样子很难受，嘴里要呕吐，却又吐不出来，胸腔里闷得难受……这些都是糖尿病严重时的症状。她不停地要我打电话给弟弟、妹妹。弟弟在电话里跟母亲说：他过一天就回来。没想到，弟弟拖了三、四天，才从江苏回家，导致母亲病情加重。

第二天上午，我请隔壁的两位老奶奶（高祖队的熟人等人）给母亲洗洗澡、换衣（糖尿病人尿多，尿湿衣裤，气温零下十度），上床睡觉。安抚好母亲，我于上午十一点多钟返回铜陵。

2016年1月24日　　　星期日

语文学科总结

"三十八年过去，弹指一挥间。"毛泽东在他的诗词中，如是感叹岁月的流逝。来到望江县四小支教，转眼间，已近期末，回顾本学期的语文教学，感触良多，现总结如下：

一、学习新课标，认真制定语文学科计划。

学期伊始，语文教研组召开教研会议，布置学习相关文件及新课标（2011年版），以及通报上学年度四小语文教学和学生成绩的相关情况，对四小的语文教学现状有着基本的整体了解。个人阅看新课标中所涉及的本人所授年级所在学段的年级目标要求及做法，浏览语文教材，通览教师教学用书，初步了解301班学生的语文学科整体状况，结合学生的身心特点和语文基础现状，制定切实可行的详细的语文教学计划，并报学校教研组、教务处审批通过，付诸实施。

二、用心备课，认真上课，力求向课堂四十分钟要质量。

遵照受援学校的教学管理要求，课前精心备课，动态把握学情，根据学生的身心特点，编写出切实可行的课时教学设计（本学期已写两本备课笔记），充分运用现有的"班班通"教学课件于日常教学之中，激发学生学习语文的浓厚兴趣。倡导"自主、合作、探究"的学习方式，调动学生学习的积极性、主动性，力求向课堂四十分钟要质量。积极参加支教受援学校的教学教研活动，多次进入同行课堂观摩听课，并参与评课，和大家齐聚一堂，相互学习，取长补短，共同提高。根据学校安排，本人利用多媒体课件执教支教公开课《盘古开天地》，受到学校领导和同行的好评。

扩大学生阅读量，充分利用学校图书室的现有藏书，学生人手一册，看完相互调换，做好读书笔记，摘抄好词佳句，让学生从小养成良好的读书习惯，为终身学习奠定良好基础。

145

『三区』支教日记之望江篇

认真批改学生作业，针对校内关于省编《语文基础训练》的学生作业布置的不同做法，"先讲后改"还是"先做后改"？我则鲜明表示自己的态度，如果"先讲后改"，教师批改作业，自然轻松多了，可是长期这样做，容易较多地束缚学生的思维，不利于培养学生的创新思维能力。重视学生学习行为习惯的养成。每周坚持写多篇日记，锻炼学生的习作能力，力求希望看到"今天的学生不是昨天的学生"。

三、做好培优补差工作。

全班47名学生的语文学科程度，参差不齐，针对这种情况，采用多种方法，做好培优补差工作。各小组成员之间结对帮扶，鼓励学生积极参与，帮助他人，提升自己。"赠人玫瑰，手留余香。"对于取得进步的同学，则奖励小红花，对待个别基础较差的同学如季某某、何某某等同学，利用课余时间重点补缺补差，施以耐心、爱心与恒心，促其从小养成良好的学习行为习惯。充分调动全班学生学习的积极性和主动性，力求让每位学生在各自原有的基础上都有不同程度的提高。

四、做好家校联系工作，形成教育合力。

家校联手，共同努力，形成教育教学合力。本学期，通过家长会、随机面谈、电访等多种形式与学生家长进行沟通，取得联系，向家长及时反馈，让家长及时了解孩子在校的语文学习情况，跟踪督促，形成教育教学的合力，给孩子们营造良好的学习氛围。

"年年开花花不同。"我将倍加珍惜支教机会，不断探索适合自己教学风格的教育教学潜在的规律，争取为国家培养更多的合格人才，贡献自己应有的一份力量！

2016年1月26日　　星期二

弟弟夫妇从江苏返回家乡，路过铜陵。我让他带回我在铜陵购买的血糖仪，回去给母亲监测血糖。我赶到铜陵长江大桥附近，将东西交给弟弟。

2016年1月27日　　星期三

今天上午，我打电话给弟弟询问母亲的病情，弟弟说母亲的病情严重了，不能说话。我感到事态严重，当即安排弟弟用自家的车子送母亲去原治疗医院——安庆市立医院救治。弟弟不同意。我将事情告知远在杭州的舅爹，让他与弟弟说，弟弟也不同意。情急之下，我急乘大巴车回老家，包车（二百元）将母亲急送安庆市立医院，进行抢救治疗。当晚，医生下病危通知书，找我谈话。我语气坚决、斩钉截铁地告诉医生：全力抢救、治疗。直到第三天上午，病危中的母亲才慢慢睁开双眼。整整八天，我一直守护在母亲的病床前，寸步不离，日夜陪护，以致晨昏颠倒，昼夜不分，以尽长子之一片孝心。

2016年1月28日　　星期四

1月27日下午，我在急送母亲赶往安庆市立医院抢救的路途上，铜陵市牌照的出租车载着我和母亲开到枞阳县城岔路口后，说要给车子加气，遂临时再折腾，换乘别的出租车到达安庆市立医院。与望江县委组织部唐部长取得联系，他让我找该院的魏医生帮忙。熟人好办事，母亲很快被推进内科急诊室，经医生急诊诊断为：糖尿病酮症酸中毒。例行检查，CT拍片，抽血化验，后被送进综合楼住院部二楼内分泌科住院治疗，急诊40床。经住院部医生进一步诊断为：糖尿病非酮性高渗性昏迷，并下病危通知书，让我签字。

第二天上午九时许，主治医生程医生和一位年轻的女医生过来给母亲插鼻吸管，第一次误插入气管，打进少许冷开水，母亲嘴里涌出一些痰块；第二次，程医生亲自动手将鼻吸管插入食管，进入体内较长的管子，并抽出一些胃液。医嘱，每隔一小时打进米糊及冷开水少许，每次100ml（两吸管）。

下午，化验结果出来，母亲体内的钠很多，须及时排出。28日这天，交两次钱款，共5500元。内分泌科汪主任亲自临床指导，嘱咐我，每隔10—15分钟，注射200ml冷开水，我遵办，一直守护在母亲身边。傍晚时分，看到躺在病床上尚未苏醒的母亲的神色较之前好多了，我方才松口气，一直紧张的心情稍许放松一些。

第三天上午，母亲才缓慢地、吃力地、艰难地睁开她那双饱经风霜的疲倦的双眼。每次医生打针，我都在旁边哄道："没事的，有我在旁边呢！"母亲听到我的话，才肯配合医生、护士接受治疗。

整整八天，我全程守护在母亲的病榻旁，陪护到底，医护人员耳闻目睹全过程。出院时，内分泌科汪主任对我说："我见识的人很多，像你这样在母亲身边尽孝的很少，并和我谈及他的良好传统家风。

母亲此次住院治疗，共花去一万一千多元，全部由我一人在医院结清医疗账务。

2月3日上午，我给母亲办理出院手续。母亲打电话给弟弟，用车子搬来她的所有物品，来到安庆市立医院再说，姐姐随车同来医院。我带着母亲乘坐高铁到达铜陵，一路上，得到社会上好心人的热情帮助。上下高铁站，均有好心的年轻志愿者推着轮椅，帮助母亲上下车。

『三区』支教献我力

2016年2月

今天上午，我给母亲办理出院手续，主要原因是相邻病床的陪护家属，严重咳嗽，我担心母亲被交叉感染。二则春节来临。弟弟用车子将母亲送到安庆市高铁站。我带着母亲乘坐高铁返回铜陵市。

一路上，铁路部门的热心志愿者给予热情帮助，上下火车，皆用轮椅推送，尤其是在铜陵市高铁站发生的那一幕，令我感动不已。高铁车辆一停稳，我搀扶刚出院、身体脆弱的母亲，准备步出车厢时，只见站台上的三位列车员早已准备好轮椅，等候我母亲坐上，几个人一起帮忙，把母亲抱上轮椅，推送出站台，并且继续帮忙招呼出租车过来，直到出租车载着我们母子二人离开车站。

当时的情景是那么的感人，我有仿佛久别重逢的孩子回到母亲的身边的感觉。枞阳县划归铜陵市管辖，社会人际关系也在悄然发生变化呀！

2016年2月8日　　　星期一

除夕傍晚时分，我正忙着准备年夜饭，在厨房里忙前忙后，忽听到手机的铃声响起。接听之，原来是支教受援地——望江县四小301班的学生张梦瑶同学打来的电话，她向老师问候："新年好！身体健康，万事如意！"

我连忙回话道："祝你和全家人新年快乐，幸福安康！"想必她的家长就在旁边听着老师的祝福话语。

在除夕之夜，接到支教受援地学校的学生打来的新春问候电话，我心里感到好一阵暖意。接到电话的那一瞬间，我努力地回忆着是哪一位学生？小家伙在电话那边嫩声嫩气地说"我是张梦瑶！"哦，是一位蛮可爱的小女孩，好像还是独生子女。上课回答问题，积极举手发言。该生的平时表现及其个人形象在我的大脑中立马显现出来。良好的家教在小孩的身上得到很好体现，从小受到良好家教、家风熏陶的孩子，其综合素质自然高些。

我想在新学期开学之际，当着全班同学的面，专门奖励小红花给张梦

「三区」支教日记之 望江篇

瑶同学，让全班同学为她鼓掌。教育孩子们从小懂礼貌，懂得感恩，争做全面发展的好学生。借助此事，在全班营造良好的育人氛围。

2016年2月11日　　　星期四

母亲于2016年1月份三次住院（枞阳县医院、安庆市立医院）治疗糖尿病及其并发症，花去近两万元费用。第一次住院时间是2016年1月4—8日。当时，我在望江县支教。母亲病情未痊愈，弟弟将其背出医院，开车回家。过几天，弟弟全家人离家外出江苏，只留下母亲一人在家里。老人身体有病，无法正常料理日常起居生活，时间一长，自然加重病情。

第三次抢救治疗（1月27日—2月3日），在护士的提醒下，我不断安抚尚在半昏迷状态下的母亲，让其积极配合治疗，病情得到控制，继而进行巩固治疗。8天的吊水治疗，母亲腿上的针孔出现感染，护士用50%的硫酸镁溶液外敷。出院后，一直坚持外敷，效果较好。春节期间，两次与安庆市立医院的汪主任通过短信取得联系，远程指导，进行治疗，经常测血糖，将数据通过手机短信发给他，后去领取胰岛素注射用笔，医生配好每日的药水剂量。每天，我给母亲用药，积极配合日常规治疗。

正月初八下午，我乘坐高铁赶往安庆市立医院，领取母亲病案（此次病情很重）送给市社保局医保部门，作为给母亲申请慢性病补助的材料之用。因为母亲的血糖升高，我于正月十三日下午，再次赶到安庆市立医院，领取打胰岛素的专用笔，购买专用一次性针头。汪主任配好长效胰岛素每天十个剂量。当晚九点多钟，乘坐高铁返回铜陵。

这个寒假，由于母亲生病，我多次来回奔波于铜陵、安庆两市之间。本学期开学在即，去望江县支教出发前，需要稳定母亲的病情，才能安心做好支教工作。

2016年2月22日　　　星期一

母亲刚出院不久，身体需要调理，遵照医嘱，每天需注射胰岛素，同时监测血糖变化，需要有人照料。迫不得已，我通过手机短信，向望江县支教受援学校领导请示汇报相关情况：我母亲于一月份、二月份两次入住安庆市立医院治疗糖尿病，第二次，昏迷抢救三天（我全程陪护8天），用去近两万元。现处在身体恢复阶段，需要调养、调理。我准备带她来望江县，利用现有的住宿条件，不给学校增添麻烦。出门锁，进门关。待到恢复一定程度，可在墙角种点蔬菜，活动筋骨。本人尽量做到不影响工作！

得到支教受援学校领导的同意和支持。

晚收到支教同事的短信通知，大家过完元宵节，一起去望江县支教上班。

2016年2月23日　　　星期二

今天早晨，携病母前往望江县支教（部分行李委托开自驾车的支教同事曹老师顺带到望江县）。在铜陵火车站乘坐高铁到达安庆市。再转坐大巴车抵达望江县。正月十六日，外出的人很多，路上车辆拥挤，堵车很严重，直到下午一点多钟才赶到望江县四小。母亲晕车很厉害，一路上呕吐不止，身体显得更加虚弱。

下午下班后，宁校长、陈副校长来到我的住宿处，帮我架好床铺（大学生实习时用的铁架床）。

当晚，望江县委常委组织部唐部长很客气，宴请本人、四小的宁校长、钱副校长（身患重感冒，未能参加）、陈副校长等人。席间，唐部长很谦和，对教育系统的人士很是尊重，礼贤下士，"哪一个人不是教师教出来的！哪个人不是校长管出来的！"言辞恳切，其尊师重教的情怀，令人为之感动。

堂堂的县委常委，没有丝毫摆架子。席间，唐部长自然谈到当前的组工工作，对于干部提拔的严格组织程序，如个人重大事项报告制度，房产面积，个人年龄等等，谁推荐？谁拍板？出了问题，需要倒查……现在的组织工作纪律比以前严格多了。

听到唐部长的一席话，我分明真切地感受到目前国家形势、社会风气正在大力好转，人心向上、向善。在支教受援地感受到国家政策形势的喜人变化，令人欢欣鼓舞，备受感动。

当晚，共有七人参加就餐，唐部长带来县委组织部办公室的吴主任、小张及司机，四小的宁校长、陈副校长、我等三人。钱副校长因为身患重感冒，未能参加，让我代向唐部长表示歉意！

151

「三区」支教日记之望江篇

晚餐结束时，唐部长吩咐我捎带一些菜给母亲，并表示抽时间过去看看。这让我很感动。

2016年2月25日　　星期四

经过一段时间的实践，服侍病中的母亲，精力有限。母亲身体不舒服，常常夜间呻吟，凌晨咳嗽，很是影响我的休息。遂向学校领导提出：近段时间实践，照料母亲，精力有限。鉴于情况特殊，恳请学校领导能否于本学期安排我教常识课，减轻本人的身心负担和对学生学业的影响，以体现支教受援学校对支教教师的人文关怀和对学生学业负责的态度。

望江县教育局领导及学校领导，分别做我的思想工作，让我克服眼前困难，继续教授301班语文。

2016年2月26日　　星期五

152

母亲身患糖尿病，身体不适，常作呻吟状。每天晚上，临睡前，均需注射胰岛素。由于作息时间的不同，影响我白天上班。没有办法，我只好每晚搬至隔壁的食堂就寝，第二天早晨，再搬回被褥等。这样，一直持续几个星期，很是麻烦。遂用许多纸箱临时隔出空间，以作卧榻之用，睡在铁架床（以前实习大学生睡床）上，仿佛又回到当年的学生时代。

携母支教，出于无奈，母病呻吟，常伴咳嗽，很受影响。艰难的支教生活就这样挺过去吧。原想请领导改派他人支教，考虑到这其中的手续很是烦琐，给双边的领导增添很大麻烦，思虑再三，还是自己硬挺着，坚持下去吧。

携母支教，实属不易，母病呻吟，常伴咳嗽，夜以难寐，很是影响休息。这段时间，我的身体生物钟都被打乱了。

2016年2月26日　　星期五

由于上学期期末遭受极端恶劣雨雪天气影响，期末考试推迟至本学期开学初进行。2月25、26日两天考试，我与外语教师周老师同堂监考。（2月26日上午8∶00—9∶30　605班语文；10∶00—11∶30　605班数学；下午14∶00—15∶00　605班英语）全天监考三场。考场设在科学实验室。

2月26日下午，英语考试结束后，进行阅卷。本人参加阅卷，一年级语文和四年级语文，采用流水作业的方式，下午的阅卷任务很重，一直进行到下午五点多钟，方告结束。总共四百余份试卷。大家相互分工协作，认真阅卷，共同努力，顺利完成上年度期末试卷的阅卷任务。

因母亲身体健康原因，已有两周时间未回铜陵市。

2016年2月29日　　　星期一

鲁迅先生在他的《藤野先生》一文中深情地回忆自己年轻时代在日本留学时的老师——藤野先生，对自己一生的重大影响。读后，至今令人沉思不已。

打开记忆的闸门，往日师者的形象一幕幕映现于眼前。中学时代的一位老师形象在我的头脑中逐渐变得清晰起来。抹去时间的灰尘，时光过去三十余年，往事一件件，一桩桩……历历在目，犹如昨天。

当时就读中学离家有十余里路，住校，每周回家一趟，周一带菜罐到学校，碗筷寄放在老师的房间，便于一天三顿就餐。老师待生如子。煤油灯光下，师者的亲切指点，生活上的无微不至的关心，点点滴滴，记在少年的心头，永生难忘。以至于自己参加工作以后，老师依然在关注我，偶尔路上相遇碰面，他总是语重心长地谆谆教导，指点人生路，让我安心工作，常常说得我低头不语。

他当时是出于一番好意，改动了我的升学志愿，对我的人生产生多么大的影响。试想，如果不是当时的他的做法，我的人生之路该如何？还是人生道路有此弯曲？直到现在，我不得知！清楚记得，当年的中考录取发榜后，父亲方告知我事情的缘由。年纪尚小，只好遂长辈意愿，继续进军"铁饭碗"。几度挫折几番勇，遂了师长意愿。是师长的一种溺爱，铸就了我的人生路。在以后的若干年里，我逢人说到此事，总是带着怨怪之气。我与师长见面的机会越来越少。后来，我离开家乡，奔赴铜陵市工作。几度风雨，几番拼搏。师长的情谊，让我的心里感到犹如打翻的五味瓶，难知个中味道。

师长精深业务，勤勉工作，爱生如子，事业心强……这些无不在我心灵深处烙下深深的印痕，对我产生深刻而又良好的影响！在以后的人生道路上，我亦步亦趋！

2016年3月

2016年3月3日　　星期四

　　望江县四小少先队大队部布置任务，让学生全员参与书信比赛。每位学生收取一元钱，上交学校少先队大队部邢主任。要求3月中旬完成此项任务。每人发放一张纸（印刷品），按照要求写信。因为三年级学生尚未学习书信习作，因此，我也就没有对学生作过多要求，重在参与即可。于3月中旬，我将全班学生上交的47元钱及书信作品交给邢主任。那天，她来到二楼三年级组办公室，我亲手交给她。

154

2016年3月4日　　星期五

　　遵照医嘱，母亲的血糖需要经常测试。年初，从铜陵市带过来的测血糖专用试纸已用完，请宁校长与三小的支教同事刘老师联系，双休日由铜陵药店购买带来望江。支教同事汪老师于周一下午顺带给我，送到我的办公室，我则让他带钱给刘老师，代为表示谢意！（望江县三小的支教同事刘老师请大家晚餐吃饭，手机信息未能及时收到，加之母亲生病初愈，不便离开，未去参加。）

　　上午，宁校长站在教学楼（大智楼）二楼走廊上，与我交谈道：望江县分管教育的副县长带着教育局局长、财政局局长、人社局局长前往安庆市申报望江县义务教育均衡发展，力求今年通过验收。

2016年3月9日　　星期三

　　今天下午，学校召开本学期语文教研组会议，语文组刘组长布置一项任务，动员学生征订七彩语文杂志，给与会每位老师各发了一张宣传单。我向301班学生做了动员宣传，鼓励学生订购，平时多看鲜活的杂志文章。两位学生交了钱（48元／年）。

　　过了两周，七彩语文刊物，如期而至。发给两位学生，全班同学都带着兴奋的神情，眼巴巴地看着别人新到的刊物，都想一睹为快。我趁势开导道："自己订购的同学先看，看完后，再让其他同学间相互借阅，互帮互学，也体现出同学之间的友谊！"孩子们听老师这么一说，情绪渐渐变得平和下来。

2016年3月10日　　星期四

因母亲身体健康原因，已有两周时间未回铜陵。今天下午，返回铜陵，本想参加本学期的普通话测试，人已来到铜陵市教育局一楼报名处，办理相关报名手续，当时，想起去年九月份，支教同事汪老师参加测试，便与之电话联系，他告知检测没有多大意义。临时决定放弃。

后赶往市社保局，感谢相关人员，为母亲生病住院办理报销事宜。办完事情，回到梦苑小区住处。时间已是傍晚六点多钟。

2016年3月16日　　星期三

3月16日上午，全国人大会议结束，届时李克强总理会见中外记者，并回答记者提出的问题。本人每年度都抽出时间，准时收看。今年在望江县支教，只得自己另想办法收看。上午第二、三节课，我分别与数学老师戈老师、体育老师张老师协调调课。第三节的思想品德课，我原计划和学生一起收看时政节目，利用"班班通"电教设备，亦是很妥当的安排，对学生进行时政知识教育。可是，我在调试301班"班班通"电脑设备时，发现播放器无法安装，不能实时收看时政节目。负责学校电脑设备的汪老师介绍道，全校的班班通设备皆没有安装。

得知这一情况之后，我急忙与体育教师张老师协调调课，并向钱副校长汇报此事，得到同意，我利用自带的笔记本电脑收看李克强总理举行的例行年度"两会"的记者会。

下午上班之前，301班班主任老师在走廊上遇到我，告知上午的体育课下课时，魏某某的胳膊摔骨折了。我随后进班调查，其他同学告诉我当时的一些具体情况。体育课下课时，魏某某奔跑回教室，在楼梯口拐弯处，徐某某用腿伸出去勾倒正在奔跑的魏某某，该生当场摔倒，导致胳膊骨折，被送往望江县医院进行救治。傍晚时分，我给301班体育张老师发了短信："下午听戈老师说，上午的体育课下课时，学生给你添了麻烦，很是抱歉！"

对于此事的发生，我有些思虑，毕竟是在外支教。事后，我进一步了解善后处理事宜，找到徐某某问道："你犯了这样的错误，有没有其他老师对你进行批评教育？"

徐某某回答道："没有。"

我听后，思考一阵子，调侃似的问道："那你以后还可以做类似的事情啰。"

"嗯，不能。我爸爸骂了我。"徐某某使劲地摇头。看来是及时有效的家庭教育对当事小孩的思想产生作用。

小学生在校期间犯错误，当事人教师没有对学生进行及时有效的教育，这种做法，有些令人匪夷所思。试想，这会给三年级学生的思想上产生什么样的负面影响？于班级管理带来一系列的连锁反应吗？我忧心忡忡。果然不出所料，在这之后的一段时间里，301班的孩子们接二连三地发生打架等伤及他人的事情，不断有学生家长来到班主任处接受处理孩子的事情。我亦借此机会与家长进行接触、了解、沟通，反馈小孩在校期间的一些表现。

教育无小事。尤其是正在成长中的小学生，需要教师耐心、细致地关注孩子的在校期间的一举一动、一言一行。四十七名学生组成一个班集体，犹如小社会，需要良好的班规班纪和班风，孩子们身在其中，方能健康快乐成长！别看孩子们年龄虽小，但都有自己的小想法。教育是潜移默化，润物无声的。"榜样的力量是无穷的！"如何在孩子幼小的心灵里积累更多的正能量，需要师生之间在日常学习生活中共同配合进行。

2016年3月16日　　星期三

望江县四小钱副校长于3月16日上午课间休息时间，购买雪源康、燕麦片、玉米糊等营养品，前来住处看望我母亲，宁校长陪同，体现了支教受援学校领导对支教教师的人文关怀，让我备受感动和温暖！

2016年3月20日　　星期日

一年一度的假期继续教育，给教师们以"充电"学习的机会，是国家为构建终身学习体系为教师搭建的平台，对形成良好的社会学习风气，大有裨益。

今年的继续教育学习内容，丰富多样，涵盖面广，既有国家教育法律法规政策层面的宏观内容，又有课堂教学的具体案例及其评讲的具体细节内容；既有国外的一些教育教学经验介绍，又有传统的国学如《论语》等方面内容的具体阐述……北京、杭州等南北不同教学流派风格的相互交融，给人拓宽教学眼界，以茅塞顿开之感。

专家、教授的理论讲解，高屋建瓴，明理剖析，透彻明了，一线教师的理论与实践相结合的生动课堂，给人诸多启示，似曾相识，又像指点迷津。专家们对教育教学理论的执着痴迷，一线教师专注课堂的孜孜以求，辛勤耕耘，两者交相辉映，相得益彰。让学员在学习互动的过程中，张弛有度，乐学不疲。

教育教学观点的碰撞，容易引发人们多角度、全方位地对教育教学行为进行思考。随着现代国民文化综合素质的不断提高，家长对孩子的家教能力亦在日益提升。教师对学生的课堂引导及学习能力同样有新的更高的要求。因材施教，分层施教，减轻学生课业负担……素质教育对教师教书育人的本领提出更高要求。在有限的四十分钟课堂上，最大限度地满足学生对知识的渴求。课堂的知识容量恰到好处，让学生学得兴趣盎然，多种感官参与其中，寓教于乐，乐学不疲，身心愉悦，健康快乐成长！如语文课的生字词教学，大部分学生在预习阶段就已在家长的辅导下，能够轻松加以解决，教师在课堂上就应该对课文的内容进行有效拓展，开阔学生的知识视野，扩充知识容量，丰富学生的认识，张扬学生的个性，培养学生的创新思维能力。多种教学方法的综合运用，不断提高学生的语文综合素养。

"授人以鱼"还是"授人以渔"？方法指导得法，尤为重要。

"问渠哪得清如许，为有源头活水来！"教师只有在教育教学实践中，不断躬身学习，才能永葆知识的青春活力，"授人以渔"时，才会使得学生甘之如饴，才会乐见小苗健康茁壮成长！

2016年3月20日　　星期日

周二下午的第二节课，我正在教室里上课，忽听有人敲门，301班班主任戈老师告诉我，让个别学生到操场上去拿电焊被损坏的坐凳。我循声望去，只见一楼（大智楼）阶梯教室边的操场空地上，强烈的电火花急闪，很是刺眼。原来是学校请来的电焊工正在校园里焊接破损的学生课桌椅。一群学生围在旁边，校领导亦站在一旁。看到这种现象，我心头一惊，不禁脱口而出："强烈的电焊火花，极容易损伤小孩的眼睛！怎么能在校园里进行电焊操作呢，说严重些，这不是漠视学生的生命健康吗？"戈老师正在教室门口，听到我如是说。（301班的魏某某在体育课下课时，受伤几天之后发生的事。）作为支教教师，对支教受援学校的一些非正常校园现象，不能熟视无睹，我有责任、有义务，提出自己的合理化意见和建议，以供支教受援学校领导参考和采纳，以利于学校工作管理。

校园安全，是学校工作的头等重要大事。电焊工在工作日的校园里进行电焊操作，刺眼的强烈的电火花四溅飞落，很容易闪击到在一边围观、感到好玩的年幼的小学生。校领导当时可能考虑到，将电焊工请到校园里操作，会省事一些，未能料及校园安全问题。

"望江精神"中有"开明"一词，校领导后来意识到这一点，立马改变做法，但见以后的事情便可知晓。欣喜地看到，在校园外修好的课桌椅，被车辆从校外运进校园，整齐地摆放在阶梯教室门口，任随学生们领取。校园里秩序井然，井井有条，一派祥和的喜人景象！

透过这一现象，支教受援地区的人们对校园的一些安全问题认识不够，但领导意识到这一点之后，立马纠正，不失为开明之举！

2016年3月23日　　　星期三

三年级下册语文第二组课文第8课《路边的橡树》，讲述的是人们正在修筑一条笔直的公路，为了保护一棵粗壮、结实、挺拔的橡树，筑路工人和工程师共同努力，经过精心设计，在不改变筑路计划的前提下，让公路在橡树边拐了一个马蹄形的弯儿。

备课时，我仔细琢磨，能不能让学生用简洁的语言概括文章的主要意思？想着想着，忽然，我的脑海里跳出六个字："路让树？树让路？"不就是最好的对课文内容进行的浓缩和概括吗？一种豁然开朗之感，油然而生。这让我想起心理学方面的相关知识，经常思考某一问题，灵感是会突然光顾的。爱迪生就曾说过，灵感是百分之九十九的汗水……

自己作了充分的课前准备，且感到有突破创新之处，我在课堂上则可大肆发挥，引导学生积极思考。问题提出之后，教室里一片寂静，孩子们立马进入思考状态，每个人的头脑都在紧张地思索。见此课堂情景，我略加点拨，犹如干柴之上浇油点火，强烈的火焰就会喷涌而出。"树让路？路让树？"我刚一出口，孩子们异口同声地回答道："路让树！"那清脆响亮的声音里分明让人感觉到孩子们是在积极思考之后做出的急切回答。显然，孩子们也为他（她）们的集体响亮之音，而感到异常兴奋不已，每个人的小脸上映出红润润的光亮之色，童言可趣，童真盎然！

课堂之上，师之问题，引导得法，思维妙境，不难产生！

2016年3月26日　　星期六

159

母亲生病，需要每天定时给她打针，以稳定身体血糖状况，减少并发症的发生。我利用每天的课间操时间，学校的广播喇叭一响，母亲就知道需要注射胰岛素，于是，我就从办公室回到宿舍，做好打针前的各项准备工作。母亲的身体状况欠佳，行动较为迟缓，每次打针注射，我都要多费口舌。人老话多，唠叨没完，很是烦人，没有办法，只得忍受。她经常嫌我有时打针手法重，不比医生……

由于母亲的身体健康原因，需人照护，课间操时间，我常伴母亲，亦向学校宁校长反映，取得领导的理解和支持。

在课堂上，我亦向学生讲明一些原因，要求学生回去告诉家长，本学期，语文老师的情况特殊，精力有限，家长们在家需要多加督促小孩的作业完成情况，以减轻老师的一些思想负担。孩子们懂事的不断点头，似乎理解老师的这一做法，这也让我的心里感到些许安慰！

本学期，望江县加大教育均衡发展的宣传力度，各项工作均在启动并加速推进。学校的校园校貌正在不断发生新的变化，硬件、软件设施同时进行，各项宣传标语张贴校园多个地方，运动场跑道拓宽规范，学校四周围墙粉刷一新，"阳光体育班班有特色，人人参加"等字样格外引人注目。"语言文字规范化"市级课题的重要内容之一，就是要营造良好的校园文化氛围。校园橱窗内容丰富。学校办学理念：尊重学生生命，对学生的一切

『三区』支教日记之望江篇

负责；教风、学风、校训等大幅宣传制作版，高悬教学楼墙体之上，映入走进校园的每一位莘莘学子眼帘。通往学校后操场的教学楼过道的两边墙壁上，也重新布置义务教育均衡发展的政策措施宣传贴布、望江县四小的发展简介概况等。校园里部分道路硬化，停车位有序醒目划分等。

校园的绿化工作正在积极稳步推进中。园林工人师傅们利用花草树木的春季生长初期的有利条件，加大维护修剪力度。经过修剪后的整齐的风景树中间，均移栽名贵的银杏树苗，相互衬托，错落有致，形成校园的亮丽景观。校园四周的外墙旁边的空地（以前被个别教师利用课余时间开辟为一块块菜地，与校园环境很不协调）都已被平整为绿化带，打造绿色校园。

学校的各个办公室重新布置美化，各项制度上墙，盆景摆放整齐。组织学校中层管理人员定期进行评比。每周一下午的最后一节课，开展全校性大扫除，各班均积极行动起来，孩子们参与卫生打扫的积极性被充分调动起来。窗明几净，一尘不染的卫生效果逐渐显现。各班班主任均在积极行动，各班的教室重新布置美化，功能较为齐全，班级文化氛围、特色彰显出来，为孩子们营造良好的读书学习环境。同时也在迎接学校的检查、县教育局的抽查，为望江县义务教育均衡发展的验收，做好扎实的基础性工作。校园里一派欣欣向荣的景象，师生齐努力，同舟共济，望江县第四小学的义务教育均衡发展的各项迎检工作正有条不紊地积极向前推进。

2016年3月28日　　星期一

三月份，病母在新的环境下，常哭泣、闹腾，让我无所适从，我的思想也因此一度变得消极。下午下班后，看看电视连续剧《传奇皇帝朱元璋》，以消解心中之烦忧。就这样，看了一段时间，后来，仔细想想，怎不能一直这样下去吧。领导做我的思想工作，克服困难，坚持下去。思前想后，还是要振作起来，不能意志消沉，要对得起上级领导对我的信任，不负支教重托。既然病母都带来支教受援地望江县，就更应该迎难而上，出色地完成支教工作任务。于是，我又拿起手中的笔，在课余时间，坚持勤写支教日记，记下支教期间发生的点点滴滴之事，体会其中的酸甜苦辣，以丰富自己的人生经历，砥砺前行，不忘初心，鼓舞志气，从消极的思想状态中调整过来，继续昂首阔步迈向前！

2016年3月29日　　　星期二

在教授三年级语文下册第三组习作内容时，我先向学生提示习作要求，再提供多篇习作范文，借以打开习作思路，活跃学生思维。在读到范文中的语段"人见人爱，花见花开，车见车爆胎"时，教室里出现从未见过的课堂现象。先是有同学在座位上窃窃私语，紧接着便是全班同学的阵阵笑声。我当时还没有弄清楚是怎么回事，只见有反应快的学生在下面大声喊起来"车见车爆胎"。原来，孩子们对诙谐、幽默、风趣的语言产生浓厚的兴趣，先有个别敏感的学生体验出来，再感染给全班同学，产生课堂集体效应。

孩子们对语言现象的敏感程度，让我始料未及，感到十分惊讶。这是我在课堂上很少见到的一种思维现象。伴随着阵阵爽朗的童趣笑声，学生们的思想共鸣、同频共振之效立显。

我很喜欢关注课堂现象，特别是学生思维出现异常状态之情景，我会大加赞赏、欣赏且细细品味，有甘之若饴之感。潜藏在学生生命体之内的思维、精神层面的成长现象，让人产生无限遐想的空间，进入其中，潜心体悟，自然有美不胜收之快感，浑身又像用熨斗熨过一样那种服帖之舒服、痛快淋漓感觉。静听小生命个体在拔节生长的生命之声，属于思维层面，却又附着人之血肉躯体之上。

2016年3月30日　　　星期三

本学期的第二次语文教研组会议如期举行，地点设在学校大阶梯教室，主要是听取教师外出听课汇报。上周五至双休日，钱副校长带领部分语文教师前往合肥听课、学习，走进乐学课堂（安徽省第二届小学语文"名师讲坛"小学乐学课堂观摩活动）。会议由语文教研组组长刘老师主持，钱副校长等人到会讲话。

汇报会上，两位语文教师作为此次听课代表，向与会语文教师进行汇报，谈学习心得、体会。首先，年轻的女教师彭老师上台汇报，她运用多媒体课件PPT向大家汇报讲解。在合肥听课时，她用手机现场录制部分课堂教学内容实况，诗歌朗诵部分。作课的陈老师的精彩课堂，把全场师生仿佛带到久远的古代，孩子们入情入境地吟诵诗经中的《木瓜》，给听课老师留下深刻印象，当时在场的听课老师情不自禁地跟着学生一起吟诵，那情那景，感人至深。

陈老师的课堂厚重。许老师的课堂清亮。彭老师尝试着用学到的方法运用于自己的课堂教学之中，效果颇为理想，可谓现炒现卖，学以致用呀。彭老师还另外搜索下载有关吟诵的经典之作，供大家欣赏、品味。彭老师感到此次合肥之行，走进名师课堂，听课学习，收获颇丰。

虞华生老师从理性的角度，分析、领悟此次合肥听课的收获与心得。从名师课堂走出来，敢问路在何方！掷地有声，振聋发聩。名师精彩的课堂，让人从中获得的职业幸福感，令虞老师羡慕不已……浑厚的中气十足的汇报声音，充满偌大的阶梯教室，不绝于耳。

两位听课老师的精彩汇报，赢得全场阵阵掌声。

钱副校长最后做总结讲话，表示学校今后将派更多的教师走出去听课学习。"走出去，请进来。"多种方法、多种途径开展教研活动，开阔教师眼界，不断提升教师职业素养。

2016年4月

2016年4月1日   星期五

　　小学三年级语文下册第三组第12课《想别人没想到的》，讲的是画师让三个徒弟画骆驼，看谁画的最多。三个徒弟分别画了各自的骆驼，画师最欣赏小徒弟的画：小徒弟寥寥几笔，只画了几条弯弯曲曲的线条，表示连绵不断的山峰，一只骆驼从山中走出来，另一只骆驼只露出脑袋和半截脖子。画师解释道：别看画面上虽然只有两只骆驼，但它们在连绵起伏的群山里走着，若隐若现，谁也说不清会从山谷里走出多少只骆驼，这不恰好表明有数不尽的骆驼吗？

　　孩子们对小徒弟的画，一致表现出浓厚的兴趣。小徒弟的想法与大徒弟和二徒弟的想法均不同，是创新思维的表现。看到课堂上的孩子们一副若有所思、若有所悟的样子，我趁势鼓励道：老师特别喜欢、欣赏这样的学生！班上的学生听后，显得很兴奋的样子。为了进一步激发学生的创新思维火花的迸发，我适时对课后作业做出如下布置。

　　现代著名作家老舍先生给大画家齐白石先生出画题：蛙声十里出山泉。如果你面对这样的画题，该如何作画，表现出画题所蕴含的内容；还有如古诗"踏花归去（来）马蹄香""竹林深处有人家"……我一连在黑板上写出三个画题，引导学生联想，发挥想象，该如何表现画题的意思。你们的画技达不到要求，这没关系，关键是你能想出办法该如何画，也可以用语言表达出来。

　　教室里一阵沉默，孩子们都陷入紧张地思考之中，谁都不说话。过了一会儿，班长胡悦同学举手站起来，说出"竹林深处有人家"的画法，在竹林深处的上方，画出一缕缕炊烟，不就表示竹林深处居住着人家吗？我赞许地点点头，同学们也响起一阵热烈的掌声……课堂时间有限，其他两个画题，我让同学们可以留待课后做进一步思考。

163

『三区』支教日记之 望江篇

2016年4月2日 星期六

　　根据301班语文最近的两次单元检测结果，结合平时的作业上交情况来看，发现魏某某的近期语文学习成绩下降不少。遂通过短信与家长联系，未见反应，后进行电话联系，得知一些具体情况。原来该生属留守儿童，由爷爷、奶奶照看，父母均在浙江绍兴打工。他爷爷接到我的电话后，当天中午即赶来学校雏菊园办公室找我。他爷爷告诉我，魏某某在家的一些表现，经常在家撒谎称语文没有作业，或者谎说语文作业已经在校做完等等；爷爷、奶奶当即将这些情况电话告知其远在浙江的儿子、儿媳，要父母想办法帮助小孩提高学习成绩。通过与该生监护人的接触、交流、沟通，同时了解到魏某某与朱某某两家相距很近，两小孩经常在一起玩耍，两个小孩在家向家长说的谎话基本一致。原来他俩私下串通好，怎样向家长说谎，让家长相信。

　　在与家长接触交流的过程中，我顺便向家长宣讲目前国家义务教育均衡发展的一些理念与具体做法，以及留守儿童的教育所暴露出来的一些问题。现在提倡"亲子"教育，别让孩子输在起跑线上，尤其是在童年时代，小孩的记忆里如果出现对父母的印象缺失，乃至模糊，对小孩在今后的人生道路上的成长，非常不利。其中的利害关系，家长们应该趁早引起足够的重视，千万不可掉以轻心，马虎不得，含糊不得。

2016年4月5日 星期二

　　母亲在老家得了病，每天都要定时给她注射胰岛素，很累人，我的思想一直闷闷不乐。现在人又在望江县支教，今年的清明节，我不打算回去，只得服侍老母亲。

　　从铜陵市赶到望江县，傍晚时分，我在学校附近的商店里买一些大表纸等，于公路旁烧掉，以表示清明祭祖之意。

2016年4月9日 星期六

　　听说小孤山在望江县附近，离四小路程不远，便萌生出想法，去小孤山一游。周日早晨起来，打听前往小孤山的路线及班车时间。学校周边的居民不太清楚，我直接乘公交车去往望江县车站，购买车票。望江至九江的班车路过宿松县的小孤山。经过近一小时的车程，抵达小孤山附近，再步行十几分钟，跨过长江大堤，就能听到小孤山边的鞭炮声不断。看来，小孤山就在眼前不远处。春季长江沿岸的一行行柳树婆娑，青枝绿叶，满眼的油菜花，一派生机盎然的景象。

小孤山，耸立眼前，只是孤峰一座，山崖间寺庙建筑突兀，地形很特别，陡峭险峻，山石嶙峋，游客敬香，鞭炮声阵阵。隔江相望，对岸便是大孤山，位于江西省九江市彭泽县境内。近在咫尺，江边的轮渡汽笛长鸣，我随人流踏上轮渡的甲板，进入船舱，大约十几分钟的江上航程，轮渡便停靠在大孤山附近。同去的尚有望江县单车俱乐部的十几位成员，大家向寺庙的师傅拿来进山门的钥匙，方得上山而去。

山下的寺庙，可以拜佛。大孤山的旅游开发工作还没有正式启动。从山上下来，只见周围的居民，一行人肩扛大米，手拿香纸等来到寺庙敬佛。下山回来，乘坐一私人摩托车，师傅顺便带我到彭泽县城。用过午餐，乘坐汽车轮渡返回小孤山，时间已是下午一点多钟。

先去大孤山，再玩小孤山。购票（10元）进得山门，沿着陡峭的山路，拾级而上，到达山顶，遥望长江对岸，山峰连绵不绝。长江南岸的彭泽县的工业企业，大部分分布在长江沿岸边，便于水上交通运输。南岸的南丰水泥厂的粉尘对大、小孤山一带的空气较为影响。若要开发当地的旅游资源，需要治理这一带的空气粉尘污染。

游玩大小孤山回来，从侧面遥望这一带的地形地貌，不禁令人感叹大自然的杰作，鬼斧神工，巧夺天工。多少万年前，长江之水滚滚而来，长年累月地冲刷阻挡江水前进的大山头，致使大小孤山中间缺口，江水通行，形成现在的小孤山孤峰突兀江北岸边，大部分山峦绵延起伏于长江以南沿岸。

小孤山的山道两边的护栏石上，雕刻着历代的名人留言，山顶处有圣旨立碑，据说历史上先后有六位皇帝到此游览过。历代的名人墨宝散见山间的石林之中；佛教文化笼罩着小孤山。山上的古迹保存很好，属国家AAA级风景名胜区。

下午四点，乘坐由九江市开往望江县的大巴车，返回望江县开发区四小。

大小孤山，遥相呼应。浩瀚长江，奔流至此。亿万年来，千撞万击。

『三区』支教日记之 望江篇

鬼斧神工，巧夺天工。长江绝岛，妈祖圣地。

望江县第四小学的校园布局的整治力度不断加大，规范各种功能教室的布置，旧有的各种招牌全部摘除，如食堂、留守儿童之家等。中午在旧食堂自行合伙烧饭就餐的几位老师，已于四月下旬将各自的餐具、电磁炉等灶具，自行收好，带回家。因为上级领导检查，挂牌的地方，肯定要进去例行检查，形式与内容须统一起来。如果悬挂食堂的招牌，势必就要按照学校食堂的标准进行配置各种餐饮硬件设备、设施，以及师生就餐安排情况。这样显然给学校增添不少的工作量，投放大量的人力和物力，还需取得一定的社会效果，得到学生家长和社会以及上级领导的肯定和满意。目前的学校建设，正顺应国家义务教育均衡政策要求。

166

本学期的语文组校本研修课，于本周开始，同课异构，课题《妈妈的账单》，系略读课文。今天上午第一节课，由三年级组长、305班的朱老师执教，第二节课由303班的彭老师执教。两位老师均采用PPT多媒体课件展示教学风采，地点都是学校阶梯教室。全体语文教师均参加听课，学校领导钱副校长等到场听课。

两位老师导入新课的方式迥异。朱老师首先出示一份账单，让学生辨认，继而进入新课学习；彭老师则出示一幅名画（本单元导语部分所示画面），向学生讲解该名画所表达的母爱之意，然后引导学生展开课文内容教学。本课教学，重在帮助学生解读账单的内容，适当加以拓展延伸。彭老师的导课时间较长，正如钱副校长在评课时所说，导入新课的形式，可简洁明了，开门见山。

本次同课异构课题，系略读课文。略读课文的教法异于精读课文，重在引导学生以自学为主，培养学生的自学能力，引导适当、得法，扶放有度，相互结合。四小人敢越雷池，另辟蹊径，不敢苟同。

另据了解，彭老师通过课后反思，将原来的教学设计重新加以修改完善后，在304班重上一遍，进一步打磨细化，年轻教师对教学业务的钻研精神，值得肯定。常言道："台上一分钟，台下十年功！"教育教学方面，无不如此。只有平时不断关注课堂细节，才能演绎出精品课堂。

2016年4月19日　　星期二

本学期的学生家长会，学校安排以年级组为单位召开，要求在一周内完成。三年级组的家长会安排在周三下午，五个班的班主任共同商量，制作相关课件，如优秀学生作业展览，义务教育均衡发展的相关政策解读，学校发展的概况介绍等内容，地点设在学校大阶梯教室，钱副校长到会并讲话。

根据家长会的安排，学生家长需与课任教师进行交流。我于第二节课后，走进会场。只见会场上方的滚动字幕显示会议的主题：义务教育均衡发展。阶梯教室里早已坐满家长，我来到后排，和一些家长站在一起，共同聆听家长会报告内容。303班班主任檀老师运用PPT多媒体课件向家长们解读义务教育均衡发展的政策条款。全场座无虚席，家长们都在认真地聆听台上老师的讲解。檀老师用生动的语言、详实的资料，向与会家长们作详细地汇报。三年级孩子所处的年龄及身心特点，平时的家庭教育如何更好地配合学校教育，家校合作，形成教育的合力，为孩子营造良好的教育环境，让他们健康、快乐成长！会后，家长们之间相互交流各自的家教方法，取长补短，共同分享优秀的家教方法，为我所用。

钱副校长在会上介绍当前学校发展的现状，以及望江县委、县政府领导对义务教育均衡发展验收工作高度重视，县教育局领导亲自到相关学校查看台账资料和校园校貌建设。全县迎接义务教育均衡发展的各项工作正有条不紊的扎实向前推进。会后，家长们排队参观校园校貌和最美办公室以及各班教室布置。

此次家长会的会议议程，安排紧凑，内容充实、丰富，形式多样，全面地向三年级家长们展示学校的崭新风貌和欣欣向荣、蒸蒸日上的良好发展势头。家长们通过学习，对义务教育均衡发展的国家政策有了更深入的了解和理解，有力、有效地配合学校各项工作顺利开展。

2016年4月20日　　星期三

本次同课异构的课题是《刷子李》，略读课文，执教教师分别是502班的语文教师虞老师（上午第二节）和504班的语文教师虞老师（上午第一节），均采用PPT课件进行课堂教学，地点在多媒体教室（一楼）。语文组教师参加听课。两位老师课前均经过精心准备，制作PPT课件，展示课堂教学风采。

这是我第二次听504班虞老师的校本研修课。通过比较，可以看出虞老师的这节校本研修课，课前花了不少时间进行准备，虽然课件的背景不够丰富，但课堂教学的知识点内容，设计得还是很到位。刷子李的本领具体体现在文中哪些地方？师者引导学生在文中细致寻找，通过朗读感悟，用心体会刷子李的高超技艺；侧面描写，通过徒弟曹小三的亲眼所见，以及其中的悬念之笔，扣人心弦，可谓一波三折，欲擒故纵、欲抑先扬之写法，在师者的引领之下，令学生欲读不止，一探究竟。结尾拓展，执教者出示一本书《世俗奇人》，引导学生课外阅读，扩大知识面，丰富知识积累，可谓适时得法。

虞华生老师是一位年轻的男教师，个人自身素质很好，平时喜欢写诗，同事们称他为"诗人"。课堂语言很丰富，运用古诗于课堂环节过渡，很是得体。PPT课件背景内容醒目、新颖，容易激发学生课堂学习的浓厚兴趣。教学中，师生互动，相互配合，课堂生成显现效果。师者在开课之初，热身阶段，引导学生唱歌，活跃课堂气氛，消除学生的上课紧张感，效果很好，为后面的课堂教学做出铺垫，师生之间显得很轻松自在。课堂的即时生成，师者的适时评价语言丰富、得体，恰到好处。课堂气氛活跃，学生积极举手发言，学习的积极性、主动性被充分调动起来，拓展延伸，课件出示介绍《世俗奇人》的相关内容，以期引起学生的课外阅读期待，有一睹为快之感。在刷墙的过程中，刷子李一副优哉游哉的样子，简直就是一种艺术享受。多媒体PPT课件将多种功能应用于课堂教学，充分调动学生多种感官参与课堂学习之中，其教学效果，不言而喻。

同样值得商榷的是，《刷子李》系略读课文，其教法是否与精读课文有区别？略读课文的教法，重在引导学生以自学为主，选取一些内容浅显的文章，以达到培养学生自主学习能力的目的。

两次同课异构之后，于周三下午的语文教研活动时间，组织教师进行评课，地点在学校阶梯教室。刘组长主持，钱副校长到会并作总结讲话。

按照程序，先有各位执教教师说课，再有各年级组派出代表进行评课。大家对于同课异构的两节课《妈妈的账单》和《刷子李》，给予较为客观公正的教学评价。朱老师对自己执教的校本研修课，自称为"常态课"。对于常态课，不知做出如何理解，若是平时日常教学，皆是如此做课件上课，那可是不得了呀。朱老师在评课的过程中，对彭老师的课大加赞赏、称道，彭老师的课值得她学习，是她的榜样！

2016年4月22日　　星期五

不翼而飞的雨伞

　　周六上午，天下着小雨，大约十点半左右，我打着雨伞来到教学楼（大智楼）二楼办公室，雨伞随手放在走廊过道里。因为是双休日，所以很少有人进校园。我埋头专心写支教日记。大约十几分钟后有人来到二楼，问之，答曰："陈主任叫我过来修电脑。"再过一会儿，陈主任进到教务处（与我所在的办公室隔壁），随后上三楼电教室。快12点时，我走出办公室，发现放在走廊里的雨伞不见了。我到处寻找，未见。猜想是不是期间有学生上到二楼，拿走了雨伞（雨伞是天堂牌，崭新的，由铜陵带过来的）。期间，却有学生上来二楼，我正专心致志写日记，没在意他们。

　　第二天，我与宁校长一起调出学校监控录像查看，未见有人拿伞，只见到雨伞被风刮走，离开监控范围。原想，若是学生拿走，则借此机会，对当事学生进行一番思想教育。"教育无小事！"随时随地的校园之事，皆可作为教育资源，也可谓"处处留心皆学问"。学校领导很重视支教教师提出的问题，协助帮忙解决。

2016年4月25日　　星期一

　　望江县委、县政府对推动义务教育均衡发展的工作力度在不断加大，排出时间进度表，分级实施，层层压实工作责任，传导压力，向全县义务教育阶段学校学生发放宣传册，动员全社会力量共同参与义务教育均衡发展推动工作。根据工作要求，四月份，望江县进行自查；五月份，迎接市级检查。各项迎检准备工作，有条不紊地向前推进。

　　望江县四小的校园建设，迎来新的契机。各班教室布置一新，各楼层

169

办公室重新布置，各具特色，雅俗共赏，相映成趣。校领导在各种会议上均强调义务教育均衡发展的紧迫性和责任感。学校大门前，高悬大幅宣传标语"百年大计，教育为本，教育大计，均衡优先"；教学楼的外墙上，分别书写宣传义务教育均衡发展的醒目标语，各项标示牌悬挂上墙，学校三年滚动发展目标被做成大幅宣传板，张榜上墙，醒目了然；学校四周围墙，粉刷一新，开展"阳光体育"运动的正楷大字，格外引人注目。校园角落的道路，亦被重新平整，铺上水泥混凝土，各办公室均摆放盆景花卉，提倡个性化布置，办公环境大为改善，舒适宜人。

总之，迎接义务教育均衡发展的各项检查准备工作，正在望江县四小的校园里如火如荼地展开，有序稳步推进，力度不断加大，均衡发展的理念正在逐步深入四小师生的头脑里，落实到日常教育教学行动之中，加快义务教育均衡发展的校园氛围正在日渐浓厚。

170

2016年4月26日　　　星期二

望江县四小的本学期期中考试定于4月27—28日两天进行。五、六年级的检测工作由学校统一组织，其他年级由各年级组自行决定试题和阅卷形式。三年级语文期中试题采用学校统一订购的试卷，各班自行阅卷。4月28日上午8:00—9:30，检测语文，要求学生拉开各自座位至适当距离，在本班教室排定考试座位，单人单座，秩序井然地进行。原定当天下午，各年级组集中阅卷，后改为各班教师自行阅卷。

2016年4月28日　　　星期四

上午，学生期中考试下场之后，我简单浏览、翻阅学生的语文试卷，整体了解一下，做到心中有数。中午，我前往望江县政务食堂就餐，遇到铜陵市支教同事李老师（望江县三小），她说，今天上午打我的电话，准备过来看望我母亲，无人接听电话。我解释道，上课不带手机，手机放在宿舍充电。她很客气，买了两盒牛奶并送两百元钱，让我带给母亲，表示对长辈的敬意。我连忙制止。此时，正值午餐就餐高峰期间，人流量大，不便拒收，我一直追至食堂大门外。见她如此盛情、诚意，我不得已，只好暂时收下，等待时日，再行答谢。她需要赶时间，乘坐高铁去往上海，于五一期间看望在上海工作的女儿。

李老师的这份人情账，如何进行答谢？思来想去，准备择日请她和汪老师几人一道，去家乡浮山游玩一趟，不知能否成行？届时，再与她电话联系，约好时间，定下行程出游，欣赏浮山风光。

当天中午，事情多多。我刚送走李老师，正在餐桌上低头吃饭，忽见望江县委组织部办公室吴主任，微笑着朝我走过来，他吃完饭，坐到我的旁边，说是受唐部长之托，办理一事，他说他本想准备于今日下午亲自到四小校园去一趟，谈谈有关事情，他让我与唐部长电话联系、交流。

下午二点左右，乘坐的士到安庆市，再转乘高铁到达铜陵，时间已是傍晚六点多钟。因为五一放假，高铁站内挤满了购票的旅客，绝大多数是在校大学生放假回家，选乘高铁交通工具出行，便捷、舒适。

经过考前的复习准备工作，我对孩子们的语文成绩检测结果很满意。绝大多数同学成绩均有不同程度的提高，个别留守儿童如何某某等两名同学不及格，分别发短信给学生家长，使其知晓自家孩子在校学习情况，同时要求家长平时在家多加督促小孩，认真完成语文作业，家校合作，形成教育合力，共同促进学生不断取得更大进步。

在批阅301班学生的语文期中测试卷时，发现一些现象，有学生出现的错别字，如忘（"亡"写成"云"）、补（写成"示"旁）、衬衫（写成"示"旁）等，实属不该。习作方面，发现汪慧琳同学的本次应试作文，有真情实感，获得好评，作为范文在全班同学面前加以推荐。个别留守儿童的平时语文作业，得不到家长的有效监管，导致语文基础知识失分较多，应予反思总结，力求找到解决问题的办法，如加大学生之间的结对帮扶力度，"赠人玫瑰，手留余香"，帮助别人，提升自己……激励、鼓励成绩好的学生积极参与其中；被帮扶的学生要虚心学习，勤学好问；成绩好的同学要耐心、热心帮助他人，形成"比、学、赶、帮、超"的良好班风。

2016年4月30日　　　星期六

周日在铜陵市梦苑小区住处休息，打开电视，看看新闻之类的节目，忽看见电视荧屏上出现一行滚动字幕：近日，上海市第一人民医院的专家来枞阳县华山医院坐诊。大城市的医疗专家，其医疗技术自然会高明些，正好又有一亲戚在该医院上班，于是，并与之短信联系。第二天慕名前去，带上母亲的医疗病历，向上海的医疗专家咨询母亲的病情及有关治疗情况。

第二天一早，坐上开往枞阳县的班车，一路辗转来到华山医院。在亲戚的引荐下，见到上海的医疗专家，递上母亲在安庆市立医院的治疗病历。专家仔细翻看医疗病案的详细记录和各种化验单，询问我母亲的身体近况，提出了一些医疗建议，控制好血糖及预防并发症，还可做相关检查，再确定具体的治疗方案，打针注射胰岛素的剂量可能需要调整。这些都是猜测性建议，因为上海的医生未看到病人。

在与上海市第一人民医院的专家交谈过程中，确实感知到来自大都市的医学专家们精湛的医疗技术。赵医生向我介绍了我母亲病案上的一些治疗情况，不愧为上海的专家，医术确实高明。他感知到我的来意，告诉我，当时的一些相关检查未做，可能考虑病人尚在抢救时期，一些检查不便做。目前，对我母亲的治疗效果不好做出评估，还应做相关检查如胰岛功能等，再看是Ⅰ型还是Ⅱ型病人，综合判断，运用何种药物治疗，达到良好的治疗效果。

『三区』支教献我力

2016年5月

五一假期，回到铜陵市，稍微调整一下身心，还是为母亲的病情而奔波。她的腿部伤还是在住院时打针感染，伤口至今未愈合，咨询相关医疗专家。

下午两点左右，从梦苑小区出发，收拾好母亲所需的一些物品，装入行李箱，乘坐高铁至安庆站。下车时，外面下着倾盆大雨，只好临时在高铁站内租用一把雨伞（租金50元），再转乘的士（40元）到达望江县四小。一路上，雨下个不停，随带的行李箱，被雨水淋湿。傍晚6点多钟，抵达住处，人已经感到很疲惫，可是心里还想着赶紧批阅学生的期中测试卷。旅途中，高铁座位上，已批阅部分试卷。高铁车厢内，乘坐很舒适，车辆行驶，运行平稳，便于批阅办公。闲着无事，便拿出试卷批阅，同车厢里坐着不少儿童乘客，有的小孩离开座位，好奇地跑到我的身旁，看着老师批阅试卷，他们在我的座位旁不停地指指点点，那情景仿佛就似老师在教室的讲桌上阅卷，旁边围着一群学生。乘坐高铁的四十分钟时间被充分利用起来，没有闲聊，没有虚度。这种做法，让我想起早年时候在报刊上看到的新闻，得到启发而为。国家领导人出访他国，中途在飞机上利用飞行时间批阅文件材料。如何充分利用零散时间做一些有益的事情，是我经常思考的问题。亦可加以效仿呀！

5月3日早晨六点半左右，校园里进来一只小狗，正追逐母亲饲养的一只老母鸡四处乱跑，母亲随后寻找，未见（为给病母消遣，我特地从铜陵带过来一只老母鸡）傍晚时分，我环绕学校操场四周查看，未见老母鸡的踪影。母亲因此很是生气，哭泣了好几天，我反复劝止无效，最后不得不前往华阳镇购买几只小鸡、小鸭，让其在室内饲养、消遣，打发时光，同时告诉她，要注意室内卫生。

在支教受援地，有一只老母鸡供母亲饲养，似乎陪伴母亲打发寂寞时光。老母鸡的丢失，有些蹊跷。这让我不由自主地想起一个话题：人与动物的和谐相处。小学六年级上学期的教材中有看图作文，讲到加拿大温哥华的街头发生的一幕情景，一个鸭妈妈带着一群鸭宝宝正在过马路，大摇大摆的样子。突然，后面有几只小鸭子不慎掉进下水道里，只见鸭妈妈急忙跑到巡警身边，不停地叫着。巡警急忙赶过去把小鸭子从下水道里救出。马路上的汽车纷纷停下，让这一群小鸭子平安地穿过马路。多么温馨感人的一幕！人与动物如此高度和谐相处的情景！孩子们听到这些，心灵深处受到深深震撼。这又让我想起，在欧洲的一些发达国家，街头随意可见鸽子，鸽子在行人的脚边，无拘无束，自由自在，毫不畏惧，堪称人与动物和谐相处的典范。试想，在这样的国度，违法犯罪的概率又有多大？怪不得，经济条件理想的国人喜欢将自己的孩子，送往欧洲留学深造，接受西方文明的熏陶，中西交融，融会贯通。

174

联想到刚刚发生的小事，中国如何做到人与动物的和谐相处，尚需几多时日。也许人们会说物质生活水平尚未达到一定程度。不无道理，但人的精神文明建设需要及时同步跟上。国家正在践行的五大发展理念：创新、协调、绿色、开放、共享。物质文明与精神文明需要协调一致，共促发展，方能让社会更加和谐！

2016年5月4日　　星期三

前段时间，结合语文学科的学习，我向学生推荐优秀书籍，如《爱的教育》等，针对一些学生的日记、作文能力较差的现实情况，建议学生购买适当的日记、作文书，平时阅看，有针对性吸收他人习作的优点。有的学生家长按照老师的要求为孩子购买。特别是一些留守儿童，爷爷奶奶们，有的不识字，难以有效监管小孩的作业完成情况以及课外阅读。当我再次在班上询问这方面的事宜时，举手的学生寥寥无几。面对这种现状，我反复思考，家长引导孩子自主阅读的习惯尚未形成，需要加以正面积极引导，言传身教，身教重于言教，施爱于生，亦可为也！

傍晚时分，来到小店，我自己掏钱，购买六本书，署上姓名，书写"赠送"字样，送给几位家庭条件较差的留守儿童，引导学生课外阅读，激发个人读书、藏书的浓厚兴趣。个别学生似乎提前知道老师赠书的事，第二天早晨，他们带着喜悦的心情往老师办公室跑动。看到孩子们那副童真的情趣，我亦在思考，虽然孩子们年龄尚小，但懂得一些事理。于是，我让班长胡悦喊来几位成绩理想且平时表现很好的学生，利用课间休息时间，向他们讲解一些道理，让她们发扬风格，高风亮节，懂得老师的良苦用心，关爱留守儿童，并且发动她们平时多帮助留守儿童。经过老师的一番说教，孩子们很懂事的不断点头，表示理解老师的这种做法。

301班共有47名同学，一个班级犹如社会，学生的各种关系需要妥善处理好，以免顾此失彼，甚至出现一些负面效应。为此，我在班上教育学生，老师赠送的书，获赠的同学，看后应借给其他学生阅看。孩子们听后，情绪一下子变得平和起来，互帮互学的班风正悄然在孩子们的心中潜滋暗长起来，"敏于言，慎于行。"早读课时间，我让班长给每位同学发放一朵小红花，以示表扬、激励他们这一阶段的语文方面的综合学习情况以及平时的表现。（共有六位同学获得赠送的图书，分别是《爱的教育》：胡悦、鲍时轩；作文书：朱文才、姚慧敏；日记：何新、陶亮。）

2016年5月6日　　　星期五

我在教授三年级语文下册课文《她是我的朋友》时，讲到战争环境里，小朋友阮恒为了挽救小女孩生命，宁愿牺牲自己的生命，不惜献血给病危中的小姑娘（他误认为自己献血后就要死去）。他的这种对待友情的精神，深深感动学生，孩子们为这种高尚的友情而感到震撼。阮恒在给小姑娘献血的过程中，心里矛盾、纠结。文中用了多个动词来表现哭的变化："啜泣、呜咽、哭泣、抽泣"等，他误认为自己献完血后就要死去。这种想法是在医生问道"是否有人献血？一阵沉默之后，阮恒的一只小手颤抖地举起来"之前就产生了。所以才有献血过程中表现"哭"的一系列变化。课文最后写道，小男孩的回答："她是我的朋友。"语气淡定而从容。虽然只是简单的一句话，但足见朋友在他心目中的地位，他是如此看重朋友！多么善良的异国他乡的小朋友！

教完这篇课文，关于"友情"的话题，我做出适当的拓展，让学生联想古人关于描写友情的诗句。我的话题刚一抛出，只见课堂上立马响起一

『三区』支教日记之望江篇

片朗朗的诵读声："桃花潭水深千尺，不及汪伦送我情。"这让我惊喜不已，心情为之大振。记得去年下半年，我给孩子们讲到这首诗，铜陵的孩子将它改动，化用为"桃花潭水深千尺，不及老师育我情。"借此对学生进行感恩教育。孩子们亦深受启发。在以后的习作中，我欣喜地见到有的学生化用李白的诗句："口水直流三千尺。"我趁势鼓励学生，其实，写诗并不难，我们也可以像诗人那样纵情挥洒自己的优美文字，表达自己的心声。师之激励的语言，像春天的雨露悄无声息地滋润着幼小的心灵。只见他们的小眼睛眨呀眨的，仿佛在问老师："我们真的能像诗人那样写诗吗？"充满灵气的眼睛，忽闪忽闪的，让为师期待不已！

2016年5月8日　　　星期日

批阅学生单元测试卷作文项时，我发现汪慧琳同学的习作很优秀，遂单独提出来，向全班同学推荐。她所写内容是元旦期间发生的事。其中有一段描写，引起我的注意："这声音可真好听呀！我无意中看见了语文老师的笑容，他笑得可真开心啊！他一定是因为班上有个会吹葫芦丝的同学而感到由衷的欣慰吧。"其实，这样的语句描写，是张娜娜同学首先在自己的习作（日记）中写出来的。当时，我将此语段作为范文向全班同学宣读，让同学们向她学习。汪慧琳同学受到启发，将此语段化用为自己的考试作文，不失为一种有效学习方法，人为我用。

在教授学生学习《可贵的沉默》一文，因为文中所反映的内容很切合三年级孩子的学习生活实际，容易激起孩子们思想上的共鸣。讲解习作方法时，引导学生找出文中有关心理、动作、神态描写的句子，让孩子们仔细揣摩，品出其中的滋味，尝试这样的习作方法。有些孩子心领神会，默记在心，尝试运用，恰到好处，做到人为我用，资源共享。小孩的模仿能力很强，将其迁移为学习能力，将会产生意想不到的教育教学效果。"他山之石，可以攻玉。"汪慧琳同学的做法得到老师的赏识，在其他同学的心中激起不小的波澜。老师希望同学们相互学习他人习作优点的风气在班级内快快形成。

这件事，也让习作的原创者张娜娜同学陷入深深地思考之中。这两位同学的语文成绩在301班都是佼佼者，名列前茅。尤其张娜娜同学，她的习作基本功很好，很有习作天赋。记得去年第一次习作，就发现她的习作像模像样，后来，我始终关注她，发现她的每一篇习作都很优秀，只是她的语文基础知识不够牢固，单元测试成绩不够稳定，需要引起足够注意。平时取得优秀成绩，受到老师的表扬，切不可骄傲自满，翘尾巴，教育学生要懂得"骄者必败"的道理。

2016年5月8日　　星期日

本双休日，我留在望江县四小，未回铜陵，偌大的校园，空旷静寂，偶有几位家住学校附近的小孩来学校操场打乒乓球或篮球。上午，宁校长来校值班。下午，杨老师利用休息时间，在学校大门口的内墙上进行布局构思，一丝不苟地用毛笔沾着油漆，站在墙边，精心书写。

时间已是傍晚时分，我步出宿舍散步，放眼望去，学校大门口的墙壁旁站着一个人，似乎在做什么事。我不由地走上前去，近看，原来是一年级语文老师杨老师，还在墙上书写毛笔字，他那一丝不苟的劲儿，让我佩服不已。这是一位很敬业的老师，给我留下良好的印象。去年下半年，我住在学校校园内，下午放学后，常见一位老师和一个小孩在操场上练习打乒乓球，引起我的注意。父子俩几乎每天下午放学后都要切磋球技，爸爸是那样一板一眼地教，儿子同样是那样专注地学。球来球往，父子俩俨然朋友样。小男孩白里透红的脸蛋，放射出一股健康、聪明劲。后来，在本学期学校运动会结束后的晚餐上，我们第一次坐在一起用餐，更近距离地聊天，相互了解。

杨老师是学校书法社团的负责人，毛笔字写得很好。学校的一些标语，自然要他出手书写。接连几个双休日，见他一直都在书写校门口内侧墙壁标语。那专注的神情，似乎在雕刻一件精美的艺术品，直至落霞的余晖斜照进校园内，他才匆匆收笔，拿好工具，骑上电瓶车回家。

在学校语文教研会上，我常听见他代表一年级组教师进行评课，语言是那样的老道、简练，姿态是那样优雅自如。他的即席发言、评课，赢得全体语文教师的阵阵热烈掌声！

「三区」支教日记之 望江篇

　　教授三年级语文下册第四组课文《妈妈的账单》（略读课文），导入新课，我引用世界著名作家列夫·托尔斯泰的名言"幸福的家庭，家家相似"，让学生谈谈各自的家庭幸福。孩子们沉思一会儿，便有人开始举手，要求发言。在众多的举手同学们中，我发现左昕同学的积极性高涨，就让她来说说自家的幸福。得到发言机会展示自己，只见她绘声绘色地讲述起来：爸爸经常送我上学，帮我检查作业；妈妈有些小啰唆，喜欢吃个不停；有时候，我很烦她……她给妈妈取绰号，叫"小啰唆"，引起全班同学的浓厚兴趣，教室里出奇的安静，大家都在认真倾听。左昕同学的口语表达能力很好，常能说出一口一连串的话语，叙述有条理，缺点是时下人们的口头禅"然后"一词，出现较多。

178

　　"小啰唆！"她给妈妈取的绰号，我也有些感兴趣。下课后，我找到她，让她仔细回忆一下，能不能把妈妈的平时小啰唆，具体体现在哪些方面，给说出来，写下来，作为日记的内容。只见左昕同学有些不好意思地点点头，表示答应，似乎又觉得有些害羞的样子。多么聪明可爱的小女孩！

　　这又让我想起去年下半年发生的一些事：刚来支教，我发现该生的课堂发言很积极，各方面的表现很不错，就让她担任语文课代表，经过一段时间的表现，得到同学们的认可。可是，在一次作业检查中，我发现有的同学的作业被人用红笔批改。追问之下，有学生告诉我，是左昕让组长用红笔批改的。听后，我感到有些气愤，将正准备放学回家的她，从路队中叫出来，责问原因，对其进行适当的批评教育，帮助她认识错误，改正错误，丢掉思想包袱，轻装上阵，好好学习。

　　5月13日，望江县小学班主任优质课评选工作在望江县第四小学举行。学校很重视县教育局交办的这项工作。12日，学校安排人员在教学楼（大成楼）的二楼横栏处，悬挂大幅标语"热烈祝贺望江县小学班主任优质课评选活动在我校举行"，为此次活动营造浓厚的校园氛围。

　　为了迎接此次活动，四小校内已进行班主任主题班会课评选。学校在小黑板上写出通知，但没有写出具体的课节时间安排，本人没能前去听课，因为不知道具体上课的班级和上课时间。四小选出虞华生老师等人作为班主任代表参加全县的班主任优质课评选。

13日早晨，全县参赛的班主任从各地陆续赶到四小校园，做赛前准备工作，共有17位选手参赛，地点设在四小教学楼（大智楼）一楼电教室。四小的钱副校长作为评委之一参与其中。活动一直持续到中午近一点。本人偶尔路过走廊，目光瞥见选手们正在运用多媒体课件进行说课。从17人中选出2人参加安庆市比赛，可见比赛之激烈程度。当时的场面，真可谓"你方唱罢我登场。"选手们各自使出浑身解数，一展风采。

望江县四小的虞华生老师是位很敬业的老师，系"安徽省优秀乡村教师"，诗人（红袖添香网站发表三千多首现代自由诗）。12日晚上八点多钟，他还在学校电教室里修改课件，做赛前准备，空堂说课，预演。其对业务的钻研精神，令人值得钦佩！

2016年5月14日　　　星期六

上午，我乘坐公交车前往望江县华阳镇购买小鸡、小鸭，给母亲打发、消遣寂寞时光之用。从铜陵带过来的老母鸡在校园里丢失，母亲为此常常大骂，甚至有时产生梦幻感觉，听到老母鸡在鸣叫。不得已情况下，我四处向人打听："哪里有小鸡苗？"上周利用中午休息时间，骑着别人的电瓶车在街上四处转悠，未买到。后听人说华阳镇那边有人卖鸡苗。遂抽时间前去购买。5元一只，共购买2只小鸡、2只小鸭。母亲接到这些可爱的小宠物，自是高兴、兴奋不已！

母亲的糖尿病治疗，除了打胰岛素和吃药以外，尚需进行适当的体力锻炼，以图早日恢复身体健康。如何做到这一点？思来想去，还是要尊重母亲的长年生活习惯。母亲在老家农村，辛勤耕耘小菜园，养鸡鸭等，是把好手。于是，我从这方面着手解决母亲日常体力锻炼问题，母亲自然很容易进入这样的劳动角色。

目前，支教受援学校望江县四小正在迎接义务教育均衡发展的各项检查工作。校园校貌美化整治工作力度不断加大，学校四周围墙的墙角边，原先被教师们开垦作为菜地使用，现在已被平整。既要考虑到不影响学校的各项迎检准备工作，又要兼顾母亲的身体健康恢复所需要的体力锻炼，怎么办呢？如何做到两者兼顾？思虑良久，我想出一策，利用课余时间到望江县城菜市场附近，寻找或购买一些包装运送水果蔬菜的白色泡沫箱，放在住房后面的空地上，装上泥土，购买一些蔬菜幼苗，让母亲栽种其中。老人家很乐意做这些事，早晚时间勤耕细作，浇灌、施肥，蔬菜长势很旺盛。起初，我以为土壤层过浅，蔬菜成活不了，经过一段时间的实践，终于打消了我的思想顾虑。虽然再过一个多月的时间，就要放暑假回铜陵，但这段时间，母亲的身体锻炼有了着落。这可是她做了几十年的老农活，干起来得心应手，自然不在话下。至于能否吃到该蔬菜，姑且另当别论吧！

我亦借此机会，向母亲学习一些相关栽种蔬菜的农学知识。工作之余，闲暇之时，我也想侍弄一下蔬菜，常常跑去看看蔬菜的长势。看到它们一天天在成长，且长势旺盛、喜人，一定程度上成为系人心情之所在。著名作家吴伯箫经历过二十世纪三四十年代延安困难时期，所写的《菜园小记》，让我顿生灵感。作为教师，平时课余时间，侍弄起蔬菜，总要写写一些文字，不然就会显得俗气呀。

2016年5月15日　　星期日

在铜陵市派出学校上班，看到家住当地的同事，利用下班空闲时间在校园周边的土地上栽种蔬菜，我常调侃戏言："拽耙扶犁，躬耕陇亩；放下笔杆子，握起锄头杆子；文武兼备……"说得老同事眉开眼笑，喜不自禁，干得更欢了。

虽然生在农村，长在农村，但干农活较少。小时候，父母娇生惯养，不让我干农活，现在反倒想补补这方面的"功课"。返璞归真，回望田园风光，自有一番乐趣在心头。东晋大诗人陶渊明的"采菊东篱下，悠然见南山"的悠闲舒适田园情怀，令我向往之至；重读吴伯箫的《菜园小记》，二十世纪三四十年代的延安，物质生活严重匮乏。党中央、毛主席号召大家"自己动手，丰衣足食"。吴老于二十世纪六十年代回忆当年的岁月，写下这篇感人至深的文章。"沧浪之水清兮，可以濯我缨；沧浪之水浊兮，可以濯我足。"吴老感叹当年菜园边的石窦之水比沧浪之水还要好，足见其对菜园的情感至深，是何等的强烈，以至于难以忘怀。怪不得吴老当年回忆起

180

二三十年前的延安菜园之事，是那样的思路清晰、明了。

孩子们大声朗读的小学语文课本上的《四季蔬菜歌》，仿佛犹在耳畔响起：正月菠菜才吐绿，二月栽下羊角葱；三月韭菜长得旺，四月竹笋雨后生；五月黄瓜大街卖，六月葫芦弯似弓；七月茄子头朝下，八月辣椒个个红；九月柿子红似火，十月萝卜上秤称；冬月白菜家家有，腊月蒜苗正泛青。

母亲侍弄的小菜园，让我的思绪飘飞到遥远的地方，和作家产生同频共振之感！

2016年5月16日　　星期一

5月16日下午放学之后，参加支教受援学校全体教师会，学校布置义务教育均衡发展迎检事宜。会上，宁校长、钱副校长分别传达望江县教育局曹局长等领导的讲话精神。县教育局于双休日召开校长会议，布置相关工作。钱副校长主持会议。

宁校长在会上向全体教师传达重要通知，省教育厅、省高级检察院联合发文，运用司法手段整治有偿家教和补习班，史上最严措施，预防职务犯罪。教师是职务，有偿家教达到一定程度，检察机关可以直接批捕。这项工作将于近期启动，5月底进行摸底排查，6月份着手进行。这一举措，给全体参会教师思想上敲响警钟，预防在先。宁校长传达义务教育均衡发展的相关政策，实施素质教育，给学生们减负，提高教育质量。校园卫生打扫，不留死角，文明创建，各项工作需要协同推进，有条不紊地进行，迎接市级义务教育均衡发展的复检。

钱副校长在会上传达县教育局于周日召开的校长会议精神，要求教师转变一些观念。望江县教育局曹局长于前段时间察看华阳镇中心学校校园校貌，发现校园卫生工作没做好，存在一些问题，当即指出，看一所学校的办学质量水平，不仅仅是教育教学成绩，而且要全面综合分析评价学校的工作。各项工作要齐头并进，要补齐短板。会上，钱副校长对四小前期工作做了总结，表扬全体教师为迎接义务教育均衡发展所做出的辛勤劳动。如各班教室的布置、办公室的美化，校园周边环境的整治，各种宣传标语张贴于醒目位置……领导的讲话，对问题的阐述，具有全面性和系统性。

2016年5月18日　　星期三

　　今天下午，我发现自己的办公桌上摆放30元钱，询问同事，答曰："布置办公室的辛苦费。"仔细想想，自己又没做什么事，只是提点具体建议而已，受之不得呀！于是乎，我于下午下班之后，来到望江县城街上，四处寻找打字店，准备打印几个字，将办公室的布置完善一下，尽自己的一份力吧。在上街的路上，我仔细思考着，准备化用屈原的诗句："教育教学之路漫漫兮，需要上下而求索！"在打字店打印完毕，步行回到四小（当天空中飘浮物甚多，面戴口罩），时间已是傍晚六点多钟，我马不停蹄，继续干事。

　　来到二楼办公室，开灯做事。仔细观察四周墙壁一遍，打算将条幅张贴于办公室的正面墙壁之上。有一定高度，没有梯子可架，且总务处早已下班，怎么办？我只得从学校会议室拿出一条长条凳架在桌子上。人站在桌面上，将条幅张贴墙面，再慢慢撕掉多余部分。人站在空中，没有帮手，小心翼翼操作。先要定好字体位置，如此三番地上下来回几次，爬上爬下，经过近一小时的紧张工作，终于做完此事，长舒一口气，如释重负般感觉。不知不觉中，时间已近晚八点，回到宿舍，方才吃过晚饭。

　　因为利用下班时间完成此事，别人不知晓，只是下午询问了办公室同事彭老师，说了此事，我准备利用学校发放的30元钱去打字，完善、布置办公室。后将所做之事，以短信方式分别告知宁校长和钱副校长，得到校领导表扬。"示范、引领、谢了""打字的钱应该由学校出……"我则坚持了自己的做法。

2016年5月20日　　星期五

　　教授三年级第二学期第六组课文《月亮之谜》，引导学生进入课文中所描写的神奇的月球情景之中。孩子们对月球上的一些不解之谜，感到惊叹不已，尤其是人类第一次登上月球，第一眼看到的奇异景色，孩子们个个瞪大眼睛，内心深处充满好奇感。一连串的实验结果多么令人费解啊，个个都想探个究竟。我趁势鼓励孩子们从小要练好本领，将来长大以后，也

182

可以上天探索神秘的月球，不断获取新的知识，为人类社会进步多作贡献！

　　课堂上，看到同学们对神秘的月球之谜，心驰神往，我不适时机地对课文内容进行适度人文知识拓展，如首次登上月球的美国宇航员通过地空通信系统向全人类宣布：月球是属于全人类的！并非按照美国事先准备好的说辞。据说，他返回地球之后，即被美国政府给软禁起来。这位宇航员的做法值得人类敬佩！令全世界人民向他致敬！

　　二十世纪七十年代初，中美建交，美国总统尼克松访问中国，作为国家外交礼物，他赠送给毛泽东主席一支钢笔。同学们不禁要问：国家之间的交往，一支钢笔有什么了不起？我把问题给提出来，再采用一定的教学策略，循循善诱，引生入胜。我先故弄玄虚，欲擒故纵，欲抑先扬，逐渐引动孩子们的好奇心，使之对此问题产生浓厚兴趣。适当把握课堂生成火候，让学生产生探究的强烈欲望，借此机会引导学生扩大课外阅读量。只见此时课堂上的孩子们，个个在凝神思考，都想一探究竟：这只钢笔到底有什么特殊之处呢？教室里出奇的安静，孩子们都在盼望着老师能尽快告诉答案。这时，我见孩子们的思维状态已达巅峰，并不紧不慢地告诉同学们，这支钢笔的特殊之处在于，制造钢笔的材料中含有月壤，是地球上所没有的东西，所以显得异常珍贵，被作为国家礼物赠送……孩子们听到老师这么一说，才扬起紧锁的眉头，长长地舒了一口气，原来如此呀！

183

2016年5月22日　　星期日

　　双休日，因为需要给母亲打针（注射胰岛素），所以没有返回铜陵。母亲这几日总是说自己的腿难受，出现感染、化脓，还是在安庆市立医院住院期间打吊针感染的伤口，至今尚未愈合。我利用周日时间带她去望江县医院内分泌科进行检查，接诊的是一位年轻医生，参加工作时间不长。他询问我母亲的一些病情情况，说要住院治疗，且时间较长，需要一两个月时间，费用亦需万元。检查中，母亲告诉医生，前几天，她听别人说，用单方治疗，将少许白糖放入伤口之上，导致化脓感染症状。医生听后，厉声斥责：害人又害己！接诊处有多位糖尿病患者，年龄不等，母亲与其中的老年患者交流，约略知道一些饮食控制方面的知识。从望江县医院返回后，母亲配合治疗的态度明显好转，主动要求每天换药。

『三区』支教日记之　望江篇

自己在望江县支教，哪有时间去医院陪护，迫不得已，情急之下，我只得去药店购买一些日常换药的纱布之类物品，让母亲每天按时清洗伤口、换药，以控制伤口进一步恶化。待放假日后，兄弟姐妹再商量安排医治事宜。暂时亦只能做如此安排而已。母亲按照我教给她的方法，每天坚持定时用消毒药水清洗腿部伤口。

2016年5月24日　　　星期二

今天上午，学校做好相关迎接检查准备工作，各种展示板放置学校大门内侧，以备上级领导检查。第二节课（九点多钟）时，只见几辆小车停在学校大门口，原来是安庆市委常委、蒲副市长率队（市政府法制办、市妇联等部门负责人）莅临望江县四小调研、视察工作，就"两纲"（《中国妇女发展纲要（2011—2020年）》《中国儿童发展纲要（2011—2020年）》）实施情况等进行中期评估督导检查。望江县政府王副县长、县教育局曹局长、县妇联吴主席等相关领导陪同检查督导。评估督导检查组全面深入、具体地了解学校办学情况，对望江县四小"两个纲要"实施情况给予高度评价。

2016年5月26日　　　星期四

三年级下学期第六单元第24课《果园机器人》（略读课文），教学此课，说到机器人的本领，孩子们充满好奇心，对文中所述果园机器人，产生浓厚兴趣，学生的知识视野在不断地扩大，空间想象能力在进一步拓展。

讲着讲着，我不由自主地将学生的思维往创新之路上引导，说到老师最近看到一项最新科研成果，荷兰的科学家设计出一种房子，用几十层纸箱压制，使用寿命达到五十至七十年，而且重量很轻，可以移动。孩子们屏息聆听，感到很新鲜、好奇。冷不防，一位同学冒出一句话："房子轻，不是容易被风刮跑吗？"说得很有道理。这是一位思维反应敏捷的小孩，善于思考、勤于动脑的学生——朱文才。该生平时好动，在日常观察中，发现他喜欢看书，遇事常紧锁眉头，是位头脑聪明的小孩。全班同学都被他的这一问，弄得懵住了，个个瞪大眼睛，看着老师。我轻轻走到他的座位前，微笑着抚摸他的头，面对全体同学说道："房子是有办法可以固定的呀。"一下子化解了学生心头的疑惑，教室里的气氛又变得活跃起来。

学生思维灵感的瞬间性，需要师者平时用心捕捉，加以正确引导。孩子们创新思维能力需要教师对他们从小开始训练，日久天长，持之以恒，久久为攻，将来必将结出累累硕果！儿童创新思维的火花需要师生在课堂上适时碰撞，才能闪出瞬间耀眼的光芒。那一刻，甚至让人一辈子难以忘怀！

2016年5月27日　　星期五

5月27日早晨，望江县四小大门口摆放宣传展板，教师频繁走动，校领导穿梭于各个办公室。我向相关人员了解到，原来是安庆市义务教育均衡发展复评组莅临望江县四小检查评估。

当天上午放学后，校园里空荡荡的，我正在宿舍门前散步，准备前往县政务食堂就餐，走到大智楼的通道处，瞧见学校领导班子成员列队站在学校大门口，迎接市教育局领导一行人的到来。再过一会儿，只见几部小轿车停在学校内侧门口。市义务教育均衡发展复评组一行人已进入教学楼内，他们根据各自的工作分工，分头行动，深入到各楼层办公室、教室，实地查看。检查实验仪器室、音乐、美术专用教室、图书室和留守儿童之家，了解教学设备装备及管理、应用情况。望江县四小义务教育均衡发展的各方面工作，得到上级领导的充分肯定。

本次复评工作，由安庆市委教育体育工委委员、市教体局总督学王建辉一行在望江县王副县长、教育局曹局长等陪同下进行。

2016年5月28日　　星期六

近来，有些学生的语文作业不能按时按质按量完成，语文课代表上交作业时，总是夹杂记有各组学生名单的小纸条。看到这种现象，我陷入沉思状态，如何消除这些"小纸条"？得想想办法加以整治，否则，就会有更多的同学被卷进来，就像滚雪球一样，越来越大，对学生的语文学习产生不良影响。越是临近支教结束，越是不能放松管理，要对学生的语文学习负责任，对支教工作负责。也许有的学生家长私下认为，支教教师只教一年，就要离开望江四小，回到以前任教的学校，最后几个月，是不是尽职尽责？心中存有疑虑。此时若通过空洞说教，毫无意义，只会令家长们担心。常言道：事实胜于雄辩！只有通过自己的日常具体工作表现来打消个别家长心头的疑虑。于是，我利用中午放学时间，将个别学生留下，自己则牺牲休息时间加以陪同督促，直到家长来学校办公室寻找，与家长进行沟通，反馈孩子在校的语文学习情况，取得家长的配合与支持。

为了遏制学生拖拉作业的蔓延现象，我利用中午放学时间，留下了几个基础较差、良好的学习习惯尚未形成的学生，如何某某、季某某、周某某、张某某等人，将他（她）们请进办公室，在我的办公桌上书写，自己在一旁陪同、辅导。就这样，过了几天时间，有家长找到办公室，看到老师在办公室里辅导学生，心里很放心，松了一口气，并感谢老师为孩子的学习而耽误自己的休息时间，同时深表歉意，表示回家后多加督促、辅导孩子的功课。有的家长甚至辞掉临时性工作，在家陪伴、辅导孩子，只是方法不够对路子，我且适当引导之。朱某某、邢某某等同学亦被留下接受老师的专门监督、辅导。

经过一段时间的整治，学生拖拉作业的现象（孩子们说出各种各样的理由）得到明显好转，效果显现。"小纸条"也越来越少。做事就怕认真呀！

2016年5月30日　　　星期一

看今日中央一台新闻联播，习总书记在全国科技创新大会、两院院士大会、中国科技第九次全国代表大会上做了重要讲话。给我留下最深印象的是，习总书记对科学家的特殊脑力劳动成果高度重视，要求各级领导干部要尊重科学研究灵感瞬间性、方式随意性、路径不确定性等特点。

当时，听到这样的精辟论述，我的心头为之一亮。习总书记对科学家的工作性质，作了深入细致地调查研究，对科学研究工作的方式方法，了然于胸，站得高，看得远。我党领导科学工作的水平、质量在不断提高。尊重科学，尊重创新成果的氛围日渐浓厚。科研成果转化为生产力服务社会的效率越来越高。

科学研究灵感的瞬间性、方式随意性、路径不确定性，这些都是思维创新范畴领域的高度概括。我党主要领导人是领导科技工作的行家里手！

2016年5月31日　　星期二

　　中午午休过后，我提前来到学校办公室，在二楼的走廊上，看见孙某某（301班）一人站在教室外的走廊上。我感到很纳闷，学生进校的时间未到，校门尚未开放，何以有学生进入校园？因为这段时间，义务教育均衡发展的各项迎检工作，正在紧锣密鼓地进行，学校内部管理的各项规章制度正在不断健全和完善。按照常规，孙某某现在不应该出现在301班教室的走廊上。

　　我走上前去，小声询问道："你怎么站在走廊里，要干什么？"只见小家伙双手扶着墙壁，微笑着回答："我要去上厕所。"一边说，一边做出双脚一拐一瘸的样子。见此情景，我感到有些不对劲，便走近他的身边，态度很温和地问道："你怎么啦？"

　　他依然微笑着回答："老师，我的腿被摔骨折了。"

　　"啊，什么时候发生的事？"我惊愕地追问道。

　　"双休日，在家里玩耍时不慎摔骨折的，现在打了石灰膏。"他一副乐观的样子。

　　了解到这些情况之后，看到眼前的他，意志坚定的样子，我不由得在心里暗暗佩服孙某某那种勇于战胜困难、坚持上学的精神。

　　接下来，我双手搀扶孙某某，帮助他走路，只见他快速地单脚跳向男厕所。我笑曰："孙某某在练习单脚跳呀。"见他脸上一副笑盈盈的样子，丝毫没被眼前的困难所吓倒。等他解完小便，我再次搀扶他，进入301班教室，并叮嘱他，平时玩耍，要注意自身的安全，不能玩危险游戏。小孩很懂事似的不断点头，表示愿意听老师的话！

187

"三区"支教日记之望江篇

2016年6月

2016年6月1日　　　星期三

6月1日，国际儿童节，学校放假一天。此前，为了活跃儿童节的节日气氛，我安排班长胡悦带领几位班干做出部署，组织学生完善301班班级黑板报，在教室后面的黑板的右下角部分，用彩色粉笔写上：快乐"六一"国际儿童节。形式活泼多样。要求班干部开动脑筋，认真、用心完成任务，给班级增添节日欢乐气氛。

孩子们领受任务之后，利用中午休息时间，合作完成。黑板上分别写有两行大字，"快乐"的两边描绘上"彩虹桥"，下面是"'六一'国际儿童节"七个彩色大字，烘托出301班孩子们对自己节日的美好向往的欢乐气氛！

这段时间，学校一直在积极迎接义务教育均衡发展的验收检查，各项准备工作紧锣密鼓、有条不紊地进行。学校根据上级文件要求，安排放假一天，各班自行组织相关庆祝活动。

5月31日（周二）下午，布置学生作业时，我充分考虑到这一点，"六一"儿童节，应该让孩子们度过轻松愉快的节日，所以未给他们布置语文作业。要求学生在家长的陪同下，可以前往公园等地游玩参观，留心观察周围的环境，在玩中学到知识，丰富感性认识，增长社会见识，开阔各自的眼界。晚上，应该写篇日记，记录下这一天的见闻和自己的收获。孩子们似乎很理解老师的这一做法，异口同声地回答道："好的。"同时，我又补充道："如果天气下雨，不能出去玩，你们就只好自行安排，老师不做要求。"

天公不作美。这天上午，望江县境内，果然下起小雨。

当天下雨，我在学校办公室批改学生作业。

2016年6月2日　　　星期四

今天早读课后，看到教师们频繁走动于各办公室，有的手里拿着文件夹样的物品，有的布置安排学生活动，有的匆匆赶往电教室……我以为是听课，亦随人流走往电教室，伸头一看，只见钱副校长正在多媒体教室整理学校材料，部分学生和教师也在其中。那阵势不像听课。校园气氛显得有点紧张，一些教师都在不停地忙碌着。我询问相关人员，答曰："安庆市教体局领导检查市级语言文字规范化课题研究进展情况。"原来如此，学校需要准备相关材料和组织学生活动，向市局领导进行汇报。

上午九时许，安庆市教体局语言文字规范化示范创建专家评估组一行人，在望江县教育局教研室相关负责人的陪同下，来到望江县四小，对学校创建市级语言文字规范化示范学校给予评估指导。专家组一行人通过多种形式听取学校创建汇报情况，查阅资料，参观校园文化以及欣赏师生共同参与编排的诵读、书写类节目等。对望江县四小的语言文字创建工作给予较高的评价，同时也提出宝贵的意见和建议。评估组认为学校能够将语言文字规范化要求渗透进教育教学的每个环节，扎实开展创建各项工作，成效明显；在校园文化建设上，创建工作"显性化"到位，起到潜移默化的育人效果。要求全体教师需要再学习，再培训，以点带面，小手牵大手，以学生影响家长，拓展到社区，带动整个社会用语用字规范化水平不断提高。

189

上午放学时分，我尚在办公室批改学生作业。忽闻一群人讲话的声音，我抬头望之，只见校领导陪同有关专家走进办公室，寒暄一阵，钱副校长介绍道："这是铜陵市支教教师——高老师！"领导和我握手并致谢："感谢铜陵市支教老师远来望江县支教！辛苦了！"

2016年6月4日　　　星期六

清早起来，赶往望江县城医药店，为母亲采购医药用品。因为药店八点开门，我在门外等了一个多小时（早晨六点多钟即去）。不得已，在旁边的饭馆吃过早点，一直等到药店开门营业，匆忙购买为母亲治疗脚伤所用的医药用品，再赶回四小住处，收拾行李，返回铜陵。似乎预感到今日要发生不愉快的事，果不其然，呀，出门不利，中途遇到问题，加之心情烦躁，出言不逊等。

上午乘车到达安庆市高铁站，返还雨伞。工作人员（女）接过我递给她的雨伞，验收，对我说道："好的，雨伞没有问题。"我随后转身打开行

『三区』支教日记之 望江篇

李箱，找出租伞的票据。就在这时，另一位工作人员（女）却说雨伞坏了。我听后很生气，明明刚才验看后说雨伞是好的，怎么一下子变坏了，要我赔偿38元（此伞价值十几元），且不出具任何票据。后在车站保安的协调处理下，折付20元。当时，我向保安陈述自己的看法：一、既然是便民服务，借伞押金五十元，显然过多；二、摆放的雨伞，供旅客借用的人很多，应该加以折旧，东西总有用坏的时候。他们认为我的意见有道理，表示愿意接受。保安当时处理此事，急跑过来，脚崴了一下，受伤了。他买了一瓶外敷药水，我找到他的办公室，付给他十元钱，保安推辞。我连忙解释道："你是为了解决我的事才弄成这样的，理应接受。这是个人表示的一点意思。"

事后，想想这件事，自我感觉到：高铁站，乃窗口单位，人流量大，便民服务的雨伞的押金不宜过多，以成本价即可。因为乘坐火车的旅客，大多为远路，若是遇到下雨雪天，借用回家，往返带过来送还，多有不便之处，权且当作在高铁站内购买一把雨伞，也是便民之举！

2016年6月5日　　星期日

端午节临近，我回到铜陵，即行走访亲戚（舅奶），送节礼，放在门口。舅奶去菜市场，二姑在楼下喊我，打招呼。中饭未吃，即去理发、染发。再去市图书馆看看书。一天的时间匆匆而过。

2016年6月6日　　星期一

今天上午，我收拾行李，先到市社保局，为母亲办理慢性病手续，后乘坐高铁赶往安庆市，再转乘汽车到达望江四小。下午连上三节课。

接到派出学校发来的短信，说是填报乡村教师20年表格。我对照文件，仔细琢磨年限问题的政策规定。本人于1991年8月至2000年8月在铜陵市碎石岭煤矿职工子弟学校任教，当时属于铜官山区，而非农村。如此算来，本人在乡村学校任教年限不满二十年，不符合年限条件，不能参与填写表格，享受乡村教师20年荣誉待遇。派出学校负责人于第二天又发来短信，催促填写事宜，说道："碎石岭矿的老师都填写该表，只有你一人没有填写。"我给予明确回复，原碎石岭煤矿职工子弟学校任教的年限，应该请示上级领导，给予答复，如何计算？答曰：市教育局没有明确答复意见，你自己考虑，是否填写。根据派出学校的回复意见，再仔细结合文件精神，我当即给予明确回复意见：乡村教师二十年年限不够，不参与填写该表格，没有含糊态度。此事应告一段落，不再反复纠结，且填报时间已过，不必再增添麻烦。派出学校接受我对这一问题的看法和做法。别人填写该表，是各人自己的事。

2016年6月8日　　　星期三

望江县四小数学组写出黑板通知，今日开设校本研修课，同课异构：吴老师（404班）、吴老师（402班）执教课题《鸡兔同笼》。

办公室的女同事在悄声议论，"数学组在上公开课，语文组怎么啦？"我听后，感到有些茫然。心想，本学期的听课次数尚未够数，得抓紧机会听课，完成听课任务。于是，我与301班的音乐老师刘某某调课，安排时间听课。上午第一节课，吴老师执教数学广角问题《鸡兔同笼》（404班）。我自带坐凳，提前赶往404班教室，选好位置，做好听课前的准备工作。上课铃声响后，数学组的老师陆陆续续赶往听课教室。数学广角问题——鸡兔同笼，是个古老的数学问题，早在1500年前的《孙子算经》里就有记载。关于数学广角问题，我在铜陵市亦听过类似的公开课和数学讲座，并不陌生。404班的吴老师是一位中午女教师，工作态度很认真。她先从学生日常生活中常见的储蓄现象，导入新课教学，贴近学生生活实际，符合学生身心特点和认知规律。紧接着，将学生引入1500年前的我国的《孙子算经》里的"鸡兔同笼"问题。利用"班班通"课件，演示数学假设推理，运用多种方法解决这一数学问题，并分析各种方法的利弊。因为导入部分内容较多，占用一定课堂教学时间，相关教学内容待到下节课继续研究，亦设一个悬念。

上午第二节课，402班的吴老师执教该课例，似乎显得很轻松、自如。开课伊始，吴老师手拿一纸盒，故意卖着关子对学生说，纸盒里面有鸡兔若干……后又讲故事，鸡、狗排队，已知头、脚数，求出鸡、狗各多少只？继而，利用"班班通"课件，引出我国古代1500年前的《孙子算经》里的"鸡兔同笼"问题，运用假设法引导学生进行演算，然后，再迁移推广运用到其他动物。巩固作业，题型多样，内容丰富，即时有效。教学中，师者迁移得法，灵活运用、巩固所学知识。利用实物，导入新课，趣味性强，符合学生的认知规律。教态亲切自然，驭课有余；课堂板书，简洁明了。整堂课，教师教得轻松自在，学生学得踏实、有趣。

听两节数学课，是因为担心语文组的活动若结束，本人的听课任务未完成，留下遗憾。（本学期，为了迎接义务教育均衡发展检查，学校的活动任务很多。校本研修课的时间安排，适当调整）

2016年6月8日　　　星期三

今天上午的第一节课后的间隙时间，我带领几位班干前往学校图书室借阅图书，每月一次。况且六月份省检，各项制度应该规范完善，有备无患，便于检查。学生的课外阅读，语文教师自然需要较多关注。遂向学校图书室管理员周老师借出47本课外书籍，各组组长分别领取登记。我让学生根据自己的兴趣爱好，自行在图书架上查找，满足孩子们的阅读需求。总结、吸取前几次借书登记的经验，我让班长带领六位组长现场登记书名等，然后分发至各组各位同学，每人在组长处签名借阅，六个小组同时进行这项工作，不一会儿，很快完成这项任务，大大提高了各组同学的借阅效率。和以往一样，我及时对学生进行相关教育，要爱护学校图书，像爱护自己的眼睛一样，同时，要求每位同学平时做好读书笔记，积累好词佳句，扩大课外阅读量，丰富课外知识，拓宽知识视野，不断提高语文综合素养，从小养成良好的阅读习惯，为终身学习打下牢固基础。

2016年6月9日　　　星期四

今天是端午节，连同双休日，共放三天假，由于每天要给母亲打针（注射胰岛素），我没有返回铜陵。这个端午节，我携母亲在望江县第四小学度过。早起，我告知母亲，今天是端午节，母亲嗯了一声。我说我上街买菜，先去学校附近的菜摊购得一部分蔬菜。母亲说，端午节要吃鸭蛋。吃过早饭，我再乘公交车前往望江县雷池菜市场，采购节日食物、食品。市场上，菜的品种，丰富多样，体现端午节的节日气氛。我边走边看边采购。母亲见我手里拎了许多东西回来，自然很高兴。

因为是过节，午餐，我饮了一些啤酒。下午睡了一觉。

这个端午节，因为情况特殊，我在他乡异地度过这个节日，自然别有一番滋味在心头。在举国上下纪念我国古代伟大的爱国诗人屈原的这个传统节日里，我在支教受援地——望江县四小的校园住处，与母亲悄然度过。因为路远，姊妹没有一人前来看望生病的母亲。我于近日分别向她（他）们发出短信，要求他（她）们给母亲送节礼。不便前来，可以寄钱，尽到做子女的一份孝心。后只有大姐、小姐打来电话，大姐寄来二百元钱，像个做老大的样子。一直以来，我每天给母亲定时打针，监测血糖，注意母亲的日常生命体征，并做记录，日后可提供给医生做治疗参考。

前几日返回铜陵，我考虑到端午节可能回不来，不能把母亲一人丢在望江县四小，那样会被别人说闲话。于是，我提前做了一些准备工作，买了一些艾草，摆放在梦苑小区的住房门前，以示主人对中国民间传统节日的重视和传承意识的不忘，以及对屈原大夫的纪念之意！

2016年6月10日　　　星期五

晨起，推开窗户，举目望去，看到墙角边那些让母亲锻炼、活动手脚的被母亲早晚侍弄的塑料泡沫箱里的辣椒、茄子、南瓜等长势良好、喜人。阳光的充沛，雨水的充足，温度的适宜，土壤的肥沃，母亲的辛勤劳作，有时成为系人心情之所在的绿色蔬菜，尤其是南瓜，藤子一天比一天长，辣椒、茄子已经挂果许多。在夏雨的浇灌下，在晨风的吹拂下，它们仿佛正向主人不断点头致意，感谢主人的辛勤劳作！才有"我"等现在茁壮成长模样！

在望江县四小大力推进义务教育均衡发展、整治美化校园环境的大背景之下，我于校园的旮旯之角，妙想办法，为母亲开辟一小处菜园。原因当然是为了早日让母亲恢复身体健康，作为锻炼之用。同时，我亦从中学到耕种蔬菜的知识，成为课余时间的休闲之处，何乐而不为？我虽然生于农村，长于农村，可对农作物耕种却很少亲自动手操作，这也是我后来常感到遗憾，又常想弥补这一课，补齐这方面短板。还是母亲给了这样的机会，一举多得呀，享受生活的乐趣。遇到问题，化消极因素为积极因素，综合考虑，综合施策，将会受益多多！我常与同事戏言："躬耕陇亩，拽耙扶犁。"农桑之事，人类生存之本，应该乐学不疲。

　　说起菜园蔬菜话题，让我想起现代著名作家吴伯箫先生在二十世纪六十年代，通过回忆所写的散文《菜园小记》，记叙二十世纪四十年代在延安时期，中国共产党领导的广大红军面对国民党的封锁，开展的大生产运动。当时毛主席发出号召："自己动手，丰衣足食！"火热的军民互助的劳动场面浮现眼前。多少大城市知识青年投奔延安，弥补农业劳动这一人生重要一课。我时不时翻开文章，细细读之，一股清新之风，扑面而来。常读常新，令人心旷神怡。

2016年6月11日　　　星期六

　　今天下午，我冒着小雨前往安庆市立医院，为母亲购买药物（短效胰岛素）。下午五点许，赶到医院，挂号专家号，内分泌科汪主任接待，他询问我母亲的近期血糖情况，我如实汇报，根据监测记录，发现长效胰岛素对我母亲的血糖控制，效果不明显。后来汪主任开了两盒短效胰岛素（诺和锐）。时间已近下班，我将母亲的腿部感染照片，递给汪主任查看，他说需要住院治疗，准备一万元。我听后表示，现在还在望江县支教，没有时间安排，待到放暑假时，兄弟姊妹再一起商量办事，届时看如何安排给母亲治疗这件事会更好些、妥当些。

　　办完母亲的购药之事，匆忙赶坐市内公交8路车，到达长途汽车站，再转乘长途大巴，经过一个半小时的行驶，抵达望江县城。徒步走到望江县四小宿舍，时间已是晚八点多钟。我为此事，还与母亲争吵一顿，责怪母亲不该要我下午去安庆买药，直到现在才赶回来。

　　下午出发时，在望江县城乘坐公交车，碰到办公室同事彭老师，她带着小孩在县城里闲逛，一上车，她就询问我到哪里去？我告知她，去安庆市立医院给母亲买药。到达长途车站后，各自下车。我急奔长途车站售票处，购票前往安庆市。

　　偶得一语：得陇望蜀，看江望海。

2016年6月12日　　　星期日

　　今天下午第二节课下课后，铜陵市支教同事——望江县第三小学的李

"三区"支教献我力

194

老师，邀请我和汪老师（铜陵市支教同事）前往望江县漳湖镇回民村参观游览（顺便带来前几天委托其购买的一壶香油），我向学校领导发出短信请示，得到许可（下午最后一节课，我无上课任务）。

我们一行三人（李、高、汪）乘坐李老师的自驾车，在望江县城外广袤的原野上奔驰，一望无际的绿油油的庄稼呈现在我们眼前。这一片土地位于长江北岸，可谓千里沃野，万里长江将这一带冲击成平原地带，土质肥沃，是国家优质粮油棉生产基地。由于路线不熟，车子绕道，经过近一小时的行程，傍晚时分，我们赶到回民村。长江大堤下不远处，出现在我们眼前的是一排排布局整齐、颇具地方民族特色的回民建筑风格的农家住宅，分布在村村通公路的两侧，卫生整洁、干净，村容村貌，给人别样感觉。这处回民村落，是安徽省地方民族保护自然村落。居住在这里的回民，明清时期，从江西省九江一带移民过来，聚居在长江北岸，他们祖祖辈辈以捕鱼为生，"靠江吃江"，终年在江上靠捕鱼生活，繁衍后代，生生不息，久久相传。至今依然保持鲜明的回民风格，清真寺屋顶，很像西洋建筑风格。回民很勤劳，尤其是在1949年的解放军大军横渡万里长江时期，部分渡江部队驻扎在这一带，做备战工作。当地回民积极参加支前运动。同行的李老师，来之前阅看过望江县地方志，较多地了解回民村的一些历史，向我们讲述"飞机残骸"的故事。

不一会儿，当年参加过支前工作的老人应邀前来，打开渡江纪念馆大门，领着我们进入室内参观。村部所在地附近的清真寺是当地爱国主义教育基地，室内陈列着当年人民解放军横渡长江时所征用的木船以及渡江作战所用的部分枪械、用具等。有的还是当年的物品，有的是复制品。看到眼前的陈列品，再加上这位八十多岁身体硬朗的老人，绘声绘色的现身讲解，让我们有身临其境之感，仿佛把我们带到那战火纷飞的战争岁月，人民子弟兵在支前民众的大力支援下，乘坐大批木船，正奋勇顽强地横渡长江，杀向长江南岸，以摧枯拉朽之势迅速跨过长江……

陈列馆里摆放着一架美国"飞虎队"飞机残骸，引起我们高度关注。原来该飞机残骸沉睡在长江水底下已多年。去年，当地回民在捕鱼的过程中，总是遇到挂网现象，后来，几位回民在夏季时节，潜入长江水底，找到现在的飞机残骸。这架飞机是美国制造。抗日战争时期，美国派出"飞虎队"战机帮助中国军队作战，在长江水面上空被日军击落，沉于长江水底。在水下沉睡几十年，被打捞上岸，重见天日。现在机器的有些部件，还是完好如初，不能不令人惊叹美国军用品的质量之好。同行的李老师站在飞机残骸旁边，不停拍照留念，与当地的方老合影纪念。

夕阳的余晖洒落在清真寺的高耸屋顶之上，显得格外醒目。我们一行三人站在清真寺外的广场上，各自相互拍照留念。回民老人热情接待我们，向我们仔细介绍相关情况，令我们流连忘返。

参观完清真寺，大家采用 AA 制，去附近的回民饭店用餐，亲身体验感受回民的饮食习惯和民族风情。牛肉是回民的主打食物，我们自然不会放过，仔细品尝地道、正宗的回民牛肉火锅，味道不错。我们边吃边听饭店服务员介绍当地回民的生活习惯和民族特点，如戒斋节……

漳湖镇坐落在古雷池之滨，位于望江县武昌湖与长江"黄金水道"之间。另据了解，这里号称安徽省回民第一村，由方、张、马、董等姓氏世代聚居、繁衍。附近有亚洲第一高塔——长江跨江高压线缆铁塔。企业老板投资一亿多元，引进种植美国的核桃。自新中国成立以来，各级领导都曾前往漳湖镇视察、开发长江沿岸大片芦苇丛，长江中下游平原变成万顷良田。

由于需要给母亲打针，我催促同伴们尽快赶回望江县城。晚风习习，车子奔驰在暮色笼罩下的广袤田野之上，清新的空气，沁人心脾。驾车的李老师不由自主地感叹道："多新鲜的空气呀！"

晚八时许，车子停在望江县国际花园小区，我步行到达四小住处。回来后，我得知母亲在黑暗中盼望我多时，并不断询问隔壁的汪老师。只怪我出发时，没有告知母亲，让她老人家操心。

2016 年 6 月 12 日　　　星期日

春风化雨　润物细无声

今天上午的课间大活动时间，301 班的孩子们在校园划定区域快乐玩耍，做游戏活动，三五成群，嬉笑玩乐，高兴不已。校园里随处可见孩子们欢快的身影。不一会儿，忽见班长胡某某领着几个同学来到我的身旁，只见张某某哭哭啼啼，膝盖以下的裤子被弄脏了，腿上的皮肤被擦破一点，胡某某向我讲述当时事发情况。她们几人正在玩游戏，汪某某在后面用力推动张某某，导致张某某摔倒。我听后，一边查看她的伤情，一边派班长去找班主任处理（孩子们跑回来告诉我，没有找到班主任），在我查问下，汪某某说她不是故意的。我随即让她们要么继续做游戏，要么回教室。

看到这两位女孩发生矛盾的事情，让我想起前段时间出现的一些苗头性问题。也是大课间活动时间，我发现汪某某独自一人在玩魔方似的玩具，便问她怎么玩？只见她用小手不停地转来转去，不一会儿，她用手指着玩具表面上的人物图形和汉字，让我看："魔女娜娜。"因为是小孩子的玩具用品，所以当时未引起我足够的注意。现在回过头来，再结合眼下发生的事情，我开始琢磨起来，这两位小女孩可能以前存在过结。她俩的座位一前一后，平时难免发生矛盾。看起来，不是一句简单的话"我不是故意的"，就能解决她俩的矛盾。我继续留心、关注她俩的平时表现，看看她们是否就此冰消融释，和好如初？

又是一次课间大活动，我看到张某某在教学楼下面的走道里迅猛奔跑，满脸汗水，正在追赶汪某某，那架势可不好看，如不及时加以制止，极有可能再次发生摩擦。因为上次大课间活动，汪某某在玩游戏的过程中，推倒张某某，张某某有可能"怀恨在心，寻机报复"。两位小女孩都很聪明，尤其张某某，平时的作文写得很出色，常被老师表扬，人也长得俊俏，做事很认真，小小年纪，即追求做事完美，自尊心很强。可是有些小心眼，是不是引起其他同学嫉妒？在处理学生之间的日常矛盾，这些都是需要师者加以认真考虑的。

我采取一定的方式、方法，和当事学生进行思想上沟通交流，分别找汪某某和张某某谈话，说出老师对这个问题的分析和看法，简直是看透了小孩的心理世界，说得她俩心悦诚服，不断点头称是。学生之间的这类问题，若不及时处理，很容易引起后面的系列纠纷，乃至校园事故。我对汪某某说道："在前段时间的一次课间大活动中，老师发现你玩的移动卡片上出现的汉字，即是对同学的不友好，你虽然没有直接说出来，但是通过玩具的形式表现出来。是你做得不对，至少说明你对张某某存有不友好态度，再结合今天发生的纠纷，更印证了这一点。"汪某某听到老师对这一问题的详细分析，不住地点头承认。

我进一步分析道："你们课间玩游戏，应该自觉遵守游戏规则，而你在后面推倒正在跑动中的张某某，属于违规行为，责任在你。若是正常的游戏活动中不慎摔倒，自然另当别论，无可厚非。"汪某某站在一旁，默然不语，似乎在反省自己的错误所在，以取得老师和同学的原谅。过后，汪某某写了事情发生的经过，并向张某某做出道歉。在老师和班长以及部分同学的共同见证下，两位同学握手、拉手言和。在场的有些同学可能没有见过类似的情景，感到新鲜而好奇，从内心深处发出那种只有年少稚童才具有的那份纯真高兴劲和爽朗的笑声。

经过老师的一番耐心细致地做思想教育工作，两位当事同学也都面带微笑地注视着对方，那是真心的和好，而非一时的做作。我又不失时机地进一步对张某某教育道："今天，老师和班干让你俩重新握手和好，以前的矛盾都解决掉，以后若是发现你做出对汪某某不利的事情，就是你的不对，老师就会严厉批评你。"小家伙诚恳地点头，表示愿意接受老师的谆谆教诲！

日后，我继续关注她俩的平时表现，确实和睦相处。一场同学之间的危机、纷争，被我耐心细致地做当事双方的思想教育工作而成功化解掉。

2016年6月13日　　　星期一

今天下午第二节课，我教授《西门豹》一课。开课伊始，我习惯性地引导学生质疑课题，孩子们纷纷举手发言，似乎觉得对于这样的课题，老师的提问也太简单了，难不倒我们，一个个信心满满的样子。见到孩子们如此踊跃发言，我略作停顿，向孩子们抛出一个问题，老师也想提个问题，考考同学们。教室里立时安静下来。

"'西门豹'是人名，是古代的一个地方官，谁知道他姓什么？"我的话音刚落，教室里的孩子们几乎是异口同声地回答道："姓西。"声音还挺响亮的，俨然一副不容怀疑的样子。

"是吗？"我紧接着反问一句。教室里似乎有一种潜在的声音，这还用问吗？

正在这时，第四组的柯某某冷不防冒出一句："姓西门。"他的话音刚落，只见坐在前排的朱某某等人发出"咯咯"的笑声，继而是全班同学的笑声，仿佛在嘲笑柯某某。显然，学生的课前预习工作没有做到位。见此课堂情景，我首先肯定柯某某的回答是正确的。部分同学听到老师如是说，感到有些不可思议，心想，怎么还有两个字的姓氏，这可是平生第一次听老师说的。看到全班绝大部分同学疑惑的眼神和目光，我在心里责怪同学们预习工作没有做到位，要求他们马上打开工具书查看。先睹为快的同学，长长地嘘了一口气，不得不如梦初醒般。

看到孩子们由满腹狐疑的样子，一下子变得明朗起来，我进一步进行拓展，开阔学生的知识视野。复姓，除了"西门"之外，尚有许多，如上官、司马、诸葛等。经过老师一点拨，座位上的孩子们又开始七嘴八舌地议论起来，"我们学过的故事，司马光砸缸救人，孔明诸葛亮借东风……"

孩子们打开工具书，寻找答案的那一刻，我看到不少同学眉头紧锁，那分明是自主学习、主动探索的学习方式被充分运用起来，此时的学习效率可想而知。也许有的孩子一辈子也忘不掉今天的课堂情景。

199

2016年6月14日　　　星期二

今天天气较为炎热，办公室所在的楼房位置朝向是坐东朝西，特别到了下午时候，靠西晒，经常不得不拉上窗帘。尽管如此，室内的气温依然很高，影响人的思想情绪，有时不得不去学校会议室批改学生作业，以减轻炎天暑热对人的身体及情绪的影响。

下午，我上完课后，正在办公室批改学生作业。铜陵市支教同事汪老师来到我的办公室，他询问我以前在太湖县支教时的相关情况，我们在一起相互交流看法。由于天气炎热，影响人的思想情绪，让人感到烦躁不安，说话自然不少，难免有失口的地方，言多必失嘛，至于别人是否听得进去，就不得而知了。汪老师询问，支教结束前需要做哪些事情？我说各县的做法可能不一样，到时候听从受援县教育局和支教受援学校的工作安排，暂时不需要个人操心。

经过一天的太阳烤晒，我所居住的校内平顶房，室内气温较高，晚上难以办公，我只好到教学楼二楼办公室批改学生基础训练，总共四十七本，堆得像座小山似的，摆在办公桌上，只有静下心来，一本一本地批改，不得存有任何侥幸心理。经过两个多小时的紧张批改，总算完成当晚的工作任务。

2016年6月15日　　星期三

今天下午，我正在办公室办公，铜陵市支教同事曹老师来到我的办公室通知：本周五中午（6月17日），铜陵市教育局领导前来望江县看望、慰问铜陵市支教教师。届时，刘老师订好饭店后，再通知我们，大家做好迎接市教育局领导慰问到来前的各项准备工作。

2016年6月16日　　星期四

本学期以来，望江县义务教育均衡发展的各项准备工作紧锣密鼓地进行，各级领导检查的力度不断加大，校园面貌焕然一新。学校各项工作井然有序。语文教研组校本研修课正常进行，学校做到迎检和日常教学教研两不误。今天上午第一、二节课，分别是204班的周老师和201班的李老师进行同课异构，课题是《丑小鸭》。这个课题，我在铜陵市派出学校主持、参与研讨过。这个课题也是老师们经常用来作公开课。我带着满腹期待的心情，走进课堂，希望看到别样的课堂精彩，不同风格的同课异构。

204班的周老师经过精心准备，首先登场执教。开课伊始，她请五位同学上台表演故事《丑小鸭》，在全校语文老师及校领导的众目睽睽之下，讲台上的孩子们没有丝毫的紧张感，从容不迫地进入故事角色，有声有色地进行现场情境表演。教师的适度点拨，起到画龙点睛的作用。本节课的最大亮点，是学以致用，迁移写话。教师引导孩子们学习课文中的丑小鸭的外貌描写，学生习得之后，周老师让一学生上台，其余学生对台上的学生，进行现场描述，借以训练学生的口语表达能力，同时也为写话做充分准备。

小动物是孩子们的喜爱之物，一学生迫不及待地举手发言，说出自家小白兔的外貌特征，很富童趣。师者引导得法，过渡自然，收放自如，"现炒现卖"，收效甚好。（现场情境描述，台上的小女孩，童趣盎然地摆动着头上的羊角辫，显出美滋滋的神态，让人忍俊不禁，宛如一朵盛开的灿烂鲜花；座位上的孩子们被台上小女孩的精彩表演深深感染，个个喜不自禁，思维变得异常活跃，妙语连珠，脱口而出，引人入胜。教学设计环节中的情境表演和模仿迁移说话、写话，给我留下深刻的印象。值得商榷之处，课堂上的预设与生成的关系处理，师者应该尊重学生的课堂学习主体地位，不应该以自己的预设替代学生的课堂即时生成。如"我们按顺序来，你的问题待会儿解决"等，"趴"的读音"pā"还是"bā"？

　　李老师执教的《丑小鸭》（201班），复习课。开课伊始，师即开宗明义，本节课要考考同学们以前学过的内容，读课文，写感受，续编故事等。可谓目标明确，思路清晰。校本研修课，复习课的上法，足见李老师的胆量，敢于挑战"同课异构"。李老师引导学生朗读课文，尊重学生课堂学习的主体地位，让学生以自己喜欢的方式自读课文，读出各自的个性化感受。但见课堂上的学生入情入境，披文入情，丑小鸭的形象深深刻印在孩子们的心中，怜悯之心顿生。此设计环节符合二年级学生的身心特点和认知规律。师者引导学生读中感悟，及时写出体会，读写结合，从小培养学生良好的读书习惯，所谓"不动笔墨不读书"。课堂上，学生积极举手发言，回答问题，气氛十分活跃。课的结尾，要求学生续写故事，丑小鸭变成白天鹅以后，又是怎样？发挥各自的想象力。此环节设计，由于教学时间的关系，安排学生课后完成，未能及时有效展示，以检验学生对故事情节的合理丰富想象。同样需要值得商榷之处，课堂预设与课堂生成的关系。学生读课文，不一定按照老师事先预设的顺序进行，为了体现尊重学生学习的主体性，师者应该顺学而导，"围着学生转"。运用教学机智，巧妙几句话带过，体现过渡的自然性，又可借机恰当夸奖学生，取得化危为机、一石二鸟之功效。充分运用课堂即时生成的教学资源，亦体现教师驾驭课堂的应变能力。

　　两位老师的"同课异构"，异出各自的课堂教学风采，给我留下很深的印象，真正体现出"异"之精彩，"异"之实在，"异"得其所。教学有法，但无定法，贵在得法。这也是本人在望江县四小看到"同课异构"中"异"得最多的课例。

2016年6月16日　　星期四

　　中午下班回到宿舍，接到望江县三小支教同事刘老师打来的电话，通知本周五中午，铜陵市教育局领导前来望江县看望、慰问支教教师，届时

201

"三区"支教日记之 望江篇

各自到达檀家菜馆聚餐，接受来自派出地——铜陵市教育局领导的专程慰问！

2016年6月17日　　星期五

中午下班，将学生送出校园后，我回到宿舍。望江县三小的支教同事刘老师电话告知，让我乘坐曹老师的车子，后来，她们提前赶过去。我与汪老师一道乘坐公交车赶往檀家菜馆。铜陵市教育局党委汪副书记和组织科左科长代表市教育局前来望江县看望、慰问支教教师。

市局领导先到达目的地，静候支教教师的到来。三小、四小共十位支教教师齐聚望江县檀家菜馆。席间，汪副书记让支教教师谈谈在望江县支教近一年来的感受，说说当地的风土人情等。市局领导很健谈，讲到近期铜陵市师范附小的位于开发区的分校的学校命名事宜，汪副书记的表态，表现出教育人应有的骨气，让我暗暗称赞。汪副书记称赞支教教师给铜陵市树立了良好的形象。大家边吃边聊，席间气氛十分融洽和谐。市局领导还当场向每位支教教师发放慰问金（500元/人，市教育局信封装）。大家对市局领导的关怀表示衷心感谢！

2016年6月17日　　星期五

今天上午第一节课，603班的鄢老师执教校本研修课《一夜的工作》，与601班的张老师进行同课异构。根据本学期初的学校语文组教研工作安排，应该在四、五月份完成。后来，因为望江县申报义务教育均衡发展县，学校为了迎接各级领导检查，该项工作时间进行适当调整。学校工作重点投入到迎检之中。年初安排的语文组教研工作任务总是要完成的，只是时间上做出调整，做到迎检和日常教学工作两不误。学校领导要求广大教师端正思想认识，迎检工作应该是对日常教育教学工作起到促进和推动作用。（迎检工作，需要补齐平时资料，而非造假）

鄢老师运用"班班通"教学设备制作PPT课件进行课堂教学。（我自带坐凳，提前到场，找好位置，做好听课准备，以示对执教者的尊重）开课之后，师者运用课件呈现自读提示。师者尊重学生课堂学习的主体地位，要求学生以自己喜欢的方式自读课文，画出自己最受感动的语句，引导学生阅读感悟、体会周总理一夜工作的辛劳，批阅一尺来高的文件……生活却是如此简朴，一小碟数得清颗数的花生米……学生课前准备充分，课堂回答问题十分踊跃，虽是高年级，但孩子们并不感到羞涩，而是大胆、积极地举手发言。这给听课教师留下很深的印象。教学中，多媒体PPT课件的及时呈现，调动学生学习的浓厚兴趣，丰富学生的感性认识；充分尊重学生阅读过程中的个性化感受与体会；听、说、读、写，有机结合，训练学生的语文综合能力。板书设计清晰工整，体现文章主要内容；数量词的提炼，体现周总理工作的劳苦和生活的简朴。男教师的教学风采，显现阳刚之气。

值得商榷之处，课件播放，稍加注意，以免误击，导致课件内容的多次重复出现，影响学生课堂学习的注意力集中。

2016年6月17日　　星期五

本周五下午，我没有返回铜陵市（母病需要每天打针）。下午在办公室批改学生作业。最后一节课，全校大扫除，各班打扫班级卫生。301班的周五最后一节课是英语，周老师需要上课，只能预留一小部分时间让学生打扫班级卫生。批改完学生作业，我站在办公室外的走廊上，注视301班教室的动静。忽然，发现一女教师在擦窗户玻璃，我定眼细看，原来是钱副校长亲自帮助301班学生打扫卫生。我急忙快步走过去，替换钱副校长，站在教室窗户内侧擦拭窗户玻璃。班主任戈老师指挥、调派学生扫地。擦完教室走廊一侧的窗户玻璃，我趁热打铁，继续擦拭教室另一侧的窗户玻璃。看到左昕同学站在窗台上，半个身子已探出窗外，很认真地擦拭玻璃，但样子很危险，我急忙叫停，让她从窗户上下来。随即，我亲自上到窗台上，用抹布擦拭窗玻璃。身教重于言教。在老师的示范引领下，孩子们打扫卫生的劲头更足了，干得更欢！

在师生的共同努力和全力配合下，经过一番紧张的劳动，301班教室变得窗明几净，十分漂亮。放学的铃声响起，孩子们背着书包高高兴兴地站好路队，迈着整齐的步伐走下楼梯，步出校园。我继续清理教室卫生，教室前后门摇头天窗亦被擦拭干净，直到满意为止。学校迎检工作力度不断加大，校园卫生打扫工作由临时应付检查，转变为常态化的自觉行为。一来培养孩子们从小热爱劳动的良好习惯；二是班级公共卫生意识亦得到提升，从而进一步凝聚学生热爱班级的向心力。"人人为我，我为人人"的意识理念会深入学生的心灵深处，产生意想不到的潜移默化的教育效果，此乃"春风化雨，润物细无声"的理想教育境界。

2016年6月18日　　星期六

清晨，手机刚开，便接到望江县三小支教同事李老师打过来的电话，相约前往游览小孤山。我需要给母亲打针，早晨时间显得很紧张。母亲早起，到校外去，我得等她回来。李、汪二位老师电话催促不断。因为我已于4月份游览过小孤山，今天准备给母亲采购大量苦瓜晾晒，所以不是迫不得已的人情关系下，我不需要再去，此行纯粹是陪同而已。（李老师的车子加油，我付一百元油费）

李老师的自驾车载着我们几人，在望江县城内转悠一个多小时，因为路线不熟，上午九点多钟，车子才正式驶向小孤山方向。一望无际的广袤平原，一片绿油油的庄稼，农田风光，让人心旷神怡，饱览不已。

同行的李老师感叹道："以后要多交几位农村朋友，了解农作物的生长情况。"

"是呀，'农村是广阔的天地，在那里可以大有作为！'毛主席当年发出号召，广大城市知识青年纷纷响应上山下乡。"我接过话茬，引发话题。

车子在长江大堤上奔驰，行程一个多小时，抵达小孤山，附近拜佛的鞭炮声不断。下了江堤，步行约一公里圩区机耕路，小孤山便耸立在我们的眼前。李、汪二位老师上山游览，我则坐在山下江边的小店旁，批阅随带的学生作文本。快到十一点，他们下山，游览完毕，驱车返回望江县城。因为中午需要给母亲打针，我没有参与就餐，乘坐的士赶回望江县四小住处。时间已是中午12点多。总算尽了朋友之谊，给了朋友面子。

当天，学校正在检修校舍楼房屋顶，清除杂物，疏通管道，以利于雨季排水通畅。中午时分，忽见远处一群人来到校园参观。细听声音，原来是支教同事曹老师的高中同学二十余人，驾车来到望江县游玩，他们一行人在校园里拍照、留念。

2016年6月19日　　　星期日

今天全天下雨。回想起那天铜陵市教育局领导慰问支教教师午餐散席过后，望江县支教组组长刘老师与我交谈道："慰问支教教师，这是领导的政治任务。"回来后，我仔细琢磨之，铜陵市郊区没有过来慰问，是不是领导工作繁忙，忘记此事？遂作适当提醒，分别向有关领导发出短信提醒，说明相关情况，具体怎么做，由领导决定。派出学校回复意见："这是由区教育局安排。"刘老师回复："这是领导决定，个人无权决定。"当时，我心想只要自己完成支教任务就行了，至于"慰问"的事，就不是自己所能决定的。顾不得那么多了，何况病母尚在身边，每天需要照顾。

中午时分，去望江县雷池菜市场采购食品。

下午，我到教学楼二楼办公室批改学生作业，间隙时间，我在二楼走廊里来回走动散步锻炼，信步走到走廊一端的尽头，看见墙体内侧的消防栓的铁柜里，摆放有袋装洗衣粉、鞋刷、茶杯等日用品，感到有点别样。想到现阶段，正值义务教育均衡发展迎检阶段，各项工作均须规范到位。消防工作也是学校迎检的重要方面，必须慎重对待，切不可麻痹大意。想到这里，我便顺手将消防柜打开，拿出杂物，摆放于墙壁的拐角处，做到不影响消防器材的正确、及时、顺利取用。做完此事，因为自我感觉是件小事，也就没有与校领导说起这件事。受国家派遣，外出支教，遇到相关事情，自己能够做到的，应尽力去做好每一件力所能及的事。领导及周围的人会看在眼里，记在心里，无须自己张扬。

2016年6月20日　　　星期一

上午，天气下雨，体育课无法去室外上课，与体育老师协调借用一节课，下午检测第七单元。本学期的教学课时较为紧张。

下午放学之后，有几位同学被留在办公室里写作业，是因为当天的语文作业没能及时完成，其中有朱某某、邢某某等几位成绩很好的同学。越是临近期末，越是要抓紧，不能麻痹松懈，要用自己的实际行动来树立铜陵市支教教师形象，打消受援学校个别学生家长的思想顾虑，以给支教工作画上圆满的句号。

我在批改学生作业时，发现邢某某（留守儿童）的生词抄写，未按照要求去做，她只抄写头尾的词语，中间的词语漏写，有"偷工减料"之嫌，若不仔细批改，就被蒙混过关。与其爷爷交流、反馈小孩的最近语文学习情况。她爷爷听后，感到很气愤。同时，我告诉她爷爷，头脑聪明的小孩，在日常学习过程中，常有异常表现，需要老师多加留心、注意这类学生的平时学习情况。听到老师对这一现象的仔细分析，她爷爷很重视这件事。晚上回家，想必要对小孩进行"家法"教育。

果然，第二天一早，他就带着小孙女找上门来。当天，我早起，正在宿舍办公，忽听有人敲门，持续不断的、有节奏的声音。好生奇怪，谁这么早敲门？开门一看，原来是邢某某的爷爷领着邢某某来告诉老师相关情况，邢某某的身体不舒服，昨夜可能睡着凉，早晨还在打针。我顺手抚摸她的额头，未见发烧症状，便拿出一瓶牛奶让她喝，同时，当着她爷爷的面，告诉她今天上午语文测试，能否坚持下来？如果实在不行，老师再打电话告知爷爷，来校接你回家，如何？小家伙点点头，表示同意。

整个上午，我格外注意邢某某的身体情况，看到她表现很好，未发现异常情况，总算坚持下来，小家伙终于克服、战胜一次困难，磨炼了自己的意志，树立了自信心，有着战胜困难的勇气和决心。

2016 年 6 月 21 日　　星期二

今天上午课间休息时间，铜陵市支教同事曹老师前来办公室通知，今晚餐，望江县三小的支教同事周老师请大家吃饭，地点在四小附近的乡村大院饭店。因为最近一段时间，母亲的身体状况不稳定，出现低血糖症状，下午睡了好几个小时，担心出现昏迷现象，所以不便前往，打电话告知曹老师，发短信致谢周老师，"照顾母亲，不便前往，心意领了。祝大家开心！"

中午下班后，教室里的学生绝大部分已回家（孙某某因为腿部受伤，留在教室里，每天中午，其亲戚送饭到教室），我利用这一空闲时间，用长竹竿绑着抹布，打扫教室电风扇上灰尘，陈年积垢，反复擦拭多遍，本周又要迎接省检义务教育均衡发展各项准备工作进展情况。301 班教室卫生等各方面工作，需要配合班主任及时不断加以完善。

中午回到宿舍，接到派出学校发来的短信，要求告知"晒课"课题，由于电脑出现故障，一时无法进行操作。又由于派出学校急需，只好牺牲午休时间，将电脑移至办公室内，方才完成此项任务。

由于临近期末，学校图书管理员通知要求学生上交课外图书，我布置各组长先收，再统一上交班长胡悦，同时让学生办理还书手续。22日还清图书，个别同学因为中午不回家，滞后时日交还。与学校图书管理员办结301班学生图书借阅手续。本学期的301班学生的课外阅读读书卡填写工作，学校规定由班主任负责安排，组织学生填写。学校制作专门的"望江县第四小学'我爱经典，我爱阅读'读书卡"，每月由班主任发给学生，安排学生利用综合实践活动时间填写，再上交学校图书室管理员。作为学生借阅学校图书资料的重要依据之一，亦是体现、反映学校现有图书的利用率，义务教育均衡发展迎检内容之一。

2016年6月21日　　星期二　

今天中午放学时分，朱某某的语文作业未能按时完成，被留下补写，我只好陪同。他奶奶每天骑自行车接送。该生亦是留守儿童，他奶奶对他管教很严，很重视朱某某的学习成绩，平时经常保存小孩的单元测试试卷，是位教育小孩的有心人，引起我的更多关注。还清楚地记得去年9月份，我刚接手301班语文教学，第一次单元检测，该生的成绩不甚理想，她奶奶来到办公室，向我咨询小孩的语文学习相关情况。我热情接待她，向她阐明一些原因，如不同的教师教学风格不一样，师生都有一个适应的过程。老奶奶虽然不识字，但是很明白事理，理解老师的良苦用意，表示愿意积极配合。

这次语文学科单元检测，朱某某的作文出现偏题走样。朋友，是表示人的"他（她）"，可是，朱某某却理解为动物的"它"，虽然人与动物亦能成为朋友，但不符合题意要求，我让他重写一遍，再给他一次机会，他未按时上交，因此被留下补写。

下午放学过后，我在校园里散步，看到朱某某奶奶骑自行车来到学校后门，我隔着大铁门和他奶奶交谈，告知朱某某放午学时被留下补写作文的原因。

她奶奶当即叫来朱某某，当面询问朱某某的本次语文单元检测的作文完成情况，小孩承认没有写完。她奶奶听后，一副很生气的样子，我连忙打圆场解围，让他晚上回家补写完。他奶奶方才解气，并且表示，明天早晨，她要亲自带着朱某某来到老师办公室，亲手将补写好的作文交给老师。当时，在场的几位学生家长，如陈某某、邢某某家长纷纷围拢过来，聆听老师讲述、分析学生在校语文学习情况，说得家长们感同身受，不断点头称是。家长们很关心小孩的学习成绩。当时，陈某某的妈妈的表现，给我留下深刻的印象。小孩的语文单元检测成绩87分。家长听后喜不自禁，十分敏感。她现在不上班，专门在家看管小孩。在与她交谈的过程中，我还了解到班级出现的一些现象。47人组成一个班集体，就像小社会，各种现象皆有，如有的小孩说她的作业忘记带，放在家里的桌子上；有的小孩说，昨晚做好作业，未放进书包；有的小孩说他的作业放在妈妈的车上；有的小孩两头撒谎……各种说法，不一而足，令人啼笑皆非，莫衷一是。若不采取一些必要的措施，作业拖拉就会出现蔓延趋势，一发而不可收。趁此机会，我亦郑重地向学生家长表态："受国家派遣，前来支教，我会尽心尽力，尽职尽责。即使明天离开望江县，今天的事情也一定要做好，请家长们放心！"通过近一年来的接触了解，学生家长们看在眼里，记在心里，认同我这位铜陵市支教教师的工作责任心。

当天下午，在场的学生家长纷纷介绍各自的家教方法，朱某某的奶奶讲了很多，小孙子很怕奶奶，有时用"家法"伺候，她的管教方法亦很管用，朱某某的语文成绩很平稳上升。邢某某爷爷对孙女做语文作业的"偷工减料"做法，很是气愤。"这还得了，不是老师讲出来，我至今还蒙在鼓里，这样下去，长大以后还了得呀！像建造楼房一样，偷工减料，建好的楼房容易倒塌，这不是小事，老师要麻烦你管教严些！"老人家满脸气愤的样子。第二天一早，老人家就带着孙女来到我的宿舍敲门，述说小孩昨晚发生的一些事情。我连忙拿出一瓶牛奶让她喝，安抚她的思想情绪。

通过恰当的方式、方法，在合适的场合，与学生家长进行有效沟通，形成教育的合力，有时会产生意想不到的教育效果。这一次，临近期末时间，与学生家长的偶然相遇，聊及学生的在校一些情况，没想到家长们是如此的高度重视，令人感动不已！家访的方式是多样的，电访、面谈、随机路遇等，不具一格，唯求教育教学之效果凸显。

　　今天下午第一节课课前，语文组组长刘老师通知听课，601班张老师执教《一夜的工作》（同课异构，原安排和鄢老师同一天执教，后有事请假，故改为今天下午第一节课上课）。张老师首先运用课件出示一首诗纪念周总理诞生日，诗人宋晓明的诗作《你是这样的人》。学生齐读该诗，初步感受、体悟周总理是怎样的人。接着，引领学生走进课文，走进周总理的一夜工作。教学中，引导学生抓住文中的关键词句"他是多么劳苦，多么简朴！"来体会、感悟周总理的工作和生活。学生通过文中具体的语句"室内陈设极其简单，一张不大的写字台，两把小转椅，一盏台灯，如此而已；""花生米并不多，可以数得清颗数，好像并没有因为多了一位客人而增加分量。""一尺来高的一叠文件，一晚批阅"，"审阅文件，一句一句地审阅，画小圆圈。"足见周总理的工作态度是多么的认真。最后让学生写下自己的感受，课后完成，未能及时展示、检验课堂教学效果。

　　执教者以诗歌导入新课学习，开阔学生的知识视野，丰富学生对周总理的多方面认识。教学目标明确，教学思路清晰。运用PPT课件进行教学，有序呈现，调动学生学习的浓厚兴趣。板书设计工整，简洁明了，体现文章的主要内容，可谓高度概括。

　　随着张老师的校本研修课的圆满落幕，望江县第四小学本学期的语文组校本研修课（同课异构）顺利完成任务。尽管迎检工作任务繁重，但还是如愿完成既定教研任务，没留遗憾和缺憾。我全程参与听课，整体感受望江县四小语文组教师的课堂教学风采。他们大多选用略读课文作为公开课之用。

　　上午上课时，发现301班教室玻璃（靠走廊一侧）上有污迹，遂利用中午放学之后的空闲时间，找来办公室的擦窗洁具，擦拭教室玻璃。本周，"义务教育均衡发展"省检下来，就在近几日。班级卫生保洁工作自然要更加注意，作为班级少先队辅导员协助配合做好相关班级管理工作，主动作为。

　　中午下班采购蔬菜回来，发现支教同事杨老师发来短信，邀请支教老下午第二节课时间，安排学生送还本月的301班的学生课外所借阅图书。下午快放学时，张会计受学校领导委托，开车带我前往杨湾丰乐蔬菜基地，购买现摘新鲜苦瓜108斤，利用晴好天气晾晒。途中，接到支教同事李老师电话，告知支教材料需盖章。回来之后，我和母亲赶紧切碎苦瓜，连夜持续进行几个小时，方才切完所有苦瓜，放在大圆桌上摆开，打开电风扇吹风，以防变质、变色。

傍晚时分，我正在和母亲一起切苦瓜时，不断接到杨老师打来的电话，催促我前去就餐，迫不得已，我放下手中的活，匆忙赶往园区土菜馆。间隙，出去与母舅通长话，告知母亲腿病治疗事宜。晚餐进行到晚八时许，我告知东道主杨老师，需要提前离席，回去尚有许多苦瓜等待切开晾晒。因为临近期末，复习工作亦很紧张。我和母亲一起切了一个多小时的苦瓜。晚九时，我又赶到二楼办公室批改学生作业。晚十点多，继续与母亲一起切碎苦瓜。这一天的生活节奏可想而知。

第二天一早，电话告知支教同事汪老师早点来校帮忙，抬出大圆桌（上面摆晾苦瓜片），放在学校后门口晾晒。幸好这天天气晴好，天公作美，经过一天的暴晒，基本晒干，保持不变质，为母亲储备一些必备保健品（降血糖之用）。

2016年6月24日　　星期五

今天早晨，班干送作业到办公室，讲到朱某某、何某某两位同学的作业未做。中午放学后，我只得将他俩留在办公室补做作业，自己则陪同学生，延迟下班。两位学生均是留守儿童，父母在外地打工。他们的奶奶知道一些情况，径直找到办公室，将其领回。我嘱咐他们，回家后，在家里一定要听奶奶的话，在家做个乖孩子、好孩子，在校做个好学生！期末复习，一定不能松懈，坚持就是胜利！暑假有两个月休息时间，可以在家适当玩耍。小孩听后不断点头称是。

下午，我让班长胡悦发放相关学生作业本。布置双休日家庭作业，以试卷训练为主。

　　自打上中学读书时，我就开始喜欢在课余时间里阅读报纸上的文章，尤其是副刊上的小说、散文，百读不厌。常于傍晚时分，在昏暗的煤油灯光下捧读散文等文学作品。回想当年那如饥似渴的读书样子，如果有人指点，看些名著，丰富少年人生知识底蕴，那将是受益无穷、锦上添花之事。

　　本学年度，在望江县第四小学支教，因为忙于日常教学（教授301班语文等课程），课余时间较少阅看报刊所载文章，平时多注重于撰写个人支教日记。这段时间，吸纳别人的优秀文章方面，做得不足。偶尔看到好的文章，我会拜读不已，甘之若饴。尤其当看到与我人生阅历相近的文章，极易产生共鸣，有同频共振之感。阅读《夜半山雨》这篇散文，让我联想少年时代的一些家乡之事，是那么的耳熟能详。作者的文章之道，是将自己少年时代家里翻建新宅的事儿诉诸笔端，再联系古代诗人的诗句，文章的纵横度就显现出来。笔随心至，心有多大，文章的纵横空间就有多大。平时积累的知识越丰富，到写文章运用时，就会挥洒自如，游刃有余。"书到用时方恨少。""排兵布阵"、修辞手法的运用，篇章结构，文以载道。有人说"天下文章一大抄，就看会抄不会抄"，我当即予以反驳"天下文章一大写，还看会写不会写"。当时，许多人在场，没给对方留有情面，说得人家哑口无言，低头不语。

　　由于病母的常常无端唠叨，再加上个人身体颈椎的不适，我的个人看书计划（中外名著）遭到搁浅。害怕长时间看书会加重颈椎病的发作，现在的我，需要十分注意自己的身体健康情况。（望江县支教，47名学生，作业批改，经常要埋头一个多小时，有时整个下午都在批阅作业。一日，忽感头颈部有所僵硬，但还是硬撑着，坚持到底，完成"三区"支教工作任务。）先后前往一些医院，咨询医生，积极配合治疗，同时加强日常卫生健康保健，力求平衡好读书学习的时间与间隙锻炼的关系，以积极乐观的心态，正确面对人生诸多事务，今后的路还很长，需要做的事情还很多呀！

　　今天上午在宿舍完善相关支教资料，等待学校审阅盖章。下午批改学生作文（本学期最后一篇学生习作）。

211

「三区」支教日记之望江篇

　　临近期末，本人有幸在教务处看到一本语文教学杂志上的一篇文章，系全国著名特级教师贾志敏先生所写，很受启发。贾老至今仍收藏四十多年前的学生语文作业。他的弟子们前来看望贾老，贾老将当年的学生作业（四十多年前的学生作业，如今在祖国医学学术前沿阵地上有重大发明的上海市一医生，贾老当年的学生），拿出来，展示给他（她）们看，边看边讲述该生儿童时代的一些学习上的趣事。时光已过去四十余年，贾老依然如数家珍，令在场的弟子们惊叹不已。贾老借机向弟子们传授自己的弥足珍贵的教书育人的经验。贾老不愧为全国著名特级教师，他关注学生，不是一时，而是一世。而且以师者、智者的独到眼光，预测学生的人生将来发展，即"从小看大"，很是精准。大师的眼光看人看得远，看得准，让人叹为观止！

　　读罢此文，我站在原地，沉思良久，仿佛自己就在现场，是其中的一员，与贾老一起欣赏他当年的学生的作业，聆听贾老绘声绘色地讲述学生童年时代的趣事。直到有人喊我，才将自己从思绪中拉回现实。于是，我在仔细琢磨，又感到羞愧不已。自己平时又何尝收藏过学生的作业？从现在开始，要向贾老学习教书育人这方面的经验，趁支教的机会，做起功课，做教育的有心人。301班学生的部分语文作业，我要尽力收藏一些，带回铜陵市，亦开始关注一些孩子的今后人生发展方向。平时多练就自己的眼力，力求成就一双师者的慧眼，"从小看大"的本领，以给学生今后更多的人生指点。

　　本周双休日，留在望江县四小，没有返回铜陵。今天上午继续批改学生作文，完成本学期的作业批改任务。

　　因为上学期的备课笔记已带回铜陵，尚未加盖公章，需要返回铜陵一趟，专程取备课笔记。同时顺带回一部分行李。中午时分，吩咐交代母亲相关注意事项后，即乘坐的士前往安庆，再转坐高铁回铜陵。到达铜陵，已是下午四点，与派出学校联系，领取荣誉证书（去年底交到学校，以作绩效考核之用）。

『三区』支教献我力

2016年6月26日　　　星期日

学会转换思维

2015—2016学年度第二学期继续在望江县第四小学支教，迫于种种原因，不得不携带病母一同前往，以便每天就近给她定时注射胰岛素，以期恢复身体健康。在这一学期里，化消极因素为积极因素，其中让我收益最大的莫过于学会迁移、转换思维。

母亲在接受胰岛素注射治疗的过程中，身体常有不适状态出现，如自言自语，莫名哭泣，有时很是令人烦恼不已。起先，面对这种情况，我无所适从，一度思想消沉，甚至想打退堂鼓。后来，次数多了，我只得面对现实，另想办法，尝试学会快速转换思维，让自己的思想进入另一种状态，摆脱烦恼，效果不错。以前，我遇到问题，总是喜欢独立思考，追根溯源，较难快速迁移思维，常被一种思想情绪影响多时。现在遇到病母，每天给她打针，她常伴有哭泣。于是，我就采用这种迁移思维的方法，自我调控思想情绪，愉悦身心健康。四月上旬的一天，清早起来，母亲因为血糖升高，对神经系统产生影响，在室内大声哭泣。我去劝说无效。搅得我心烦意乱，不得已的情况下，只好出去换换心境。于是，我乘车前往位于长江岸边的大、小孤山游玩。（自我感觉，效果不错。）有时，我埋头批阅学生作业一两个小时，思想完全进入学生作业批阅的思维状态之中，其他的烦恼事情皆抛之脑后，完全乐在工作之中，一种忘我的工作境界之中。苦中取乐，乐观面对生活、工作。

以往，遇到麻烦的事情，容易长时间被不良情绪所影响，甚至弥漫全身（我是容易被思想情绪所影响之人），不注意进行自我心理疏导，显然对自身身体健康不利，也对周边的人文环境产生负面影响。现在，通过本次望江携母支教的经历，给了我莫大的启示，是人生经历需要到这种年龄阶段才赋予我进行这种自我心理调节功能，"少年不识愁之味"。

第一次赴外支教，支教受援学校——安庆市太湖县实验小学，给支教教师提供的办公环境，让我能够静下心来，在课余时间里撰写支教日记。不过，我似乎感觉到，如果长时间这样潜心于自己的个人工作状态之中，少与他人接触交往，亦不利于身心健康。如何平衡好工作环境中的各种关系，尚需自己在实践中很好地掌握、把控，逐渐探索出一条适合自己身心

213

「三区」支教日记之 望江篇

愉悦的工作方式、方法，即便在各种复杂的环境下，亦能应付自如，那该多好呀！

2016 年 6 月 27 日　　星期一

今天早晨，在铜陵市乘坐五路车赶到市社保局，领取母亲慢性病病种相关证件和材料。尔后，冒雨乘坐高铁到达安庆，再转乘大巴、的士抵达望江县四小。午餐、晚餐均在外就餐（县城世纪华联超市旁的快餐店）。

本学期的期末考试，于 6 月 27 日—28 日两天进行。我的监考任务安排在 28 日全天。

下午，在宿舍完成本学期语文学科总结草稿。因为天气炎热，晚九点钟即睡。次日凌晨四点起床，继续完善语文学科总结。

2016 年 6 月 27 日　　星期一

有时，与人闲聊，听人家常说道："你的记忆力真好！"我没有当即表态，只是回忆小时候的一些读书之事，加以印证。我向他人娓娓道来，记得还是在读小学三年级时，语文老师让学生背诵课文，我一口气连背三篇篇幅很长的课文，赢得老师大加赞赏和全班同学的阵阵掌声，不能不谓记忆力不好！少年时代，一个晚上，将一本历史书看完，第二天考试，八十几分，不成问题，不可不谓速记能力不好。还清楚地记得，少年时代写作能力初始开化之时，受到鲁迅先生的短篇小说《一件小事》的启发，于是，一发而不可收。从那以后，几乎每次习作，都被老师当作范文，在全班同学面前宣读。那时，特别想写作文，恨不得老师每天布置一道作文题。文学少年的梦想的幼苗从此生根发芽，得到老师的呵护，同学们的高度欣赏。只可惜，当时受到升学诸多因素的严重干扰，酷爱写作的天性，几乎被泯灭。幸好，尚有一线尚存，生生不灭呀，也许是上苍对我的考验和眷念吧。

每每看到身边的儿时同学，有的著书立说，有的位居领导……我在沉思，人生的意义到底是什么呢？我曾经与一位当领导的同学戏言："我有一样东西，遗失在少年时代，现在正努力将其拾起。"说者有心有意，听者含糊其词，似懂非懂，只是未作反应，默不言语。我多么想重拾少年文学梦——"著书立说"，不枉度人生，让当年的同学依然记得那位名叫"高龙红"的同学，被遗忘、沉默多年的老同学，社会看法不一之人，这许多年来，究竟在做些什么事？量的积累，质的飞跃。广泛的阅读，海量的积累，是从事文学写作的基本条件，再加上丰富的社会阅历和实践，方能产生具有一定文学质量的作品。广泛阅读中外名著，是我一直梦寐以求之事，只是迟迟未能实现。去年的暑假，我阅读了《西游记》。其他名著，虽借未读，打算适当时间，填充丰富精神食粮，催之发酵，酿出新的"醇酒"。外国名著亦必须涉猎，中西文化融合，放眼世界，人类的精神食粮属于全世界所有。文学的集大成者，学贯中西，文理兼通，上下五千年，纵横几万里，洋洋洒洒之问世文字，指日可待，翘首期盼！

2016年6月28日　　星期二

语文学科总结（2015—2016学年度第二学期）

光阴似箭，日月如梭。转眼间，来到望江县四小支教已近尾声。本学期克服诸多困难，坚持完成支教工作任务。回顾这学期的301班的语文教育教学工作，感触良多。现总结如下：

一、用心领会新课标（2011年版），认真制定学期教学计划。

开学伊始，在学校语文教研组的精心组织之下，自学语文课程标准（2011年版），用心体会新理念。先通览全版，再重点学习本人所教三年级所在第二学段的教学目标及要求，力求做到了然于胸。浏览语文教材，通览教师教学用书，结合本班学生的现有知识现状，以及学生的身心特点和认知规律，在学校和语文教研组计划的具体指导下，制订切实可行的、详细的教学计划，落实于日常语文教学之中。经常阅看教育教学杂志，"他山之石可攻玉"，以期不断提高语文课堂教学效率。

二、尊重学生课堂学习的主体地位，注重培养学生的创新思维能力。

日常教学中，充分尊重学生课堂学习的主体地位，努力创设轻松民主的教学氛围，鼓励学生踊跃发言，引导学生主动探究，力求自主获取知识，乐学、好学。重视学生自主学习能力的培养。新课教学，注重引导学生质疑课题，自主探究，长期坚持，一以贯之，学生的问题意识不断得以增强，利于培养学生的创新思维能力。引导学生平时养成写日记的习惯，勤于动笔，为以后的习作打下良好基础。

认真备课、上课、听课、评课，及时批改学生作业，做好课后辅导工作。引导学生扩大课外阅读量，及时向学生推荐优秀儿童读物。充分利用学校图书室的现有藏书，让学生借阅，人手一本，定期轮换，做好读书笔记，积累好词佳句，教育学生从小养成良好的阅读习惯，为终身学习打好基础。

常态化运用现有的"班班通"教学设备于日常教学之中，激发学生学习的浓厚兴趣，调动学生学习的积极性和主动性，力求向课堂四十分钟要质量。

三、加强培优补差工作，促进全体学生得以发展。

针对学生的个体差异，为促使每位学生能在各自原有基础上有所发展，注重培优补差工作。重视突出培养优生的特点，各小组成员之间开展结对帮扶活动，鼓励学生积极参与其中。平时，利用奖励小红花等办法，激励学生上进，让全班学生形成互帮互学的良好氛围。对待个别基础较差的学生，师者平时多施以耐心、爱心和恒心，加强课后辅导工作力度，促其不断取得进步。

平时通过电访、面谈、随机家访等形式，与家长取得联系，加强沟通，反馈学生在校语文学习情况，动态跟踪督促，形成教育教学合力，给孩子们创造良好的学习环境氛围。

教学有法，但无定法，贵在得法。在今后的教育教学实践中，我将继续认真钻研教材，挖掘教材，研究学情，加强学习，努力探索适合自己教育教学风格的新路子、新方法，争取为国家义务教育事业的优质均衡发展，贡献自己新的、更多的力量！

2016年6月28日　　　星期二

早上，走进办公室，宁校长发给支教教师年度考核表。

今天监考一天，与望江县四小的曹老师同堂监考502班。上午两场，分别是语文、英语；下午一场数学。上午监考结束之后，将本年度的所有支教材料，拿到宁校长处盖章。前几天（6月18日），看到支教同事汪老师拿着支教材料在教务处龙老师处加盖公章，我开始留心准备齐足自己的所有支教材料，以免遗漏盖章，给今后的工作带来不必要的麻烦。晚上，躺在床上，我仔细回想支教材料的份数，列出清单，对照办理。择良日加盖公章，亦是有讲究，图吉利。在整理资料的过程中，陈副校长提醒加盖公章，我答曰："等备齐后，一次性盖章。"表示以后需用该材料时，愿能一次性通过，办事图顺利呀！

上班时，领到考核表，我即行开始构思工作总结。很想在监考期间，下笔成文，但转念一想，还是应该集中精力行使监考职责，树立铜陵市支教教师的良好形象。502班教室后面的横幅"春鸟尚且枝头鸣，室内岂无读书声"，很有特色，分明是在悄然召唤同学们平时要热爱读书，朗朗的读书声随时响彻教室，成为班级一道靓丽的风景。我和曹老师同堂监考的502班学生，其班主任虞华生老师，是位诗人，安徽省优秀乡村教师。治班有方，彰显特点。我阅看过他在网站上发表的个人文集（有三千多首诗）。

第一场语文学科考试结束的间隙时间，我匆忙赶往住处，用红塑料袋装好支教材料，准备请宁校长加盖学校公章，不料，宁校长正在会议室与他校巡考人员交接望江县抽考班级试卷。两场考试的间隔时间只有二十分钟，时间较紧。我连忙在教务处领取试卷，快步赶向位于四楼的502班考场，红袋子装的尚未盖章的支教材料只好随身带至考场旁。上午考试结束，宁校长带着学校公章来到我的办公室，仔细阅看我的每一份支教材料并加盖公章，其工作态度之认真特别令人感动！

监考间隙，不时有教师关切地询问我哪天离开望江县，返回铜陵市，答曰："听候铜陵方面通知。"语文组组长刘老师邀请我明天帮忙阅卷（6月29日，原计划安排支教教师阅卷，后校方考虑支教教师离校，进行调整，未再安排）。中午下班，我刚回到宿舍，即接到望江县支教组长刘老师打来电话，告知铜陵市教育局将于明日派车过来接支教教师回去，事先做好准备工作，明天中午一点左右来到四小校园。

望江县四小的张会计告知，离开望江县时，请将望江县政务食堂的饭卡交给他。

下午考试结束后，我抓紧时间完成支教工作总结草稿。（正在撰写之时，校工仰师傅过来询问我的电话号码。不一会儿，忽闻母亲大声叫喊，自己饲养的四只鸡鸭不见了。出门巡看，发现已被人打死，甩到墙外，刚才有几个中学生进到校园，是否是他们所为？不得而知。同时，我一再叮嘱母亲，不要叫嚷，明天就要返回铜陵市，以免影响不好。母亲似乎很明白事理，没再唠叨。）

傍晚时分，我步行赶到望江县政务食堂用餐，饭点已过，只吃一碗水泡饭。

晚上继续办公，誊写好考核表上的工作总结等诸项内容，一式三份。晚九时左右，与语文组长刘老师联系，短信告知：应你之邀，明日帮你们阅卷。刘组长自然很高兴！

2016年6月29日　　星期三

支教工作总结

在各级领导的正确领导之下，在同事和师生的共同配合下，本人顺利完成本年度的"三区"支教工作。现总结如下：

政治思想上，坚决拥护中国共产党十一届三中全会以来的路线、方针、政策，认真学习党的先进理论知识、邓小平理论、"三个代表"重要思想、科学发展观，深刻领会习近平总书记的系列重要讲话精神，在政治思想和实际行动上，自觉同党中央保持高度一致。贯彻党和国家的教育方针，认真学习教育法律、法规，自觉遵守教师职业道德规范，自觉遵守学校的各项规章制度。热爱学生，爱岗敬业，履职尽责，脚踏实地，克服困难（携病母支教），任劳任怨，勤勉工作，忠诚党和人民的教育事业！

教育教学方面，认真学习语文课程标准（2011年版），精心制订教学计划，用心组织实施课堂教学。日常教学中，充分尊重学生课堂学习的主体地位，努力创设轻松、民主、和谐的教学氛围；倡导自主、合作、探究的学习方式。重视培养学生的创新思维能力。引导学生坚持写日记，勤于动笔，从小养成良好的学习习惯和行为习惯。认真备课、上课、听课、评课，及时认真批改学生作业，做好课后辅导工作。引导学生扩大课外阅读量，从小养成良好的读书习惯。同行之间相互学习，相互交流，向年轻教师提供习作方面的相关资料，取长补短，共同提高。多学科教学，相互渗透融合，传播、渗透铜陵市义务教育均衡发展理念。课余时间，积极撰写支教日记十余万字。

常态化运用现有的"班班通"教学设备于日常教学之中，激发学生学习的浓厚兴趣。平时通过多种方式，与家长取得联系，形成教育教学合力。担任301班少先队辅导员，配合班主任开展班级相关管理工作。运用多媒体课件，执教支教公开课《盘古开天地》，受到领导和同行好评。

　　支教期间，母亲突发重病，我曾动摇过，但在上级领导的关怀和鼓励下，我克服重重困难，坚持完成本年度的"三区"支教工作任务。

　　本人有幸再度参加"三区"（望江县第四小学）支教工作，是上级领导对我的信任和支持。在望江县第四小学挥洒一年辛勤的汗水，与校领导及师生结下了深厚情谊，给我留下深刻而又美好的印象。望江四小支教，是我人生中不可多得的浓墨重彩的一页。祝愿望江县义务教育均衡发展，取得辉煌成就！

2016年6月29日　　星期三

　　早晨上班，向宁校长递交支教考核表。后去大阶梯教室帮忙刘组长阅卷。四小全体教师会聚阶梯教室，进行流水作业，批阅全校学生期末试卷。

　　早八点左右，四小的教师们陆陆续续走进大阶梯教室，做好期末阅卷的各项准备工作。我应邀参加曹老师、刘老师等人一组，批阅四（五）年级试卷，曹老师为年级组语文阅卷小组长。共有八本试卷，大家分工协作，流水作业。我被分配批阅选择题。向陈副校长汇报，昨日应刘组长之邀，帮忙批阅语文试卷。得到许可（学校原计划安排支教教师参与阅卷，后考虑支教教师返程，改变调整），以免校领导产生误会。

　　全体教师经过一上午紧张的批阅，终于完成本学期的全部阅卷任务。

　　在301班班主任处阅看学生期末语文试卷，看到学生语文学科成绩，我感到满意。自己挥洒辛勤的汗水，换来学生相应的成绩，心里自然很是欣慰。临别之际，往事一幕幕，孩子们那活泼可爱的神态，不时浮现于我的眼前……有些学生的期末成绩进步很大，与家长的合力配合教育是分不开的，其中，给我留下很深印象的是伍永东同学。本学期，他的日记写得很出色，常被当作范文在班级展示。另据了解，本学期，他的家长高度重视小孩的功课学习，硬是辞去浙江温州的工作，返回家乡。晚上在家经常辅导小孩做作业。开学初，他主动与我联系、沟通几次，谈及伍永东的语文

「三区」支教日记之 望江篇

学习情况。汪慧琳同学的语文成绩稳步上升，她的习作，引起我的高度关注，她善于化用别人习作的优秀之处。清楚地记得她在一篇习作中，化用了张娜娜同学的日记中有关班级元旦联欢的经过中，对老师的仔细观察描写，十分到位传神。小孩似乎从三年级语文课文《可贵的沉默》一文中得到习作启示，学以致用。对人物的语言、动作、神态、心理活动描写有加，稚嫩的文章显得血肉丰满。她的习作，常被当作范文展示给同学们阅看。该生小时候随打工的父母在深圳就读，与同学临别的那一幕，"金钩钩，银钩钩……"真人真事，童真童趣盎然，赢得同学们满堂喝彩。她与张某某同桌，我亦常鼓励她，和张某某结对帮扶，平时在学习上多帮助张某某取得进步！赠人玫瑰，手留余香！帮助别人，提升自己。一位很富有才气的小女孩！

张娜娜的期末语文成绩亦较前几次有所上升。通过平时的留心观察，我发现这是一位受思想情绪影响较为敏感的漂亮小女孩。第一次，引起我关注的事是去年刚接手301班语文，进行的第一次单元检测，时间已到，组长收缴各组学生试卷，唯独张娜娜未交，只见她站在座位上哭泣。我不知何故？组长告知原因，我赶忙安慰小家伙，平时要用心听讲，认真复习，检测时就会有理想的成绩。之后，她经常主动协助班干做好班级相关工作。小家伙很聪明，三年级第一次习作，就引起老师的关注，小文章写得像模像样。还记得，有一天下课，两位学生的语文作业未按时完成，站在讲台上接受老师的询问。这时，只见张娜娜同学冷不防将头伸进两位并排站立的同学的肩膀之间，仰起头望着老师，眯眯笑，那样子，让人忍俊不禁。从小看大，这是一位追求完美的小女孩，今后的发展潜力很大，我十分看好这棵苗子！在长期的教育教学实践中，我分明感受到一点，良好、融洽的师生关系，有时直接影响小孩的学习成绩。张娜娜同学就是这种类型学生中较为典型的一位。

吴欣临同学的语文期末检测成绩进步很大。这是一位文静沉稳的女孩，平时言语不多，语文学科成绩很是平稳。本学期，我提升她当语文组长。临近期末，在与一位学生家长的交谈中，得知一些事情，似乎与吴欣临同学的日常表现不相符，是不是产生误会？我初步调查，她否认，我没有继续深入下去，只是有点不相信那样的事是她干的。她的语文基础训练弄丢了，我让其奶奶到街上复印。知错就改，以此为鉴，也不失为一位好学生。但愿文静沉稳的她，不会让老师看走样。

班长胡悦、副班长魏汪玲、语文课代表叶欣等人，似乎保持平时原有的语文学科成绩。我感到有点意外，努力思考，帮助她们查找、分析个中原因。

魏某某的语文期末成绩，令人感到有些意外。期末检测成绩不甚理想，有所退步。回想平时，发现有人经常将全班的语文作业本放在他的课桌上，有碍该生的课堂学习，再加之个人坐在最后排座位，上课喜欢做小动作，不认真听讲等因素影响。

何某某的期末语文成绩，较前有所上升。该生属留守儿童，我多次与其家长电话联系，反馈小孩的在校语文学习情况，无奈，家长远在河南省打工，鞭长莫及呀。

一语乍出，让同学们不断嘿嘿直笑，尔后又令课堂学习气氛大为逆转（如复姓西门）的柯某某，在期末测试中，保持了自己应有的语文学科实力。

朱某某，活泼好动，手脚时刻闲不住，似乎有猴子性格，平时由其奶奶盯住、管教，学习成绩不放松，具有一般小孩所没有的品行——不乱花钱，肯定没让老师、奶奶失望。爱好读书，喜看课外书，他坐在第一排，专心看书的那紧锁眉头的神情，是这个年龄段的小孩所不可多得的；他经常坐在奶奶的自行车后座上，上学、放学；整天一副笑嘻嘻的样子，一位天然的、自然乐观的小男孩，一脸灿烂的阳光，似乎什么困难都难不倒他。

那位小老乡——左某某，上学期曾私自用红笔批改同学作业，被老师批评一顿。平时，在课堂上积极举手发言，见多识广，热心班级事务；据说在家里颇任性但又很健谈的女生，语文基本功扎实，在本次语文期末测试中，实力显现。

汉字书法书写，常被老师点赞，书法作品张贴黑板，示范同班同学学习，后被老师提升为书法课代表；话语不多，放学后，常帮妈妈在学校大门口做小生意，家境可能不宽裕的柯某某，成绩一向平稳，平时一副波澜不惊的样子。在她的日记里，老师得知她小时候做过阑尾手术，身体较为消瘦；收取同学书法作业很是认真负责。该生的习作内容方面的知识有待不断充实提高。

那位身体长得像小胖墩、名叫陶某某的小男孩，成绩保持在合理的范围之内，让老师省了不少心。去年下半年，我与他爷爷交流过不少关于小孩学习与成长的道理，老人家认同我对一些问题的看法，主动配合老师对小孩进行针对性教育。

本学期开学初的一段时间，我发现魏同学的作业经常拖拉，成绩明显下降，又是一位留守儿童。他爷爷告诉我一些家庭情况，得知小孩撒谎，在家里常谎称语文没有作业，已经在学校做完了；在老师和班干面前，谎说作业丢在家里，忘记带了。其间，他还与朱某某串通，共同撒谎。魏某某的父母远在浙江绍兴打工，在其爷爷的要求下，他父母分别与我通电话，了解小孩的在校语文学习情况。他爷爷向我述说道，他家在小区购房，附近没有亲戚帮忙，自己文化浅，辅导不了小孩作业，家里还有一些田地需要耕种。针对家长的这些客观原因，我让他们做出适当安排，可以让魏某某利用中午时间到老师办公室书写作业，家长在旁加以督促，老师可以早点上班，检查他的作业完成情况。这样将小孩置于老师和家长的共同监督之下，坚持一段时间，对纠正他的学习行为习惯大有好处。在校安排语文成绩优秀的同学加大对其帮扶力度，多种方法齐头并进，以形成对该生的教育帮扶的合力作用，督促其语文作业按时完成，他的语文成绩稳步提升。期末语文检测成绩，还算如意。老师总算尽心尽力，心思没有白费。

平时汉字书写，字体较大，妈妈辞职在家照看，且经常在四小附近遇见老师，主动和老师打招呼，长相特别是眼睛挺像她妈妈的陈某某，也是母子俩那双特像的眼睛，让我在众多的学生家长面前，认出她是陈某某的妈妈（召开家长会时，见过面，47位学生家长，短时间内较难很快一一对应到位），该生的语文成绩稳中有升。

又是一位留守儿童，由其奶奶在学校附近租房居住、监管，平时言语不多，看似营养有些不良的小男孩——鲍某某，去年的语文单元检测成绩，让我比较看重他，尽管他坐在教室的最后排。这学期，座位调到中间，和周某某同桌，我分派他和同桌结对帮扶。这学期的语文成绩似乎不太令老师满意，平平矣！原因何在？需要做进一步详查，促其稳步上升，力求让该生做到品学兼优，全面发展。

三年级时转学到望江县第四小学301班，平时也是沉默少语的小女孩——张某某，上学期的三年级期中检测，被学校单独抽去检测（全校各年级转学生集中在学校大阶梯教室进行检测。）因为未带作文稿纸，监考教师未作必要提醒，导致小孩作文未写。去年301班期中检测语文试题，我单独另出试题检测，和其他四个平行班不是同一套试题。理由是支教晚来一个星期，期中检测推后一星期。其他四个平行班的考试题已经公开，只得花时间另出试题，作为301班学生的语文期中检测之用。当时看到张某某的语文成绩，我有点不敢相信自己的眼睛，随即从隔壁的教务处调出该生试卷，发现作文未写，再咨询相关监考事宜。按照正常情况，考场应该备有作文稿纸，以防学生急用。其母来到学校，查问该生的语文期中检测成绩。我如实做出回答，并拿出张某某的试卷，指给她看，同时说明小孩作文未写的原因，导致成绩较低，不能真实反映该生半学期以来的语文学习状况。其母在学校附近的申洲纺织公司上班，听到老师这么一说，又亲眼所见自家小孩的语文试卷，自然明白事理，表示同意老师的看法。该生的语文成绩很是平稳。

那个去年在家被妈妈暴打一顿的小男孩——方某某，外婆感到很心疼。次日清晨，来到学校，向老师讲述事情的经过。课余时间，我与其母取得电话联系，探讨家教的正确方法，晓之以理，动之以情。暴打小孩，容易失手，后悔莫及的事不能做，孩子尚小，不懂事，有时不听话，需要家长加以正确引导，平时要讲究家教方式、方法，做到科学管教小孩。家长听后，觉得言之有理。本学期，他的语文作业常拖拉，有一次，他说，傍晚时分，他的语文作业未做完，他妈妈的朋友打来电话，邀他们去吃晚饭。夜里回家，时间较晚，来不及做语文作业就上床睡觉，所以作业没有写完。家长需要合理安排时间处理社会交往事务。小孩的学习应该占有重要地位，尤其在家庭生活中。他的期末检测成绩还算理想，较为平稳。

去年的除夕之夜，我从外地匆忙赶回铜陵，正在做年夜饭，忽听手机铃声响起，原来是支教受援地学校——望江县四小301班的女生张某某从望江县打过来的，向老师问新年好！家长在电话里不停地教小孩如何向老师祝贺新年好！她在课堂上回答问题总是积极举手发言，从不胆怯，思想较少被束缚。平时，爱和同桌方同学讲话。尽管坐在第一排，老师的眼皮底下，她还是那么大胆，好像是独生子女，名字富有诗意，父母寄予厚望，这学期的语文成绩稳中有升。

皮肤黑黑的，有点像男孩性格，工作认真负责，妈妈去年来校与老师交流过小孩以前的学习情况。听口气，看样子，她妈妈为女儿感到挺自豪的。该生的平时表现，确实令老师满意。扎着马尾巴的小女孩——徐某某，语文学科成绩平稳，知识学得很扎实。

徐某某，一位很聪明的小男孩，还记得他在课堂上急切回答问题时的模样。本学期，因为与邢某某同桌，上课常做小动作，听课不够认真，表现不够突出，还常有问题发生，学习的注意力明显分散，语文学科成绩不比上学期好，较为平稳。

陈某某，汉字书写不够认真，作业本上的姓名，字体结构比例不均衡，被老师要求重写。上学期，她的学习态度很积极，她与吴某某同桌，两位女生相互竞争。还记得有一次，她的语文作业订正，我刚一开口，她就急忙从座位上跑出来，手拿作业本来到讲台上，指给老师看。我当场表扬她，鼓励她，只见小家伙不断点头。通过观察平时的表现，她应该是个积极上进的小女孩。

从日常的日记中，得知她的一些家庭困难情况，爷爷身患风湿性关节炎，奶奶生病在床，父母在外地打工，她每天带着弟弟（就读一年级）上学。在家帮助奶奶做家务，年龄尚小，就已经开始承担家庭事务。看到小孩笔下对自家生活情况的描写，我感到有些心酸，经常关注她，平时给予该生更多的关心。本学期，她与何某某同桌，主动要求参与帮扶他人，日常表现令老师满意，相貌俊俏、精明能干的小女孩——姚某某。一如她的名字，老师期待着。穷家的孩子早懂事！

上学期的初次习作，从众多的学生作文中被老师赏识的一篇，其中写到"我和太阳公公一起玩捉迷藏，躲到云朵里……"引起我的极大兴趣。课后专门找她谈话，促其再行修改、完善。后被其家长（妈妈）加以修改，失去童真童趣，明显烙上成人思维的烙印。为此，我与其母通电话，指出该文被修改的不足之处。家长从此减弱对小孩语文作业辅导的力度。反思一下，也怪我当时讲话沟通的方式方法欠妥。有一次，她竟在家长和老师之间两头撒谎。单元测试卷，老师要求家长签名。该生找到高年级的一位学生代为签名，冒充家长签名。家长于晚上打来电话，询问小孩的语文成绩，相互沟通、反馈，方知事情缘由。后在老师、家长的共同教育之下，她知错即改。本学期，调至前排第一位，与江某某同桌，两人互帮互学，表现不错。她就是女生邓某某。

一直坐在后排，长得胖乎乎、挺可爱俊俏的两位女生唐某某和吴某某，保持女孩的文静和腼腆。语文学科成绩，一直名列班级前茅。吴某某的几次应试习作被当作优秀作文当众宣读。该生的爸爸是中学教师，家庭环境应是很好。学习方面，不让老师费心，学习行为习惯良好，给班级同学起着表率作用。唐某某担任语文组长，平时喜欢讲小话，自我约束能力尚待进一步提升。成绩却是很理想。工作亦很认真负责。若是进一步加强自我约束，帮扶别人，提升自己，将是品学兼优的学生。

因为学校安排本人担任301班少先队辅导员，班级黑板报需布置学生每月完成一次，更换内容。在班级集体活动中，我十分注重利用一些可能利用的机会，锻炼学生的自主办事能力。例如，班级黑板报的每期刊出，首先，让班长胡悦了解整个版面内容，分为几大部分，如何排版，再安排各有特长的同学，进行恰当分工，相互协作，同时开工，各就各位，各尽其责。利用中午午休时间进行，老师则从旁指导、策应，帮助修改完善。经过多次相互间的配合，孩子们已然形成工作默契，老师可以大胆放手让班干完成此项任务。孩子们的工作积极性高涨，热心为班级服务，"人人为我，我为人人"。胡悦、魏汪玲、叶鑫、左昕、汪慧琳、汪心怡、徐欣旖、王鑫、吴璇、唐鑫婷等同学轮流上阵，锻炼各自的能力。师生共同努力，营造良好的班级育人氛围。

那个"单脚跳"的小男孩——孙某某，一个多月之前，双休日在家玩耍，不慎跌倒，弄成骨折。去年301班的元旦联欢会上，他吹奏葫芦丝，赢得同学们长时间阵阵掌声。课余爱好，自得其乐。现在"单脚跳"，依然那样乐观，整天一脸笑嘻嘻的样子，真是少不更事，儿童不识愁之味。他的汉字书写，态度不够端正，字大歪斜，硬笔字帖临帖，笔画不够到位，随便临写。曾让他观看江明睿同学是如何临写硬笔字帖，引导其平时多运用正确方法，多加练习，力求不断取得进步，做到全面发展！

黑黝黝的皮肤，平时话语不多，早在去年下半年的硬笔书法作业中，引起老师高度关注，误以为家长让小孩利用课余时间师从他人，练习书法。小小年纪，却是如此认真，临写汉字的笔画是如此精准到位，令老师惊叹不已！温文若雅的男孩——江明睿同学，坐在前排，默默勤奋学习，乐于帮扶他人，给老师留下深刻而又美好的印象。老师期望你在今后的人生发展道路上，一如你的名字，做明亮而睿智的人！

在去年的一次课间活动中，老师发现你对课外活动的兴趣是如此强烈。声音比平时高八度，眼睛里放着亮光，深深渴望课外兴趣活动的那股劲，感染了老师。可平时的语文作业，做得很马虎，让老师批改时，感到头疼、惘然。老师寄希望于你，切不可本末倒置。

…………

翻阅301班学生试卷，那一个个活泼可爱的孩子的身影在我的脑海里不断浮现，往事一幕幕，一桩桩，师生朝夕相处一年校园时光，情深意笃，难舍难分。在期末复习阶段，为了不分散学生的注意力，不影响学生的思想情绪波动，我只字未提老师将要返回铜陵市，孩子们已然沉浸在期末复习迎考的氛围之中。虽然不时有学生家长询问我，301班的语文，下学期是不是高老师继续教下去？面对家长的提问，我坦言相告："即便明天离开望江县四小，今天的事情我依然会按质按量完成，请家长们放心；既然国家派我出来支教，我会尽心尽力，尽职尽责，努力完成好本职工作任务，树立铜陵市支教教师的良好形象。""刚刚与小孩子搞熟了，老师又要离开。"有的家长恋恋不舍地与我说道。我能够理解家长的想法。

我在五个县区工作过，每次离开时，我都会悄然进行，为的是不让孩子们分散注意力，一如既往地集中精力学习，复习迎考。

2016年6月29日　　星期三

今天上午，我帮忙语文组阅卷之后，即回住处，收拾行李，将自己和母亲的全部生活用品，整装打包，经过一阵紧张的匆忙打点，共有八个行李箱（学校电教室装备电脑之用的空纸箱，其中含有带土移栽的母亲辛勤侍弄的长势正旺的时令蔬菜，如南瓜、辣椒、长长的苦瓜藤等，用塑料袋包好带土的根部，在叶面上喷洒少许水，放进纸箱里封装）。向宁校长及陈副校长请示，已经学校检查过的301班学生部分语文作业，可以带回铜陵市，留作纪念。

前几日，看到一本语文教学杂志首页上，全国著名特级教师——贾志敏先生撰文，他至今仍收藏四十年前的学生作业，适当时候拿出来，让弟子们欣赏。得到启发，受到感染，加以效仿。继续关注望江县四小301班学生的未来人生发展方向和趋势！

花了几个小时时间，整理打包行李，刚歇息，已是中午一点左右，铜陵专车已开到望江县四小校园，停在我的住处门口。刘老师等几位支教同事帮忙，将行李搬上车子，带回铜陵。联系亲戚帮忙接收全部行李物品。我带母亲另坐班车，前往安庆市立医院就医看病。期间，支教同事陆老师将考核表交给我，并把国际花园城的住处门钥匙一同交给我，托办转交给四小校长。铜陵专车先行离开。我一直等到下午两点多钟，校领导上班，亲手交还钥匙。事情办毕，下午三点多钟，应钱副校长安排，陈副校长开自驾车将我和母亲送往望江县长途汽车站，尔后，乘坐的士前往安庆市立医院，为母看病。

晚七点左右，携母自安庆市乘坐高铁返回铜陵市，在火车站转乘的士到达梦苑小区住处。

2016年6月30日　　　星期四

我所支教的望江县第四小学，于2008年建校，位于望江县经济开发区宝塔社区境内，现有25个教学班，一千余名学生，绝大部分学生是附近申洲棉纺织企业职工子女。去年9月份支教刚到岗时，宁校长介绍道，这是一所"职工子弟学校"。校史虽短，但稳步发展，生源逐年递增，呈蒸蒸日上、蓬勃发展的势头，后发优势明显。尤其是在望江县义务教育均衡发展的大背景下，学校更是迎来长足发展的劲头。校园绿化、美化、亮化，各项规章制度上墙，各班教室、办公室布置一新，各具特色，异彩纷呈，学校办学特色逐步彰显，教育内涵不断得到充实、丰富。

在望江县第四小学挥洒一年辛勤的汗水，与师生接触、了解的过程中，增长见识，获益匪浅。深切感受到生活在不同地域的孩子们，其性格特征各不相同。望江县濒临长江，江水的柔性铸就了人们柔和的性格；优质粮油的滋养，人们的相貌普遍姣好，"一方水土养育一方人"（铜陵市的三小支教同事李老师，经常感叹自己所教授的一年级小孩子，个个长得漂亮）。记得前年在太湖县支教，发现山区的孩子性格普遍刚毅，动作行为与水边的孩子有着明显的性格上的差异。

四小的教师年龄结构较为合理，老中青三结合。枞阳老乡钱老师的书法很见功底；老乡钱小红副校长是安徽省优秀教师，虞华生老师是省优秀乡村教师、诗人，他著有个人文集，文学功底相当，我曾当面称赞他，"难得一份坚守！"闲暇之余，我常浏览他的网上文章。

四小校园诗刊《星雨》，在校领导和几位语文教师的共同指导下，刊出发行，作为学生平时习作——现代自由诗创作的一个平台。首刊，我在虞华生老师那里领到一本。

四小的年轻教师较多，充满蓬勃朝气，社会阅历尚浅。临别寒暄中，便可体现一斑。中年教师则说些客气话，欢迎高老师以后常来望江县四小，彼此交流对社会问题的一些看法。记得期末监考间隙，同堂监考的四小同事曹老师询问我："高老师，你对望江县的印象如何？"

答曰："望江县的经济社会发展势头很好。"

曹老师说道："望江穷，贫困县。"

"望江街头的私家车很多呀！"我随口答道。

"许多人都是跟风攀比，社会风气所致。"曹老师是位中年妇女，社会阅历让她对一些问题看得较深。

我与办公室的同事两位年轻女教师彭老师、朱老师道别时，她们俩似乎感到很突然、很吃惊。上午还和大家一起阅卷，下午就要离开望江县。因为铜陵市教育局于今天中午派车过来接回支教教师，需要随车回去。她们听后，颇感吃惊，但很快镇定下来，大家彼此寒暄一阵。看到办公室同事的临别反应，想想与自己的行事风格亦有一定关系。我在五个县区工作过，先后两度赴外支教，已经习惯于这样的工作方式，不要因为自己的离别而给孩子们带来一些不利于学习上的情绪影响和引起身边同事的思想波动。投石击浪，掀起的涟漪，越小越好，水面很快归于平静，影响较小。

望江县四小老教师的沉稳风采，让我见识不少。听领导介绍，两位钱老师均是枞阳老乡，大智楼一楼办公室的钱老师，主持布置的办公室，典雅大方，室内的墙壁上所挂装饰物品，工整雅洁，地面上摆放的花草盆景，整齐到位，令人耳目一新。一楼办公室，正对大门，位置显眼，上级领导一进门就能瞧见，自然应该给人良好的第一印象。另一位钱老师，平时喜习书法，书法功底见长。二楼走廊上的黑板报，汉字部分的书写，就是由钱老师主笔，利用课余时间书写（隶体），我常站于旁边观看，细心揣摩其用笔功夫，笔法走势，受益良多。只是遗憾于没有更多就近请教毛笔书法的书写运笔的精髓要义和习字的心得感悟。

2016年7月

2016年7月1日　　　星期五

　　因为前来支教，所以我对支教受援学校的一些校园现象加倍关注，进住支教受援学校不久，一个现象即引起我的注意，原以为只是我所教授的301班学生所为，后来去其他班级听课，亦发现类似现象，这不能不令人深思。望江县第四小学是一所新办学校，2008年开始建校，校史不过一届多学生而已，如何规范学生的校园行为，是一件关系学校生存发展的大事，大意不得，马虎不得。

　　教室里，学生的书包普遍放在座位正下方的地板上（本来应该是挂放在课桌的一侧），学生上课，坐在座位上，双脚无法伸直，只能屈膝而坐，六年的小学生活，也是孩子们正在长身体的阶段，长此以往，会对学生的身体健康产生不利影响。这个校园现象不可小觑，需引起校领导的高度重视。去年九月份，支教刚到岗，我一踏进四小301班的教室，就感到很别扭，孩子们怎么啦？书包全摆放在座位正下方的地板上，腿脚却是屈放着，课堂上课，坐姿不端正。面对这种现象，我先是轻描淡写地说说这件事，孩子们反应不一，有的按照老师的要求去做，有的（多数）依然如故，更有个别孩子辩说道："书包放在侧面，不便于走路。"不谓没有道理。看来，孩子们已然形成了这样的习惯，一时还难以改正过来，积习难改呀。为此，我不止一次地向学生摆事实、讲道理，以达到感化学生思想的目的，总算是越来越多的孩子逐渐纠正过来。

　　"是你们的身体成长重要，还是方便走路重要，孰轻孰重？应该知道呀。"在一次语文课上，讲着讲着，忽然，我联想到电影《四渡赤水》中的一个镜头，毛主席率领红军队伍路过一浮桥，发现桥面上拦有部队的辎重武器，导致后面的大队人马行军速度很慢。此时，天空中不断有敌机丢炸弹，进行轰炸，浮桥上的战士，有的中弹倒下，掉到湍急的河流中。毛主席见此情景，当即命令，辎重武器大炮统统沉江，可是，当时在场的其他干部却说："你在破坏革命武器。这武器大炮是战士们用生命从敌人的手里夺过来的，怎么能这样轻易沉江。"该干部很是理直气壮的样子，旁边的战士们亦随声附和。只见毛主席略一思考，随即语气坚定地说道："这武器正在破坏革命，赶快沉掉、沉掉。"毛主席的话音刚落，旁边的战士即中飞机扫射的子弹，不幸落水。大炮，要还是不要？干革命不能没有武器。此时此刻，孰轻孰重，道理不言自明。"两利相权取其重，两害相权取其轻。"孩子们听了这个故事后，不断点头称是。

通过多次的列举具体事例，对学生们进行耐心细致的思想教育，孩子们的思想认识不断得以提高，开始自觉纠正自己的课堂坐姿。早晨，但见他们一来到教室，即将书包放于课桌的侧面，上课随时需要的工具书和文具放在抽屉里，双腿可以伸直平放，孩子们可以精神抖擞地上课，认真听讲。

新办学校，有其自身的后发优势，可以很快地吸纳成功、优秀的一面，其所谓"后来者居上也！"从一些事情的处理上，可以明显地感受到校领导的这种工作作风。还记得去年九月份，第一次参加全校教师会，宁校长传达望江县教育局曹局长的讲话精神，要求每位支教教师提出十条建议，供支教受援学校采纳、借鉴运用于学校管理之中。这是大领导的智慧做法！希望铜陵市先进地区的优秀经验得以在望江县学校中传播、推广运用，起到应有的支教示范引领作用。

2016年7月2日　　　星期六

早晨，我冒着倾盆大雨，来到铜陵市支教派出学校，将望江县支教考核材料交至学校，学校领导签署意见后（其中的一道程序），再前往市长江路邮局，寄至望江县第四小学宁校长处。几天后，与宁校长短信联系，对方答复，已收到寄过去的支教考核材料。

2016年7月2日　　　星期六

"要么读书，要么旅行，身体和灵魂总有一个在路上。"有人如是说。

今年的夏天，我作了长途旅行，一口气跑了六个省会城市，分别是合肥、南京、南昌、长沙、济南等，还有安庆、芜湖、井冈山等地。上北京，游长城……行色匆匆，忙里偷闲，舒适心情，多长见识！

"三区"支教献真情（支教经验总结）

教育部等五部委《关于印发〈边远贫困地区、边疆民族地区和革命老区人才支持计划教师专项计划实施方案〉的通知》政策的东风吹拂着神州大地，沐浴这祥和之风，在上级领导的信任和支持下，本人匆匆踏上二次"三区"支教之路，前往安庆市望江县，肩负起为期一年的支教工作任务。在与支教受援学校广大师生的和谐相处中，积极传播、渗透铜陵市义务教育均衡发展的先进理念和新鲜经验做法，顺利圆满完成上级赋予的支教工作任务，细细数来，感触良多，受益匪浅。

（1）不断学习新课标，心得感悟新理念。

在支教受援学校语文教研组的精心组织之下，用心捧读凝聚着无数专家、学者的聪明才智和一线教师辛勤汗水的语文课程标准，常读常悟常新，力求做到了然于胸。认真吸取名师鲜活的课堂教学经验以及娴熟的教育教学艺术，结合自身的教育教学实践，适时更新教育教学理念，力求做到与时俱进。"他山之石可攻玉！"在日常教学中，认真贯彻落实素质教育思想，以发展学生的综合素质为根本目的，以人为本，积极构建发展以学生为主体的课堂教学模式，即：自主感知—深入领会—合作探究—拓展延伸—巩固提升，不断探索素质教育背景形势下，提高语文课堂教学效率的新途径、新方法。

（2）集思广益制计划，一丝不苟抓落实。

学期伊始，在认真通览、学习语文新课标的基础上，重点阅看自己所教学段的教学目标及要求，做到成竹在胸；浏览语文教材，通阅教师教学用书，广泛收集相关教学资料，与同行一起探讨，虚心听取正确意见，结合学生的年龄特征、身心特点及知识现状，制定出详实可行的教学计划，付诸落实于日常语文教学实践之中。备课时，认真钻研教材，吃透教材精髓实质，把握好重难点；备学生，备学法，动态把握学情，编写出符合学生特点、切实可行的教学设计。课堂教学中，以素质教育为导向，充分尊重学生学习的主体地位，努力创设轻松民主的教学氛围，积极倡导"自主、合作、探究"的学习方式。新课教学，注重引导学生质疑课题，自主探究，长期坚持，一以贯之，学生的问题意识不断得以增强，有利于培养学生的创新思维能力和动手实践能力。

认真做好学生课后辅导工作，引导学生扩大课外阅读量，及时向学生推荐优秀儿童读物，充分利用学校图书室的现有藏书，鼓励学生课外借阅，人手一册，定期轮换，做好读书笔记，积累好词佳句，教育学生从小养成良好的阅读习惯，为今后的终身学习打下良好的基础。

常态化运用现有的"班班通"电教设备于日常教学之中，激发学生学习语文的浓厚兴趣，调动学生学习的积极性、主动性和能动性。力求向课堂四十分钟要质量。

（3）教研活动氛围浓，同课异构显风采。

支教受援学校采取多种途径开展教研活动，形式多样，内容充实。"请进来，走出去。"〔善朝教育集团·中国学生心理成长网——感恩励志教育演讲团〕专家们的精彩演讲，令全场学生动情不已，心灵受到震撼，深受感恩教育。

学校先后多人次派出教师分别前往黄山、合肥等地参加培训、听课、学习，走进名师课堂，领略名师们的课堂教学风采。经过消化吸收后的精心准备的汇报交流，让人有亲临现场、身临其境之感。年轻女教师的现炒现卖的做法，深深熏陶学生的情感，孩子们入情入境地吟诵《诗经》里的诗句，那情那景，感人至深。虞老师则从理性的角度，分析、感悟听课学习的心得与收获，从名师课堂走出来，发出掷地有声、振聋发聩的"敢问路在何方！"的声音，让人从中获得职业幸福感！

支教受援学校大力开展校本研修——"同课异构"教研活动，各年级组先后安排多位教师同台献艺，各展课堂教学风采。我积极参与其中，或上课，或评课。利用多媒体课件执教的支教公开课《盘古开天地》，获得校领导和同行的一致好评。"诗人"虞老师的大气课堂，让人回味无穷；年轻女教师的多次磨课的执着钻研精神，令人欣慰不已；老教师挥洒自如的沉稳课堂……送教下乡的团队合作展示，凝聚着大家的心血和汗水，体现出集体的智慧和力量，年轻教师在这种教研环境氛围中得以历练成长。集体评课，全校语文教师齐聚一堂，大家畅所欲言，各抒己见，相互学习，取长补短，以达到共同提高的目的。

"问渠哪得清如许，为有源头活水来。"教学工作之余，经常阅看教育教学杂志，从中吸取他人的先进理念和鲜活的成功经验，人为我用，开阔自己的教育教学视野。平时勤于练笔，记下工作和生活中的点点滴滴，累计撰写支教日记二十余万字，拟结集出版。

（4）信息技术辅课堂，整合资源提效率。

遵循国家关于加快教育现代化的政策要求，支教受援学校办学条件不断得到改善，各班级均配备现代化电子触摸屏白板，为把现代信息技术常态化运用于日常教学提供了十分便利的条件。充分利用网络信息资源的优势，向学生适时提供语文课堂教学所需的影像资料，声、光、色，三位一体，图文并茂，有效增大课堂教学的知识信息容量，有力拓宽学生知识视野，让学生乐学不疲，从而很大程度提高课堂教学效率。

学校装备大小多媒体教室，为教师开展教研活动执教不同类别的公开课，提供恰当场所和十分便利条件。

（5）班级管理协助中，播撒爱心苦亦乐。

在支教受援学校，担任语文课教学任务，同时兼任班级少先队辅导员，采用多种方式配合班主任开展班级管理的相关工作。根据学校少先队大队的工作布置安排，组织学生积极参加各项活动，如书信比赛，征订学生课外刊物，定期刊出班级黑板报等。为给学生创造从小锻炼动手实践能力、组织协调能力和团队合作意识的机会，大胆放手，让学生分工协作，自行排版、布局、绘画、书写主题内容等，师者从旁点拨，绝不越俎代庖。大课间活动，平等的成为学生中的一员，与他们打成一片，同呼吸，共欢乐，指导学生开展有益的健身活动。无论是寒风凛冽的冬日，还是烈日炎炎的夏季，我皆守护在学校操场班级广播操纵队旁，与学生一起共享健身运动带来的快乐！

面对班级内留守儿童较多的客观现状以及尊重学生个体差异的需要，促使每位学生能在各自原有的基础上有所发展、进步，平时注重培优补差工作。重视突出培养优生的优点，各小组成员之间开展结对帮扶活动，鼓励学生积极参与其中，帮助他人，提升自己，"赠人玫瑰，手留余香。"日常学习生活中，引导学生定期自觉开展"红花朵朵我多多"活动，激励学生不断上进，让全班学生形成互帮互学的良好氛围。对待个别基础较差的学生，师者利用课余时间重点补缺补差，施以耐心、爱心与恒心，促其从小养成良好的学习行为习惯。

通过召开家长会、电访、面谈、随机家访等方式，与学生家长取得联系，沟通交流，反馈孩子在校语文学习情况，动态跟踪督促。家校联手，共同努力，形成教育教学合力，给学生营造良好的学习、成长环境氛围。

自费购买相关课外图书，赠予学生，借以激发学生课外阅读的浓厚兴趣，同时，亦增进师生之间的情感，所谓"亲其师，信其道！"

创造条件，引导学生动手做实验，将天上的彩虹搬进教室，激发学生强烈的求知欲和好奇心，进行学科渗透、融合教学，树立大语文观！

（6）教育均衡力推进，素质教育入人心。

支教受援县大力推进县域义务教育均衡发展，多次召开重要会议布置工作，有条不紊，层层传导压力。受援学校全力以赴做好义务教育均衡发展的上级迎检验收的各项硬软件准备工作，作为支教教师，我自然积极参与其中，并在日常工作中，身体力行地传播、渗透铜陵经验。如与办公室同事交流、探讨素质教育话题，如何尊重学生课堂学习的主体地位，列举事例，旁征博引；素质教育强调"过程"而不是"结果"等等。

改善办公环境，提出自己的中肯建议。放弃个人休息时间，自己动手张贴制作的条幅"教育教学之路慢慢兮，需要上下而求索"于墙壁之上，体现人文气息，彰显办公室的鲜明个性特色。

学校组织教师举行元旦联欢活动，我与支教受援学校的广大教职工一起，同台献艺，充满激情、引吭高歌的豪迈诗句，回荡在偌大的阶梯电教室里，引来全场阵阵热烈的掌声，留下难忘的瞬间，成为美好的记忆！

支教生活是充实的、快乐的，甘苦有加，它将成为我人生中不可多得的、浓墨重彩的一页！

义务教育均衡发展的政策措施，惠及千家万户，影响深远；素质教育思想日臻完善，已植根神州大地，深入人心。"三区"学校在素质教育思想引领下，必将取得辉煌的成果！

后　　记

　　《"三区"支教献我力》一书，在多方大力配合和相互支持下，终于出版了。

　　"三区"支教归来，工作之余，面对承载着两年支教生活、工作的厚厚的两本日记本，常常翻阅，"三区"支教受援学校——太湖县实验小学、望江县第四小学工作生活的情景，孩子们童真稚嫩的笑脸和活泼可爱的形象不断浮现于眼前，历历在目，犹如昨天，成为温馨的记忆，将永远珍藏于心间。年初，同学来访，相互交谈中，聊到出书一事，得到同学的大力支持。本书在出版过程中，与同学多次交流、切磋、商讨，以及出版行业人士给予思想上的鼓励，从中得到不少的启示。本着对书稿高度负责的精神，力求做到精益求精，锦上添花，本人对书稿进行多次修改、完善和校对，才得以交付出版社。

　　本书在出版过程中，得到上级领导高开华同志、齐建平同志、方萍同志、唐文兵同志等以及支教派出方、受援方教育局和学校相关领导的大力关怀与支持，在此表示衷心感谢！汪顺风、虞华生、刘世平等同志提供相关图片，在此表示十分感谢！尤为欣喜的是，高开华同志在百忙之中抽出宝贵时间为本书题写书名，在此表示特别感谢！

　　由于本人才疏学浅，水平有限，书中疏漏和不足之处在所难免，真诚希望基础教育研究者、广大教育同仁以及学生家长提出宝贵意见和建议，以期日臻完善。

后
记